LES CRIMES
DES
REINES DE FRANCE.

Prix des crimes des Reines, 4 liv. broché, & 5 liv. franc de port, par la poste, pour les départemens.

Pour éviter que le public ne soit trompé par des éditions contrefaites & tronquées, je préviens que les exemplaires de la bonne édition porteront, outre mon chiffre au frontispice, ma signature au *verso* de la première page.

EXPLICATION DES GRAVURES.

Le frontispice représente la Vérité sévère, qui, ayant brisé ses chaînes, lève le rideau d'un pavillon royal, & en découvre l'intérieur, qu'elle éclaire de son redoutable flambeau.

Sur le devant de ce pavillon, décoré des attributs de toutes les vertus, s'élève un trône, d'où un monarque, accablé de pavots, tombe assassiné ; à ses pieds expire un jeune prince sur son chien égorgé ; & sur les marches du trône un coq se débat sous un paon qui l'écrase.

Sur un plan un peu plus enfoncé, une sirène s'élançant du lit royal, d'une main ravit le sceptre au roi mourant, & de l'autre distribue à ses favoris du poison, des poignards & des ciseaux ; près d'elle on voit un bouc, symbole de la lubricité.

Le lit est porté par des coffres pleins d'or & par des débris d'instrumens d'agriculture ; derrière ce lit on apperçoit la statue du dieu des jardins, qui remplace celle de l'hymen, foulée aux pieds. La sirène a pour conseil la politique, représentée par une femme à deux visages & masquée, tenant des balances, sur les plateaux desquelles on lit ces mots : *Intérêt des princes*, & des branches d'oliviers sans fruit, emblême des traités trompeurs. Cette femme cache soigneusement une torche & une épée sous son manteau, formé d'une peau de tigre retournée.

Un général, un magistrat & la foule des courtisans viennent humblement recevoir les ordres de la sirène.

A gauche, sur le premier plan, le génie de l'histoire, frappé d'horreur, s'efforce cependant de reprendre la plume, & de retracer cet odieux spectacle pour l'instruction des siècles futurs.

Les quatre autres gravures représentent les principaux forfaits des reines de France, & sont placées, la première page 20 ; la deuxième page 26 ; la troisième page 174 ; la quatrième page 313. *Prudhomme*

*Un peuple est sans honneur, et mérite des chaînes,
Quand il baisse le front sous le sceptre des Reines.*

LES CRIMES

DES REINES DE FRANCE,

DEPUIS

LE COMMENCEMENT DE LA MONARCHIE

JUSQU'A MARIE-ANTOINETTE.

PUBLIÉS PAR L. PRUDHOMME.

Avec cinq gravures.

PRIX, 4 LIVRES BROCHÉ.

A PARIS,

AU BUREAU DES RÉVOLUTIONS DE PARIS,
RUE DES MARAIS, F. S. G. N°. 20.

A LYON, CHEZ PRUDHOMME AÎNÉ.

1791.

AVANT-PROPOS.

Les rois de France n'ont pas tous été des animaux féroces démuselés ; tous n'ont pas eu l'énergie convenable pour être des brigands consommés : car il faut peut-être plus d'énergie encore pour atteindre au comble de la scélératesse que pour parvenir au sommet de la vertu. Tous n'ont point commis eux-mêmes et à eux seuls les crimes qui rendent la lecture de nos annales si pénible et si dégoûtante : plusieurs de nos princes ont été puissamment secondés dans la carrière des forfaits par leurs mères ou leurs épouses ; en sorte que l'histoire, qui jusqu'à présent n'est en effet que le récit des crimes des rois (1), ne seroit pas complète si on n'y joignoit les crimes des reines.

Les peuples qui ne sont pas encore las d'avoir des rois, devroient du moins exiger d'eux qu'ils fussent athées, bâtards et eunuques : athées, les prêtres n'auroient aucun ascendant sur leur esprit ; bâtards, ils n'immoleroient pas les intérêts de la chose publique à des considérations de famille ; eunuques, la couche royale ne deviendroit pas le théâtre honteux où de dangereuses sirènes prostituent les trésors de

---

(1) On trouve au bureau des Révolutions de Paris *Les Crimes des Rois de France*, 1 vol. in-8°. Prix, 3 l. 12 f.

a iij

l'état à leur luxe effronté, les mœurs publiques au scandale de leur vie privée, la gloire nationale et la prospérité de l'empire à leurs passions, qui ne seroient peut-être que des vices chez de simples citoyennes, mais qui deviennent des crimes dans ce rang élevé.

Les lis ne filent point, disoient nos bons aïeux; et parce qu'ils ne voyoient pas le nom d'une femme en tête des ordonnances, ils étoient satisfaits, et se vantoient d'être le seul peuple parmi les modernes qui n'obéissoit point au sexe né lui-même pour obéir; et ils fermoient les yeux sur les infamies qui souillèrent en tout temps l'intérieur du palais de leurs maîtres : quelquefois ils avoient le courage de s'en prendre aux valets de la cour, agens et complices des turpitudes qui s'y passoient; mais la personne royale étoit sacrée; et comme ils traitoient indistinctement de majesté le monarque et sa compagne, celle-ci, à l'ombre du trône de son mari, prenoit ses ébats en toute sécurité, et s'abandonnoit à tout ce dont est capable une femme qui se voit au-dessus des loix de la société, comme au-dessus des devoirs de son sexe, et dont l'impunité reconnue consacre d'avance les écarts personnels et les attentats publics.

L'ivresse du vin produit chez les femmes,

plus de vices que chez les hommes ; l'ivresse du pouvoir, l'engoûment de la domination donnent des effets plus hideux et plus funestes encore de la part des premières que de la part des seconds. Une femme qui peut tout est capable de tout; une femme, devenue reine, change de sexe, se croit tout permis, et ne doute de rien : semblable à l'une des maîtresses de Jupiter, une reine est jalouse de lancer elle-même la foudre, au risque d'en être consumée la première.

Les reines qui ont tenu le sceptre en leur nom ne sont pas celles qui ont fait le plus de mal ; elles étoient responsables, sinon à la loi, du moins à l'opinion, qui conduit quelquefois au châtiment plus vite que la loi: ce sont les épouses des rois qui toutes s'obstinèrent à se faire appeler reines, qui ont influé d'une manière toujours fâcheuse sur la destinée des empires et le bonheur des peuples; elles commirent presque toutes les iniquités de la politique, et ce sont leurs maris qui en portent la peine au tribunal de l'histoire, comme on l'écrivoit autrefois. Telle reine n'échappa au ressentiment public que parce qu'elle sut cacher le ressort de ses intrigues sous la pourpre maritale. Pour une Egérie qui ne donna que de sages conseils au bon Numa, que d'Agrippines! Les deux Faustines souillèrent les deux plus beaux règnes des annales de Rome. Antonin et Marc-Aurèle eussent été les deux souverains les plus accomplis de toute l'histoire, sans leur foiblesse pour leurs femmes. Xantippe sur le trône eût peut-être fait de Socrate un despote. L'un des inconveniens graves attachés à la monarchie, est l'ascendant des reines : jusqu'à ce qu'on ait trouvé un Epictète qui voulût se charger la tête d'une couronne, les peuples auront toujours à se mettre en garde contre leurs rois qui ne seront pas orphelins, célibataires ou veufs. Si les rois, plus foibles encore que les autres hommes, se laissent mener par leurs flatteurs, quel empire ne doit pas avoir sur eux une princesse adroite et ambitieuse, qui, pour obtenir, saisit ou fait naître les occasions où elle sait bien qu'on ne peut la refuser? la mythologie des Hébreux nous en a laissé un emblème fort juste dans l'histoire de Samson et Dalila.

Le royaume de France ne tombe point en quenouille, mais nos souverains n'ont imité Hercule que dans ses foiblesses pour Omphale.

La quenouille a frappé sur nos têtes un bien plus grand nombre de coups d'autorité que le sceptre.

Les vieux habitués des cours se recrient toutes les fois qu'un peuple, sorti de sa léthargie, retire à son roi les antiques prérogatives dont lui et ses prédécesseurs avoient tant de fois abusé. Laissons ces hommes faits au joug pleurer sur les débris de leurs chaînes qu'on a brisées malgré eux, et sur ce qu'ils appellent l'avilissement du pouvoir suprême. Jamais les nations qui gardent un roi à leur tête ne se montreront trop avares quand il s'agira des droits du trône. Les loix ne seront jamais trop sévères, trop précises, quand elles auront pour objet les limites de l'autorité souveraine ; et le prince lui-même, s'il est marié et honnête homme, loin de s'en plaindre, applaudira à ces mesures de rigueur qui le sauvent de lui même dans ces momens consacrés par la nature, où le sage n'est qu'un homme. Si de simples citoyens doivent la ruine de leur état, de leur fortune et de leur réputation aux foiblesses qu'ils ont eues pour leurs compagnes, les rois bien pénétrés des devoirs attachés à ce titre, ne sauroient trop se mettre en garde contre un sexe toujours à craindre quand il est déplacé.

Ce n'étoit pas sans de bonnes raisons que la nature l'avoit assujetti à des conditions propres à tempérer ses mouvemens d'orgueil et son attrait pour la domination.

C'étoit avertir les femmes de la sorte d'empire à laquelle elles pouvoient aspirer et devoient borner leurs prétentions ; c'étoit dire à chacune d'elles : aime ton mari, tu as reçu en don tout ce qu'il te faut pour lui plaire. Honore le père de tes enfans, ton organisation te fait une loi de la douceur et du calme. Tu n'as de moyens que pour faire régner l'ordre autour de toi. Une administration plus vaste, plus compliquée que celle de ton ménage est hors de ta portée; il te faudroit recourir à la ruse pour suppléer au défaut de forces. Règne sur ta famille par l'amour et la reconnoissance. Amuse tes enfans au bruit du hochets ; mais le timon de l'état ne convient pas à ta main débile et mal-assurée.

Les femmes, sur-tout en France, ne tinrent compte de ces sages intentions de la nature. Celles nées sur les marches du trône voulurent y monter et s'y asseoir. Une vieille tradition sembloit les y autoriser. Du temps des Druides, plusieurs Gauloises prenoient place au sénat, y votoient et délihéroient à l'instar des hommes ; et on se trouvoit bien de les consulter : et en effet quel mal pouvoit-il résulter de ce droit exercé publiquement par des femmes sous l'œil de leurs maris ? Mais alors les Francs étoient encore dignes de leur nom ; ils n'avoient pas de rois : ils étoient superstitieux, mais point esclaves ; et ils surent se délivrer de leurs prêtres quand ceux-ci devinrent trop incommodes et trop exigeans : malheureusement les Druides ne tardèrent pas à être remplacés; et nous avons plus de peine à nous défaire de leurs successeurs. Bientôt aussi les assemblées du peuple devinrent des conseils d'état du prince, auxquels les femmes n'assistèrent point comme autrefois; mais du moment qu'il y eut une cour, elle donna naissance à la galanterie, et les femmes de nos rois n'en vengèrent que trop les filles humiliées d'une certaine loi salique sur laquelle on n'est pas bien d'accord.

Le climat et la civilisation amollirent peu-à-peu le Gaulois, plusieurs fois vaincu, mais jamais dompté; il ne pouvoit l'être que par les femmes : devenu Français, les femmes de la cour obtinrent par leurs intrigues la même déférence que nos premiers ancêtres accordoient à la sagesse et au patriotisme des femmes de

Druides, en sorte que bientôt il y eut un rang plus despotique, plus absolu, plus désastreux encore pour la chose publique que celui de roi de France, ce fut le rang de reine de France : et l'on verra dans le cours de cette histoire comment nos princesses couronnées en soutinrent le fatal éclat. On y verra comment la nature s'est jouée de nos institutions sociales, qui heurtent tous ses principes, comment elle a rendu le plus tranquille, le plus doux, le plus compatissant des deux sexes susceptible des appétits les plus violens, des passions les plus malfaisantes, des caprices les plus sanguinaires : et si la révolution de 1789 n'est pas venue plus vîte, si la nation française ne s'est pas trouvée reduite aux abois plus tôt, la faute n'en doit pas être imputée à nos reines ; c'est que nos ressources furent encore plus inépuisables que leur mauvais génie n'eut de fécondité ; c'est que le mal, comme le bien, quand il est fait sans suite, n'opère qu'à la longue. Si nos souveraines avoient été douées de la perversité réfléchie de Tibère, il y a long-tems qu'on ne parleroit plus des Français en Europe. Mais malgré la fertilité d'imagination des femmes ambitieuses, vindicatives et toutes-puissantes, la nature, en voulant bien leur accorder l'aptitude de commettre tous les forfaits, pour avertir les hommes de les faire rentrer à leur place, ne leur a pas fait heureusement le don de la prudence. Qu'on suppose tout le génie de Machiavel à une Marie-Thérèse d'Autriche, à une Catherine II, et que l'on calcule les résultats politiques de ce mélange adultère.

Mais pour nous renfermer dans le cadre de notre tableau, si parmi nos lecteurs il en est qui s'attachent à l'étude du cœur humain, ils apprendront, non sans quelque étonnement, que les crimes des rois de France mis dans l'un des plateaux d'une balance, les crimes des reines de France dans l'autre plateau, les reines auroient tout l'honneur de la comparaison. Nous laisserons à l'observateur le soin de tirer lui-même la conséquence de ce calcul, que ce livre le mettra à même de vérifier. Mais nous lui rappellerons, en terminant cette esquisse, un ancien trait d'histoire qui ne sauroit être trop connu, et dont il sera aisé et profitable de faire l'application aux événemens postérieurs.

Quand Samuel, pour détourner ses compatriotes, encore heureux, encore libres, du projet qu'ils avoient conçu de se mettre en monarchie, leur traça le portrait d'un roi, tout hideux et ressemblant qu'il le leur fit, Samuel ne put les dissuader de se donner un roi. Les Hébreux n'étoient pas doués d'un intellect subtil, *gens durâ cervice*, dit St. Paul; mais le grand prêtre n'avoit jamais été à la cour : libérateur de sa patrie, il l'auroit préservée d'un fléau plus grand que le joug des Philistins, s'il eût terminé sa philippique contre les rois par ces dernières considérations.

Israélites ! je ne vous ai pas tout dit; le roi que vous me demandez, et dont je viens d'offrir à vos yeux l'image trop fidèle, ce roi ne pourra pas vivre seul; il éprouvera les mêmes besoins que vous. Il lui faudra une compagne. La femme de votre roi voudra être reine aussi. Vous n'imaginez pas l'effet que doit produire ce titre sur l'esprit et le cœur d'une femme. Peuple ! savez-vous ce que c'est qu'une reine ? Souveraine du roi au lit conjugal ; elle voudra l'être encore par-tout ailleurs. Tout ce que les femmes ont d'astuce, elle le mettra en œuvre pour prendre sur son mari le même empire que vous aurez accordé à son mari sur vous. Malheur à vous si elle plaît au roi ! malheur encore à vous si elle n'en obtient que de froids hommages ! Dans le premier cas rien ne se fera dans l'empire que par elle et pour elle. Elle voudra commander aux ministres, aux généraux, aux magistrats, comme elle commande à ses femmes et à ses valets. Vous la verrez d'une main fermer les yeux à son auguste époux, ivre d'amour et de vin, et de l'autre distribuer en son nom les trésors de l'état, les graces réservées au trône, les dignités et les châtimens. Du fond de son boudoir elle réglera la marche des armées, le sort des colonies. L'esclave qui aura imaginé une mode nouvelle, le courtisan qui se sera fait remarquer par les complaisances les plus basses, voilà ceux qui deviendront vos véritables souverains. Pour obtenir du roi l'iniquité la plus révoltante, la famine d'une province, la proscription de plusieurs milliers de citoyens honnêtes, mais trop clairvoyans pour la reine, il ne lui en coûtera qu'une fausse caresse, un baiser traître. Heureuse encore la nation, si cette femme ne mêle point un sang ennemi au sang de vos rois, et ne vous charge de l'entretien de ses plaisirs. Si, honteux et las de porter le joug d'une femme, vous en appelez enfin aux droits de l'homme et du citoyen libre, la sirène couronnée deviendra semblable à la louve qu'on a forcée dans son repaire. Vous la verrez soulever contre vous tous vos voisins, et appeler les armes étrangères sur le sein de sa patrie. Vous la verrez, profitant de ses avantages d'épouse et de mère, promener en tous lieux ses enfans, et regagner par la pitié ce qu'elle aura perdu par ses crimes. Vous la verrez caresser le soldat, applaudir aux lévites rebelles, alimenter les mécontens de toutes les classes, et, sous un air calme, attendre avec impatience le signal d'une guerre civile et religieuse.

Peuple ! redoutez les rois; craignez surtout la femme de vos rois. Je lis déjà dans l'avenir les noms de Jézabel, d'Athalie.....

Lecteurs, ajoutez à ces noms la liste de ceux dont ce livre donne l'histoire : le grand Samuel ne fut prophète que pour son pays.

LES CRIMES

DES

REINES DE FRANCE.

Si la puissance suprême a eu de tout temps l'inévitable privilége d'aliéner l'esprit des hommes qu'on en a revêtus, de corrompre leurs ames, d'éteindre en eux tout sentiment de justice, de foi, de générosité, de respect humain ; si l'histoire ne nous offre pas un seul exemple d'un homme qui, étant *roi*, ait été juste et bon, (et quel est l'homme juste et bon qui eût voulu être *roi* ?) portons nos regards plus loin, et lisons aussi dans les annales du monde à combien d'excès la royauté a emporté les femmes ; lisons combien elles ont commis de crimes pour satisfaire leurs passions, pour servir leurs intérêts privés, et leur ambition personnelle ; combien elles en ont fait commettre à leurs maris, à leurs fils, à leurs frères ; combien elle les ont aidés à cimenter par le sang leur puissance usurpée ;

combien elles leur en ont fait verser pour dérober à leurs regards les suites infâmes des débordemens dont ils auroient dû les punir. Leur foiblesse naturelle s'unit facilement à la barbarie; elles deviennent hardies et cruelles dès qu'elles sont coupables; et alors tout ce que la nature mit en elles d'attraits et d'armes innocentes, sert à couvrir ou autoriser leurs vices. Alors l'art dangereux de séduire et de tromper, les caresses perfides et enivrantes, les feintes larmes, le désespoir affecté, les prières insinuantes, tout en elles rend peut-être plus dangereux dans leur mains le dépôt d'une puissance quelconque. Lorsqu'elles en sont revêtues, elles deviennent obstinées dans leurs volontés, constantes dans les moyens de parvenir à leurs fins, et vivement irritées par les obstacles. L'habitude de dominer par les charmes extérieurs les rend plus vindicatives que les hommes, quand elles en rencontrent quelques-uns qui osent résister à cette beauté dangereuse, que Platon appelle *une courte tyrannie*; lorsqu'elles ont une fois passé les bornes en quelque point que ce soit, et la puissance royale les invite promptement à les franchir, alors elles ne voient dans la nature qu'elles, leurs intérêts, leurs passions, leurs projets; il faut que tout cède à leur emportement ; leur esprit en délire ne connoît plus de frein, et l'excès de la fièvre ardente dont le transport les dévore, les précipite de crime en crime, jusqu'à transformer enfin ces êtres doux et timides en animaux plus féroces et plus indomptables que les hommes les plus barbares et les plus ignorans.

Le rapprochement des faits consacrés dans nos monumens historiques, va prouver si le tableau est exagéré. La première femme qui s'offre à nos regards est Basine, reine de Thuringe. Elle vécut vers l'an 460 de l'ère chrétienne ; lorsqu'elle connut Childéric, quatrième roi de France, elle n'étoit point dans un âge où quelquefois l'amour peut sans crime étouffer la voix de la raison, elle étoit épouse et mère ; Childéric, connu par ses débauches, chassé de sa patrie par les seigneurs dont il avoit déshonoré les femmes et les filles, va chercher un asile à la cour du roi de Thuringe. Basine son épouse se charge du soin officieux de consoler ce coupable fugitif ; et lorsqu'il est rappelé en France, cette nouvelle Hélène abandonne, pour le suivre, son mari et ses enfans. Childéric l'épouse, et cette femme adultère donne paisiblement le jour à Clovis premier. Il paroît que le roi de Thuringe considéra ce crime avec mépris, et ne chercha point à renouer les liens que la criminelle avoit rompus ; mais l'audace de Childéric n'en alluma pas moins entre les deux peuples une haine qui dans la suite fit couler du sang : les nations étoient alors assez simples pour regarder les intérêts de leurs rois comme *indivisibles des leurs.*

Clotilde, à qui les moines ont décerné les honneurs de l'apothéose, dont nos fades historiens antiques et modernes ont à l'envi exalté les vertus chrétiennes, paroît avoir été d'abord une fille ambitieuse, intrigante et dissimulée ; fort jeune encore, elle sut échapper à la vigilance du tyran de Bourgogne, Gondebaud son oncle, qui, pour s'assurer le trône, avoit fait périr son frère et ses neveux, et n'avoit conservé Clotilde et sa sœur que parce qu'il imaginoit n'en avoir rien à craindre ! seule elle trompa les yeux de toute la cour ; la différence de religion étoit un premier obstacle à ses vœux ; elle exigea de Clovis une promesse de se convertir à la foi chrétienne, et se contenta d'un serment royal qu'il fit légèrement et qui ne le lia pas. Le consentement de son oncle étoit nécessaire ; elle sut s'en passer. Ce ne seroit cependant pas un crime, tout est permis à quiconque peut briser les fers d'un barbare ; mais Clotilde, la pieuse Clotilde quittant sa patrie en 492 pour suivre l'ambassadeur de Clovis, fit mettre le feu à quelques villages, innocens des crimes de Gondebaud, et s'écria, en voyant les flammes s'élever vers le ciel : « Grace à Dieu, mes parens sont déjà vengés » ! Clovis s'embarrassoit peu d'une religion quelconque, encore moins de la foi des sermens ; il ne tint pas ce qu'il avoit promis, et l'ambitieuse reine ne s'y étoit peut-être pas attendue : cependant elle sut obtenir sur son esprit dur et farouche assez d'empire pour faire baptiser son premier enfant ; la mort de celui-ci que le père n'attribua qu'à l'influence du dieu dont il ne reconnoissoit pas l'empire, ne l'empêcha point de laisser encore baptiser le second ; et enfin à la bataille de Tolbiac, succombant presque aux efforts des Suèves et des Bavarois, il s'avisa d'invoquer le dieu de Clotilde, et demeura victorieux ; il embrassa aussi-tôt la foi chrétienne, sans y croire et sans la comprendre. La constance de Clotilde ayant obtenu ce premier sacrifice, et sa piété ne modérant point son amour pour la vengeance, elle eut moins de peine à lui persuader d'entrer à main armée sur les terres de son oncle, et d'y faire périr une multitude d'hommes qui n'avoient pas trempé dans les fureurs de Gondebaud. Ce n'étoit ni à calmer les passions de son mari, ni à lui inspirer des sentimens doux et paisibles que s'occupoit la sainte reine, c'étoit au contraire à seconder ses penchans criminels, à lui indiquer les moyens de verser le sang humain. Elle avoit été assez puissante pour le rendre chrétien, et elle ne l'empêcha point de faire égorger presqu'à ses yeux neuf de ses proches parens; lorsque la mort de ce prince cruel mit fin à ses crimes, elle se servit de son empire sur le cœur de ses enfans pour leur faire massacrer les fils et les petits fils de Gondebaud; et cependant, lorsqu'elle les exhortoit ainsi au meurtre, elle s'étoit retirée à Tours, sur le tombeau de Saint-Martin, où elle vivoit dans les exercices de la piété *la plus exemplaire* en apparence, enrichissant une église des dons arrachés aux peuples par son mari, et en partie du pillage des autres églises, dans lesquelles Clovis, premier roi chrétien, avoit souvent trouvé de quoi suppléer au besoin de son insatiable avarice. Après sa mort arrivée en 548, Clotilde fut canonisée par les moines, honorée par les historiens de son siècle; sa mémoire a été en vénération, elle auroit dû périr sur un échafaud : c'est ainsi que l'erreur a déifié les scélérats couronnés, tandis que les ministres de la loi ne connoissoient pas d'innocens dans les conditions obscures.

Sigebert, roi d'Austrasie, venoit d'épouser Brunehaut, fille d'Athanagilde, roi des Visigoths, et Frédégonde commençoit à régner sur le cœur de Chilpéric, roi de France. Le même siècle vit naître ces deux femmes exécrables, dont une seule auroit suffi pour embraser toute l'Europe; et comme si le hasard se fût joué des malheureux esclaves qui ne savoient pas s'en délivrer, elles furent continuellement en guerre. La plus odieuse étoit celle qui termina paisiblement une vie toute souillée de forfaits; l'indomptable férocité de son caractère, jointe à la lubricité de son tempérament, rapproche Frédégonde, malgré la différence des siècles, de ces deux autres monstres couronnés, Isabeau de Bavière et Catherine de Médicis.

Frédégonde, née à peu près en 550, étoit femme-de-chambre d'Audouère, première femme de Chilpéric, et maîtresse de ce prince. Audouère étoit belle, dit-on, mais sans esprit; elle étoit mère de trois enfans, et enceinte du quatrième, lorsque Chilpéric la quitta pour aller assassiner les Saxons. Frédégonde profita de son absence, et se servant de la superstition pour enchaîner le cœur féroce de son amant, elle imagina de conseiller à la crédule Audouère d'être elle-même la marraine de l'enfant dont elle accoucha. Dans ces temps où toutes les erreurs réunies enveloppoient l'esprit grossier des aveugles Français, toute alliance spirituelle interdisoit sévérement les liens de la chair; violer ses sermens, rompre les saints nœuds de l'union la plus respectable, massacrer de sang froid des captifs, assassiner militairement des millions d'hommes, être même parricide dès que les intérêts prétendus politiques l'exigeoient, se rassasier enfin d'or et de sang, tout étoit permis aux rois; au moins tout étoit rachetable, aux yeux de Dieu, par une offrande aux églises, et les évêques vendoient les absolutions suivant le tarif de tous les crimes : mais c'étoit un péché irrémissible que de passer une nuit avec sa commère ou avec sa parente à tel ou tel degré, lorsqu'on l'avoit épousée, car on auroit pu commettre l'inceste le plus abominable, et ce crime avoit son taux comme les autres. Chilpéric, soupçonné d'avoir été d'accord avec sa maîtresse pour entraîner Audouère dans le piége, ne manqua pas de rompre son mariage à son retour, sous prétexte du degré défendu d'affinité spirituelle. Audouère et sa fille furent envoyées dans un cloître, et toutes deux périrent ensuite par l'ordre de Frédégonde. Les auteurs ne se disputent à cet égard, que sur le genre de leur mort, et Mézeray, le plus véfidique de tous, assure qu'avant de leur ôter la vie, la détestable Frédégonde les fit déshonorer toutes deux par ses satellites.

Qui n'auroit cru que Frédégonde alloit monter sur le trône ? Mais Chilpéric avoit juré de n'épouser jamais qu'une princesse. Frédégonde, constante dans ses projets, sentit qu'il falloit céder un moment à un préjugé qu'elle se flattoit de détruire, et souffrir encore une fois des nœuds qui ne l'intimidoient pas. Brunehaut avoit une sœur nommée Galsuinte. Chilpéric employa les bons offices de Sigebert son frère pour l'obtenir ; et la malheureuse Galsuinte, malgré les pleurs de sa mère et ses funestes pressentimens, fut amenée à Chilpéric, ou plutôt à Frédégonde.

Athanagilde avoit cru assurer le bonheur de sa fille en la chargeant de trésors ; il s'étoit flatté qu'un prince avare, voyant en elle une source de richesses, respecteroit son repos, ou du moins ses jours. Chilpéric, sans doute, ébloui par de si riches présens, fit serment sur les reliques de ne point *renvoyer la princesse*. En effet il ne la *renvoya* pas; Frédégonde sut le dispenser d'être parjure, et lorsqu'en 568, elle eut obtenu la promesse de monter sur le trône, Chilpéric envoya un de ses plus intimes favoris au lit de la reine, avec ordre de l'étrangler. Mais ces deux monstres étoient faits pour se disputer l'activité dans le crime, Frédégonde l'avoit prévenu ; Galsuinte étoit morte. Les historiens, implacables ennemis des peuples et de la vérité, ont osé blâmer Sigebert et Brunehaut d'avoir voulu venger cet assassinat. Sans doute, s'il y avoit eu des loix, si les nations éclairées avoient fait tomber sous le glaive des bourreaux la tête des rois criminels, la sœur de Galsuinte et son beau frère n'auroient eu que la justice et la loi civile à invoquer ; mais dans un siècle malheureux où les peuples égarés croyoient voir des présens de Dieu dans la personne de ces dévastateurs impies, souvent on les avoit vus s'armer pour de moindres raisons. Brunehaut et Sigebert entrèrent dans les états de Chilpéric, et le réduisirent bientôt à la dernière extrémité : ce prince étoit détesté de ses peuples qu'il accabloit chaque jour de taxes nouvelles ; il fut abandonné de Gontran son frère lié au parti de Sigebert ; il n'avoit plus d'autre asile que la ville de Tournay, où il courut s'enfermer avec Frédégonde, qui, voulant prouver que *rien dans la nature ne pouvoit l'empêcher de suivre son mari*, le suivoit en effet dans les camps avec une sorte d'audace qu'on ne sauroit honorer du nom de courage, et qui tenoit plutôt de la férocité. D'ailleurs, elle étoit nécessaire à son infâme époux : jamais Frédégonde ne fut abattue par aucun revers, dès qu'elle pouvoit le réparer par un crime ; et l'invention dans cette espèce de ressource lui étoit plus familière qu'à Chilpéric. Dans ce désastre, elle sut armer le bras de deux jeunes hommes sur lesquels elle employa tous les prestiges de la religion, ceux des présens, l'espoir brillant d'une fortune immense, les charmes plus puissans encore des caresses, dont une courtisanne sait accompagner ses discours flatteurs : elle réussit ; Sigebert fut assassiné.

La révolution fut aussi-tôt consommée ; l'armée du roi d'Austrasie leva le siége de Tournay, toutes les villes du royaume de Chilpéric furent soumises, et il s'en fallut peu que l'assassin ne montât sur le trône de son malheureux frère. Le comble de la bassesse et de l'ignominie fut de voir Brunehaut, la sœur de Galsuinte, la veuve de Sigebert, offrir sa main et ses états au bourreau de sa sœur et de son mari. On conviendra sans doute que les rois seuls ont donné de pareils exemples. On n'a point d'idée parmi les citoyens de semblables violations de toutes les loix des peuples civilisés ;

on n'a point vu la veuve impie joindre sa main perfide à la main sanglante du meurtrier de son mari; on n'a point vu la sœur épouser le bourreau d'une sœur; on ne lit de ces récits atroces que dans les fastes des tyrans couronnés, ou de ceux qui, vivant dans les forêts, y subsistent, comme les premiers, du fruit des vols et des assassinats. Il y a cette différence, que les *rois* des grands chemins ont, de tout temps, expiré sur des gibets, et que ceux des villes étoient considérés comme des dieux.

Frédégonde eut cependant assez d'empire sur Chilpéric pour empêcher l'adroite manœuvre de sa rivale. Le fils de Sigebert étoit demeuré prisonnier entre les mains de ses ennemis, et sa vie, qui servoit de barrière entre Chilpéric et le trône d'Austrasie, ne pouvoit être en sûreté dans les mains de Frédégonde. On trouva moyen de l'enlever et de le porter à Metz, où il fut proclamé roi. Chilpéric se vengea de ce malheur, en pillant les trésors de son frère, en reléguant Brunehaut à Rouen, en lui enlevant ses deux filles. Il envoya en même temps des troupes dans le Maine, à dessein de s'en emparer, et fit passer Mérovée, son fils aîné, dans le Poitou. Mérovée étoit fils d'Audouère; il ne pouvoit, selon les loix de la nature, avoir pour Frédégonde, ni pour son père, beaucoup de respect et d'attachement : il fut en secret flatté de pouvoir les punir ; au lieu d'aller à Poitiers, il se rendit à Rouen, où Brunehaut, secondant ses chagrins, lui fit accepter sa main. Prétextat, évêque de cette ville, les maria, malgré le dégré si proche de parenté. Cette imprudence coûta cher et à Mérovée et à l'évêque de Rouen ; l'un et l'autre la payerent de leur vie ; le jeune homme par un assassinat : il n'étoit pas difficile de faire égorger un enfant sans expérience, il l'étoit davantage de perdre un évêque ; on imagina de lui faire un procès en forme, et Chilpéric ne rougit pas d'être, à l'instigation de sa femme, le vil dénonciateur de son sujet. Il falloit que Chilpéric et Frédégonde eussent passé toutes les bornes des crimes permis aux rois ; il falloit que les peuples mêmes les considérassent avec horreur, puisque les évêques n'osèrent sacrifier Prétextat à leur haine. Frédégonde ne trouva de remède à cette haine que l'assassinat, son recours ordinaire, et l'évêque fut immolé. Presque aussi-tôt périt par le poison un seigneur français qui avoit osé reprocher à cette femme le long amas de cruautés dont elle marquoit chaque jour de sa vie.

Il n'étoit pas temps encore de lui faire de si amers reproches ; sa carrière n'étoit pas remplie. Il restoit à Chilpéric un fils d'Audouère, un jeune homme nommé Clovis. Si les crimes du père lui avoient justement enlevé le cœur de Mérovée, son fils aîné, on peut croire que le meurtre de celui-ci ne lui attacha pas Clovis. Irrité contre ces deux monstres, impatient des souffrances amères du peuple, dont il avoit pitié, parce qu'il étoit lui-même opprimé, il laissoit souvent échapper des paroles menaçantes. Frédégonde jura sa perte. Il semble cependant que malgré son empire illimité sur son mari, elle eut besoin de quelque artifice pour commettre ce nouveau crime. Il fallut accuser Clovis même d'en avoir commis, et on le feignit coupable d'aimer la fille d'une magicienne. C'étoit dans un moment où les fléaux du ciel avoient frappé le royaume de nouveaux malheurs. Les débordemens de plusieurs fleuves, le dérangement des saisons, une espèce de tremblement de terre, et les maladies épidémiques, suites ordinaires de ces fléaux, avoient ravagé les provinces *appartenantes* à Chilpéric. Le roi fut en danger, et les enfans de Frédégonde périrent. On n'imagineroit pas que cette furie, qui méditoit alors le meurtre de Clovis, s'avisa de penser que le ciel la punissoit des impôts excessifs qu'elle avoit mis sur le peuple : elle dit au roi « qu'il falloit les retirer, afin d'appaiser la » colère de Dieu, et ne plus exciter contre » eux *les cris de la veuve et de l'orphelin*, » puisque la main de la divinité leur ôtoit » les enfans auxquels ils destinoient l'amas » de ces richesses qu'ils arrachoient au pau- » vre, dont ils négligeoient d'écouter les » soupirs. » Quelle fut la cause de cette véritable comédie ? Ceux qui savent juger ne pourront croire qu'aucune idée religieuse pût entrer dans le cœur de Frédégonde. Si la crainte du jugement de Dieu avoit pu frapper tout-à-coup une ame souillée de tant de crimes, elle seroit tombée dans les plus horribles accès du désespoir. La mort lui ayant enlevé ses enfans, se trouvant sans appui, elle voulut peut-être s'en faire un du peuple, et le ramener à elle ; peut-être aussi ne voulut-elle que préparer le meurtre de Clovis : elle l'accusa d'avoir attiré sur son père et ses frères les maladies dont ils venoient d'éprouver la violence, et d'avoir employé la science infernale de la magicienne. Dans un temps d'ignorance, l'accusation parut d'autant plus vraisemblable, que ce jeune homme n'avoit ressenti aucun effet de l'influence pestilentielle de l'air, et l'on persuada sans peine que sa maîtresse l'en avoit préservé. Cette misérable fille fut arrêtée et battue de verges, par l'ordre de Frédégonde, jusqu'à ce qu'un traitement aussi barbare lui eût arraché l'aveu de son prétendu crime ; et munie d'une preuve juridique, Frédégonde alla trouver son mari, duquel elle obtint l'ordre de faire saisir Clovis et de le faire amener devant elle. Juge et partie, elle joua le rôle de magistrat, et interrogea elle-même le malheureux prince, à qui elle n'arracha aucune parole qui pût dégrader l'homme, et l'homme innocent. Son dessein, sans doute, avoit été, par cette audace, d'irriter le caractère impétueux qu'elle lui connoissoit, de le porter contre elle à quelque outrage, et d'arracher à son père un arrêt de mort. Déçue dans cet espoir, le meurtre vint à son secours, et Clovis fut trouvé mort dans sa prison. Elle fit coire à son père qu'il s'étoit tué lui-même, et se fit adjuger, à titre de confiscation, les biens propres du prince et de sa mère. Les principaux officiers de Clovis furent enveloppés dans la proscription, ils périrent tous ; la prétendue magicienne fut condamnée au feu,

et

et cependant Frédégonde n'étoit point encore lasse de crimes.

A la vérité la mort de ce prince la mettoit à l'abri de dépendre un jour d'un maître irrité; mais ses fils, son neveu n'étoient plus, et à la mort de Chilpéric, le fils de Brunehaut devenoit l'héritier des états de son oncle, et de la haine de sa mère; leur antipathie venoit moins de la mort de Sigebert et de Galsuinte, que d'une rivalité personnelle de talens et de beauté; elle en étoit bien plus invétérée. Frédégonde, née pour tenter les choses les plus difficiles, entreprit de s'allier avec le fils de cette rivale, et de lui faire assurer, par Chilpéric, son héritage, à défaut d'enfans mâles. Elle ne réussit cependant pas dans ce projet, qui ne valut aux peuples déjà ruinés qu'une nouvelle guerre où le sang coula encore pour les intérêts de deux criminelles prostituées. Pendant ce temps, elle chercha à marier Rigonte sa fille au roi des Goths, et insultant à la misère publique, elle destina des richesses immenses pour la dot de cette princesse, prétendant qu'elle ne lui donnoit rien qui ne fût à elle, qui ne lui fût acquis par les dons de son mari, ou ceux des grands de sa cour: cinquante chariots furent chargés de ces trésors, escortés par quatre mille hommes; mais cette garde n'ayant point empêché qu'ils ne fussent pillés par Didier, comte de Toulouse, Rigonte fut obligée de retourner à la cour de Chilpéric, où elle se dédommagea du malheur de n'être point mariée, par une vie fort licencieuse que sa coupable mère s'avisa souvent de blâmer avec aigreur. Les historiens ont prétendu que Rigonte étoit coupable de montrer à une pareille mère peu de respect et de ménagemens. Il paroît que cette fille n'eut à se reprocher qu'un excès d'incontinence, qu'on auroit pu trouver étrange dans toute autre que l'enfant de Frédégonde; mais à quel respect cette femme criminelle, ce bourreau du genre humain avoit-elle droit de prétendre? Tout l'espoir qui lui étoit permis n'étoit-il pas de mettre au jour des monstres moins abominables qu'elle, et incapables, seulement, de verser son propre sang. Cependant Rigonte fut encore heureuse de lui échapper. Un jour qu'elles étoient ensemble, elle lui reprochoit, avec une artificieuse douceur, de la traiter rigoureusement; et feignant de croire qu'elle désiroit encore quelques-uns des riches ornemens dont elle étoit si abondamment pourvue, elle ouvrit un grand coffre qui renfermoit les plus précieux, et l'invita gracieusement à choisir les étoffes et les bijoux qui flatteroient le plus ses désirs; l'imprudente fille s'étant courbée jusque dans le coffre, la marâtre le referma sur sa tête; et si ses cris mal-articulés n'avoient pas été entendus, elle l'étrangloit de ses mains : et des historiens ont eu l'impudeur de la plaindre des *chagrins domestiques* que lui causoient la conduite et le manque de respect de cette malheureuse fille! Détestables flatteurs, si Rigonte eût porté la couronne et qu'elle eût assassiné sa mère, vous l'auriez canonisée.

Il étoit temps que l'odieux Chilpéric fût lui-même victime de ce monstre, dont il avoit autorisé tous les excès, dont il avoit suivi les conseils barbares; la guerre duroit encore entre lui, Childebert et Gontran, lorsqu'elle mit au monde un fils nommé Clotaire. Cet événement ayant fait évanouir l'espoir de Brunehaut, son fils entreprit une autre guerre contre les Lombards, et Chilpéric voulant chercher le repos, qui fuit toujours les tyrans, fit sa résidence la plus ordinaire en automne, à Chelles près de Paris, ou il avoit un château. Là, vers la fin du mois de septembre 584, prêt à partir pour la chasse, il lui prit fantaisie de rentrer et de dire un mot à la reine; il la trouva seule dans son cabinet de toilette, les cheveux épars, et la frappa légèrement sur la tête d'une baguette qu'il tenoit à la main. Frédégonde, qui le croyoit en route, le prit pour Landri de la Tour, son amant, et connu pour tel de toute la cour, hors du roi. *Landri*, lui dit-elle sans se détourner, *un bon chevalier ne doit jamais frapper les dames par derrière.* Chilpéric immobile d'étonnement ne répliqua rien, et après un moment de silence, sortit sans s'expliquer. Frédégonde se retourna, le reconnut; envoya chercher Landri, lui raconta son imprudence, et lui ordonna de choisir entre la mort du roi ou la leur. Landri lui obéit, et au retour de la chasse, des assassins gagés par ces deux adultères, ayant environné Chilpéric, lui arrachèrent par le crime une vie odieuse à tous les gens de bien.

Comme il est assez difficile aux flatteurs les plus décidés d'excuser une femme débauchée qui attente aux jours de son mari, ceux de Frédégonde n'ont trouvé d'autre moyen en sa faveur que de l'en disculper tout-à-fait. Mais ils ont mal réussi, lorsqu'ils n'ont pu alléguer comme preuve de l'impossibilité du crime, que l'intérêt qu'avoit Frédégonde à ne le pas commettre. Ils auroient eu raison si la foule d'intérêts politiques qui dévoient lui rendre la vie de son mari précieuse, avoit

Frédegonde, de concert avec Landri son amant, fait assassiner Chilperic son époux au retour de la chasse.

pu être mise en balance avec l'intérêt présent de sa propre vie. Mais elle avoit trop bien appris à Chilpéric à se délivrer de ses ennemis, pour croire que la route du crime lui fût inconnue, ni qu'elle pût l'effrayer : il étoit offensé, la vengeance étoit certaine, il falloit donc se délivrer d'un danger actuel, imminent, et se donner le loisir de parer aux événemens plus éloignés. Ce seroit d'ailleurs perdre du temps que de prouver qu'elle fut coupable ; tous les auteurs véridiques l'ont publié, le peuple n'en douta pas, et la frayeur s'étant même élevée dans son ame au premier cri d'indignation qu'excita contre elle la mort du roi, elle s'enferma dans la cathédrale de Paris, où l'évêque *Reginalde* la reçut.

Il a été prouvé de tout temps que les scélérats rencontrent quelquefois une combinaison d'événemens qui semble n'offrir qu'à eux seuls des ressources dans les grands désastres. Les deux prétendans à la succession de Chilpéric (puisqu'alors les nations se consi déroient elle-même comme des immeubles) étoient Childebert, fils de Brunehaut, et Gontran, frère de Chilpéric. Si le premier se fût emparé des états de son oncle, c'en étoit fait de la méchante Frédégonde; mais Gontran prévient son neveu, arrive dans Paris avec une nombreuse escorte, et prend possession du royaume au nom du jeune Clotaire. Childebert, qui s'étoit avancé dans le même dessein, se retire à Meaux, députe vers son oncle, lui demande le partage de la succession, et le supplie de lui livrer à l'instant Frédégonde pour être punie du meurtre de son mari, de ceux de Galsuinte, de Sigebert et des deux fils d'Audouère. Il n'étoit plus temps; Gontran étoit déjà séduit par les artifices de Frédégonde, par l'espoir de la régence, et par la flexibilité naturelle de son caractère: persuadé, ou feignant de l'être, que le jeune Clotaire, âgé seulement de quatre mois, étoit le sang de Chilpéric, il repoussa fièrement la demande de Childebert, prit Frédégonde et Clotaire sous sa protection, consentit à être le parrein de cet enfant, et, ce qu'il y a de fort rare parmi les têtes couronnées, il tint parole. De son côté, Frédégonde n'oublioit pas le soin de sa vengeance; on surprit plusieurs assassins envoyés par elle pour tuer Childebert et Brunehaut, avec des armes empoisonnées; mais on auroit cru dans les siècles de superstition, qu'un génie infernal veilloit à la conservation de ces deux monstres, et détournoit d'elles seules leurs mains sanguinaires. Elle ne put réussir, et se trouva exposée à de nouveaux dangers, lorsque Gontran mourut, laissant Clotaire âgé seulement de neuf années. Mézeray assure que Frédégonde avoit plus d'une fois attenté sur sa vie. Il falloit que le crime fût en elle un besoin, car elle devoit plus à Gontran qu'a Chilpéric même.

Quoi qu'il en soit, son courage et son génie suppléèrent à ce qui lui manquoit d'appui et de secours; seule elle sut rallier autour de son fils les grands et les soldats, et même le peuple crédule qui regardoit comme sacrée la personne d'un roi. Seule à la tête de l'armée inférieure en nombre à celle du roi d'Austrasie, et portant dans ses bras l'enfant qui lui servoit d'égide, elle vainquit Brunehaut et son fils, et assura l'empire de Neustrie à Clotaire. Childebert mourut, elle fut accusée, et c'est de ce seul crime qu'elle n'a pas été convaincue. Brunehaut, ressaisie du gouvernement sous le nom du fils de Childebert, déclara de nouveau la guerre à sa rivale, et n'emporta d'autre fruit de son entreprise que la honte d'une défaite, et le pillage de ses trésors; mais vingt mille hommes, dit-on, périrent dans une seule bataille. En supposant même ce nombre exagéré, comment ne frémiroit-on pas de douleur et de rage en voyant couler le sang par les querelles de deux monstres à qui leurs soldats auroient fait justice s'ils les avoient égorgées pour le repos de la France, et l'expiation de leurs forfaits ? Hélas ! en vain la nation libre et généreuse a juré de ne plus prétendre à aucune conquête ; les rois qui nous environnent et dont nos voisins sont encore la proie ne respirent que le sang, et nous forceront peut-être à en répandre. Malheur à eux s'ils nous contraignent à faire briller le fer, ce ne sera plus une guerre d'esclaves contre esclaves, combattant pour le choix des tyrans ! nous combattrons pour la liberté des peuples, nous le publierons, tous leurs *sujets* voudront être nos frères, et leurs camps demeureront déserts.

Ce succès, si déplorable pour la France, fut le dernier dont l'impudique reine de Neustrie devoit jouir ; elle mourut enfin en 596, âgée de cinquante ans, laissant une mémoire en exécration à tous les peuples chez lesquels son nom étoit parvenu. Elle fut louée par les flatteurs que l'or attache toujours à la suite des monstres couronnés : Ce qu'il y a de plus honteux, et de plus déplorable, c'est que les hommes les plus savans de chaque siècle ont toujours sacrifié l'intérêt des nations à leur intérêt personnel ;

trop long-temps ils ont employé à tromper les hommes, ces talens dont la raison leur enseignoit à faire un plus noble usage.

Clotaire monta sur un trône dont sa coupable mère venoit d'accroître la puissance par des conquêtes sur le royaume d'Austrasie. Brunehaut délivrée d'une rivale d'autant plus atroce qu'elle étoit éclairée, demeura seule sur la sanglante arène ou longtemps elles s'étoient disputé le prix du crime. Comme les rois de Neustrie ont réuni à eux seuls toutes les portions de l'empire français, eux seuls forment principalement dans notre histoire la succession de nos rois, et Brunehaut, qui ne fut jamais maîtresse de Paris ni de Soissons, tient moins essentiellement à notre sujet que Frédégonde. Cependant son impudicité, la violence de ses passions, et ses assassinats nous offrent un si terrible exemple de la puissance des femmes dans le rang suprême, qu'elle doit ajouter sans doute une terreur utile à celle qu'impriment les forfaits des rois. Brunehaut ayant à conduire des princes jeunes, présomptueux, emportés, se chargea du soin infâme de pourvoir aux plaisirs de ses petits-fils et même à ceux de leurs enfans. Elle composoit avec soin leur sérail, et quelquefois, disent les chroniques du temps; elle étoit témoin de leurs orgies dont la sale image rappeloit à son ame le souvenir de ses propres débauches. L'empire qu'elle prenoit sur ces foibles esprits par de si lâches complaisances, lui servoit et à les plonger dans une honteuse mollesse, afin de conserver le timon des affaires, et à écarter d'eux les hommes sages, par des assassinats dont ils signoient l'ordre dans ces momens d'ivresse. Quoique avancée en âge, et flétrie par de honteux excès, elle se livra encore à une passion ridicule pour le jeune Protade, dont elle fit le complice de ses crimes, en lui faisant partager son autorité, sous le titre de maire du Palais. Protade fut assassiné par les grands, jaloux de son crédit et irrités de son insolence. Brunehaut avide d'autorité, trouva de nouvelles ressources dans la division de ses deux petits-fils; elle vint à bout de les désunir; Thierry par ses conseils fait massacrer Théodebert son frère, sous prétexte que c'étoit un bâtard de Faileube sa mère et d'un jardinier; il meurt, et Brunehaut, qui sans doute avoit conçu contre ce malheureux prince une haine implacable, fait périr avec lui ses deux fils, dont elle écrase elle-même le plus jeune contre une muraille.

Brunehaut écrase elle même le plus jeune des fils de Théodebert.

Bientôt après, Thierry, devenu amoureux de la fille de ce même Théodebert, et voulant l'épouser, Brunehaut est forcée de convenir qu'elle est sa nièce; Thierry veut passer outre, elle l'empoisonne et règne encore sous le nom de ses arrière petits-fils. Mais enfin, les grands de la cour d'Austrasie se lassoient des crimes de ce monstre: si Frédegonde s'étoit fait endurer trop long-temps par les Neustriens, c'est qu'elle avoit plus de caractère et de combinaison; c'est qu'elle se faisoit haïr et craindre, au lieu que Brunehaut se faisoit haïr et mépriser. Clotaire, héritier de Frédégonde, et non moins ambitieux et cruel que sa mère, profita des dispositions dans lesquelles se trouvoient les Austrasiens, déclara la guerre à Brunehaut, et d'avance ayant acheté les chefs de l'armée et ceux de la nation, remporta une victoire facile sur des hommes qui d'eux-mêmes abandonnèrent la misérable reine à son ennemi. Conduite dans le camp du vainqueur, elle y fut traitée avec une extrême sévérité. Personne n'osa ou ne daigna prendre sa défense; « Elle fut
» jugée, dit un de nos lâches historiens mo-
» dernes, par ses propres *sujets*, ou par ceux
» d'un prince, qui n'avoit aucun droit sur
» sa vie ». Certainement, ceux qu'on appelle

ses *sujets* avoient un droit imprescriptible à la juger et à la punir des maux qu'elle leur avoit faits, et s'ils n'usèrent pas de ce droit, c'est qu'ils n'avoient ni le sentiment de leur force ni celui de leur dignité d'hommes. Si Clotaire avoit été juste, c'étoit à eux qu'il devoit remettre cette criminelle, en les exhortant à suivre à son égard les loix de son pays; mais il n'y avoit ni lumières dans la nation, ni justice dans l'ame de Clotaire. Brunehaut fut punie, les loix ne furent point satisfaites, et sa mort, quoique terrible, ne servit pas d'exemple à celles qui depuis ont osé autant et plus qu'elle. On sait qu'elle fut exposée dans le camp aux outrages des soldats; ensuite attachée à la queue d'un cheval indompté et traînée par l'animal féroce au travers des rochers et des bois; ses restes épars furent jettés au feu, et ses cendres, renfermées dans une urne, furent déposées à Autun, dans l'abbaye de St. Martin.

Ainsi périrent ces deux monstres. Frédégonde, avec beaucoup de talens et de génie, eut dans le caractère cette fermeté qui fait les grands scélérats. Sa conduite fut toujours combinée d'après ses intérêts; ses crimes eurent toujours un but relatif à sa position, à ses craintes ou à ses projets. Son penchant à la débauche même fut contenu selon les occasions, et ne la gouverna jamais que d'accord avec ses besoins politiques. Brunehaut, plus méprisable, commit des crimes sans nécessité, se livra sans réserve à ses passions, et ne donna dans le cours de sa vie aucune marque de cette sorte d'énergie qui n'est pas inconnue aux plus grands coupables. Frédégonde fit plus de mal, fut plus atroce, plus dangereuse et sut éviter le châtiment ; Brunehaut, criminelle sans caractère et sans élévation, tomba au pouvoir d'un brigand plus fort qu'elle, qui n'exerça qu'un acte de vengeance arbitraire, tel qu'elle l'eût exercé sur lui.

Une chose incroyable est la manière dont le moderne historien de France, l'abé Vely, a parlé du supplice de cette abominable femme. « Une princesse, dit-il, fille, femme, » mère, aïeule et bisaïeule de tant de rois, » exposée aux insultes d'une soldatesque ef- » frenée, traînée par un cheval furieux, dé- » chirée en pièces.......! La plume se refuse » à de pareilles horreurs» Oui sans doute, vil flatteur des rois, elle tombe des mains, mais c'est au recit des horreurs commises par tes idoles ; elle se refuse à ce long amas de meurtres, e rapines, d'exactions, au moyen desquels tes princes retenoient les peuples dans la crainte et l'abattement, dans la misère et l'abjection, et non pas au tableau d'un châtiment trop tardif et trop bien mérité. Eh! que t'avoit donc fait ta patrie pour chercher à épaissir autour d'elle les ténèbres de l'ignorance, et à prolonger son délire? Tandis que l'austère Mably, prêtre comme toi, mais prêtre du vrai Dieu, avoit le courage de déchirer le voile, et d'apprendre aux hommes à connoître leurs droits, leurs devoirs, leur dignité, à mépriser et haïr la puissance usurpée des tyrans, toi prêtre des faux dieux, tu ne rougissois pas de ramper devant les bourreaux du genre humain. Mais Mably savoit être pauvre, solitaire et indépendant; et toi, tu ne savois qu'être académicien, valet des femmes et des grands, et pensionnaire d'une cour.

La première race de nos rois ne nous présente plus dans leurs femmes que des êtres nuls, indolents, bigots, sachant prier Dieu, doter des monastères, enrichir des églises, combler de bienfaits des moines fainéans, des religieuses inutiles, avec les biens que leurs maris arrachoient aux hommes pauvres et laborieux. L'historien *Vély* nous dit que dans les abbayes les filles de condition trouvoient un asile pour leur vertu, les veuves, un lieu de refuge dans leurs malheurs, les reines, une paisible retraite contre les embarras tumultueux de la grandeur. Mais il ne nous dit pas que ces riches établissemens, fondés sur les usurpations dont nous venons enfin de tarir la source et déraciner l'abus, n'étoient en effet que des asiles ouverts à l'intrigue et aux complots; que souvent les crimes les plus odieux furent tramés dans l'ombre de ces murs; que souvent il en sortit des meurtriers et des empoisonneurs, que le libertinage y eut autant d'accès que la vertu, et que telle des princesses ou reines, qui après sa mort y reçut les saints honneurs de la canonisation, y avoit joui pendant sa vie de tous les plaisirs du monde, et n'y avoit pas abjuré un seul de ses vices, ni de ses plus ardentes passions. Il dit encore que le gouvernement retira de grands avantages de ces pieux établissemens. Si, avec tous les adorateurs de nos anciens documens il entend par le mot gouvernement, les rois et leurs ministres, il a raison; car le peuple n'apprit jamais des moines et des prêtres qu'à périr docilement par le fer et la flamme, et à se prosterner devant la tyrannie.

Bathilde, femme de Clovis II, fut une de ces fondatrices de couvens, aussi figure-t-elle dans le calendrier. Il paroît que ce fut une princesse sans vices, sans défauts essentiels, mais aussi sans aucune vertu d'éclat. Tandis que son époux, plongé dans la mollesse, ne se montroit qu'une fois l'année, traîné par quatre bœufs, et couché sur un lit de fleurs et de feuillages, tandis qu'il vivoit dans la plus honteuse débauche, il paroît que Bathilde étoit comme lui, soumise à l'autorité des maires du palais, et que pendant sa régence, elle fut moins occupée des affaires que des litanies et des offices. Retirée enfin dans l'abbaye de Chelles, qu'elle avoit fondée, elle y termina sans éclat une carrière inutile. Tel est le sort de ces grands personnages, ou leurs crimes épouvantent l'univers, ou leur nullité fait pitié : simples citoyens, au sein de l'égalité, les scélérats seroient punis, et les êtres sans talens trouveroient dans le travail des moyens de se rendre utiles à la société.

Les maires du palais, qui, dans leur origine, n'étoient que les chefs de la domesticité du prince, étoient parvenus à se rendre maîtres de la puissance royale. L'hérédité des bénéfices (1) avoit rendu la noblesse maîtresse du

---

(1) On appeloit ainsi les concessions faites par nos premiers rois aux *leudes*, ou grands de la cour ; d'abord

royaume.

royaume. Le clergé balançoit toujours l'autorité des grands, quoiqu'il eût perdu beaucoup de richesses. Les peuples seuls n'étoient rien que de malheureux esclaves sans propriétés, sans facultés, et même sans désirs. Les assemblées du champ de Mars étoient oubliées ; celles des grands mêmes étoient fort rares et ressembloient, sans doute, comme le dit Mably, à la réunion d'une bande de brigands qui se rassemblent pour le partage du butin. Cette *antique noblesse*, sans loix, sans police, sans magistrats, sans frein, comme sans principes et sans morale, ne pouvoit être régie ni collectivement, ni individuellement. Chaque seigneur vouloit jouir de toutes les prérogatives de son ordre. Le clergé s'étoit attribué des pouvoirs indéfinis sur le spirituel, afin de conserver son empire sur le temporel. L'autorité royale étoit anéantie, et ç'eût été un grand bien, si la nation avoit su la détruire pour établir la sienne propre, c'est-à-dire, la seule raisonnable et légitime ; mais une autre tyrannie s'étoit élevée à la place de la première, celle des maires du palais, qui pour l'affermir

---

sans aucune redevance de leur part, ensuite à titre de *fiefs*.

avoient besoin que toutes les loix connues fussent violées, et que, sous le nom de coutumes, toutes les passions et tous les caprices de la noblesse, des prêtres et des moines, fussent respectés. La noblesse fut la dupe de cette extrême tolérance; elle ne sentoit pas qu'en fatiguant le peuple du poids de son insolence et de sa tyrannie, elle faisoit beaucoup de mécontens, et qu'il étoit naturel que les malheureux esclaves, accablés de leurs fers, se ralliassent autour d'une puissance unique, seule capable de réprimer les tyrans particuliers. Les maires du palais n'auroient pas eu besoin de se parer du titre de rois, ni de s'environner de la pompe du trône, si leur charge avoit été héréditaire; mais la mairie n'étoit qu'élective. Quand même ils auroient cru faire le bien, ce n'est que dans les pays libres, dans les républiques, que le citoyen habile travaille pour le bonheur général, et ne considère ses propres enfans que comme les enfans de la patrie. Dans un état monarchique, au contraire, tous les intérêt sont individuels, et l'amour même de la gloire est personnel à soi et à sa famille : ainsi les maires du palais marchèrent toujours vers le trône, afin d'assurer leur pouvoir à leur postérité. Pepin eut cette charge sous Childéric fils de Clovis II ; et comme il avoit remarqué que les grands, impatiens du joug, pensoient déjà, comme une portion de leurs vassaux, à rétablir l'autorité du prince, il conçut que la modération étoit nécessaire, et qu'il étoit temps de les flatter. Un tyran qui peut affecter des vertus, est un être plus dangereux encore que les tyrans sanguinaires ; l'homme qui a vraiment de grandes vues, détestera toujours plus ce qu'on appelle les *bons rois*, que ceux-là même dont le nom fait frémir l'univers. Ceux-ci appellent sur eux la haine et la vengeance, qui réveillent enfin les peuples. Les autres invitent à l'indolence et au sommeil, mortels ennemis de la réflexion et de la liberté. Ce fut ce qui arriva sous Pepin ; des apparences de justice et de vertu lui concilièrent ces grands toujours inquiets ; il les trompa, les plongea dans l'insouciance, et son habileté sut réunir sur sa tête les mairies de Bourgogne et d'Austrasie, dont les titulaires moins adroits s'étoient fait chasser. S'il avoit voulu, il auroit pu opérer dans le gouvernement des réformes utiles, améliorer les loix, adoucir la férocité des mœurs, distinguer des pouvoirs, arracher le foible à l'oppression du plus fort, apprendre enfin à tous les ordres qu'on ne cesse d'être esclave de ses passions, que lorsqu'on est soumis au joug des loix ; mais il auroit fallu restreindre lui-même sa puissance, avant de porter atteinte à celle des autres classes ; et jamais un *roi* ne cédera rien de ses prétentions, que lorsqu'il lui sera commandé par une nation entière de céder le trône au véritable souverain. Pepin souffrit donc assez de désordres pour être toujours nécessaire à ceux qui en étoient victimes, et ne mit un frein qu'au mal dont l'excès pouvoit lui être nuisible. S'il ne laissa point à ses fils le titre de roi, c'est qu'apparemment il crut en avoir assez fait pour qu'ils n'eussent plus qu'à le prendre ; c'est que, mécontent de Charles Martel, son fils, il ne voulut pas lui faire le don d'une couronne ; c'est que, par un singulier caprice, il légua le trône à Dagobert III, qui, selon l'idiome d'alors, en étoit l'*héritier légitime*, et sa charge de maire à Théobalde, son petit-fils, sous la tutelle de Plectrude, sa femme.

Cette Plectrude étoit fière, ambitieuse, et d'un caractère impérieux ; mais, par bonheur, elle avoit peu de génie. Charles Martel étoit fils d'Alpaïde, autre femme de Pepin, et en cette qualité, haï d'une marâtre à laquelle il faisoit ombrage. Il étoit en âge de gouverner lui-même ; et Théobalde, à qui

Pepin laissoit la mairie, n'étoit qu'un enfant. Il étoit donc fort différent pour Plectrude, accoutumée au rang, à l'autorité et aux richesses de femme du maire, ou de céder ces avantages à un jeune homme qui n'aurait eu ni égards, ni respect pour elle, ou de la conserver à titre de régente, sous le nom d'un roi et d'un maire, tous deux enfans. Elle avoit toujours eu soin d'aigrir les chagrins de son mari contre ce fils aîné, dont l'humeur et le caractère lui déplaisoient. Devenue maîtresse de son sort, elle eut l'adresse de le faire arrêter et enfermer ; son plan de gouvernement étoit de conserver sous son obéissance les états d'Austrasie, de Bourgogne et de Neustrie ; mais les grands, qui jamais en France n'ont souffert qu'à regret la domination des femmes, se liguèrent contre elle, et les Neustriens élurent un autre maire, nommé Rainfroy. Cependant, maîtresse des trésors de Pepin, et environnée de ses créatures, Plectrude conservoit d'assez grands avantages, si elle avoit su en profiter. Elle eut assez de crédit pour mettre une armée sur pied, et les Français assez de lâcheté pour consentir à égorger leurs concitoyens. Rainfroy mit le jeune Dagobert à la tête de ses troupes ; et les aveugles soldats, peu accoutumés depuis quelque temps à voir un roi, éblouis de sa présence, comme si c'eût été celle d'un Dieu, redoublèrent leur zèle. La téméraire Plectrude fut repoussée vigoureusement dans la forêt de Compiègne; son autorité s'affoiblit beaucoup par sa défaite, et Rainfroy auroit tout-à-coup rétabli l'autorité royale, si Dagobert n'étoit mort après sa victoire. Ce qu'il y eut de malheureux pour Plectrude, c'est qu'au même moment Charles Martel rompit ses fers, et parut dans l'Austrasie. Rainfroy venoit de placer sur le trône Chilpéric, surnommé *Daniel*, fils de Chilpéric II, et renfermé chez les moines de Chelles; mais ce fut en vain qu'il opposa ce roitelet aux grandes vues de Charles Martel. La journée de Vinciac assura l'empire au fils de Pepin, et la victoire même sur l'opiniâtre Plectrude, qui, se voyant déçue dans toutes ses espérances, abandonnée de son parti, s'enferma dans un monastère qu'elle avoit fondé à Cologne; elle y fut si complétement oubliée, qu'elle y termina ses jours, sans qu'on sache même l'année de sa mort. Il ne lui manqua que de l'esprit, pour être vraiment criminelle sur le trône, ou dans une place à-peu-près égale. Si elle fût née dans une république, une éducation différente, des mœurs simples, la nécessité d'être estimable pour être estimée, en auroient peut-être fait une citoyenne.

Parmi les différentes femmes de Charlemagne, on distingue Fastrade, fille de Raoul, comte de Franconie, dont le caractère pensa devenir fatal à son mari. Malheureuse Germanie ! tu n'as jamais envoyé à la France que des monstres ivres d'orgueil et avides de sang! L'insolence de cette fille des Césars, irrita les grands d'Austrasie, que Charlemagne avoit accoutumés à des mœurs plus douces ; son humeur chagrine aigrit le caractère de Pepin, dit le Bossu, fils naturel de l'empereur; et l'empereur même devenoit, par ses conseils, plus sombre, plus hautain, plus despote. Il étoit à Ratisbonne peu accompagné, lorsqu'un prêtre Lombard, s'étant endormi dans l'église de Saint-Pierre, s'éveilla, au milieu de la nuit, au bruit de plusieurs hommes rassemblés, qui sembloient tenir une espèce de conseil. Surpris, il écoute sans se montrer, et la conversation de ces hommes lui découvre le secret d'une conjuration contre l'empereur et sa femme. Dès qu'il put, sans crainte, sortir de sa retraite, il courut au palais en instruire Charlemagne, et lui nomma les conjurés, au nombre desquels étoit son fils. Fastrade, enflammée de colère, loin de reconnoître ses torts et de les réparer par un acte de clémence, fit les plus grands efforts pour endurcir le cœur de son mari, déjà porté à la vengeance. Elle ne l'engagea que trop à punir, d'une manière atroce, des hommes coupables seulement d'avoir senti qu'ils n'étoient pas faits pour ramper sous une femme. Elle vouloit exiger de lui qu'il lui sacrifiât son fils ; mais Charles, qui n'avoit l'ame féroce que parce qu'il étoit roi, ne put étouffer la voix de la nature, et se contenta de faire enfermer Pepin dans un monastère. L'impitoyable Fastrade mourut peu de temps après, pour le bonheur de son mari et celui des Français.

Le gouvernement avoit changé de face depuis la destruction de la race Mérovingienne. Pepin, fils de Charles Martel, avoit dénaturé l'inauguration des chefs appelés rois ; cette grandeur qui jusqu'à lui tenoit encore à une sorte d'élection, ce bouclier sur lequel on élevoit le prince, sur lequel il recevoit un hommage que l'on pouvoit peut-être lui refuser, puisqu'il sembloit le demander, cette ombre enfin de la liberté des anciens Francs avoit disparu. L'usurpateur du trône, jusqu'alors héréditaire, crut devoir imposer au peuple et aux grands un nouveau joug plus difficile à briser, celui de la superstition. La force des armes avoit fait les rois, la force venoit de détruire la première famille, usurpatrice de la souveraineté nationale. Pepin imagina de s'entourer d'une force divine; et se faisant sacrer pompeusement, d'abord par Boniface, évêque de Mayence, ensuite par le Pape Étienne III, qui avoit besoin de lui contre les Lombards ses ennemis, il se fit appeler *l'oingt du Seigneur*, fit également sacrer ses fils en cette qualité, prétendit par la voix du pontife, que sa dignité, semblable à celle de David, étoit une espèce de sacerdoce à laquelle les peuples ne pouvoient attenter sans commettre un sacrilége; qu'enfin il tenoit la couronne de Dieu seul, par l'intercession de Saint Pierre et de Saint Paul, et que l'église rejetteroit de son sein tous ceux qui oseroient se départir de la fidélité et de l'obéissance qu'ils devoient à Pepin et à sa postérité. Ainsi donc, c'est à dater de cette époque que les rois de France tinrent leur couronne de *Dieu*; ainsi les peuples ont, dans leur aveuglement, profané le nom de la Divinité, lorsqu'ils ont cru qu'elle les avoit assujettis à un fléau de quatorze siècles, sans autre soulagement que le plus ou le moins de férocité de chacun de ces individus, dont les noms, la plupart abhorrés, souillent toutes les pages de notre histoire.

A considérer Charlemagne dans ses guerres avec les Saxons, il nous présente l'image d'un farouche habitant des forêts, avide de sang et de chair humaine, cherchant sur des bords inhabités la trace des malheureux, victimes de quelques naufrages, et les massacrant sans égard pour le sexe ni l'âge : que dis-je ? on voit bien pis encore ; non, ce n'est point l'homme sauvage, ce n'est point l'enfant brute de la nature, c'est celui du fanatisme et de la superstition, c'est l'homme civilisé, c'est l'homme policé, dont la rage ambitieuse parcourt l'Europe entière un glaive à la main, pour servir la fureur des vils pontifes de Rome esclave, et mériter la couronne sanglante que leur grossière imposture a donnée à son père au nom de Dieu.

Mais si l'on examine ce même homme dans le sein de la France, régénérant les loix, les mœurs, instruisant un peuple abruti, s'efforçant à lui donner une idée de sa force et de sa dignité, concevant lui seul le plan d'une division de l'empire, telle à-peu-près que l'assemblée nationale vient de l'exécuter, rétablissant l'antique usage des assemblées du

Champ-de-Mars et du Champ de-Mai, ne promulguant la loi que comme l'ouvrage de la nation, ne se servant de ces mots, *nous voulons, nous ordonnons, nous commandons,* qu'en vertu de ce que la nation avoit *voulu, ordonné, commandé* (1); lorsqu'enfin il paroît à nos yeux sous l'aspect d'un législateur, on est tenté de croire que des historiens infidèles ont donné le même nom à deux personnages différens ; et l'on ne sauroit reconnoître le bourreau de l'Italie et de la Saxe épouvantées, dans le premier et le dernier des rois français, qui ait jamais songé qu'il n'étoit qu'un homme, et qu'il appartenoit à une nation.

Que faut-il conclure de cette opposition dans les actes émanés d'un seul homme ? Rien que de fort simple ; que si Charlemagne n'avoit pas été roi, il n'auroit pas été une partie de sa vie un brigand tout souillé de crimes ; que s'il n'avoit pas été roi, il auroit été un philosophe, et qu'il auroit appris peut-être à la nation à opérer elle-même de si grands changemens ; et que ses fils n'auroient pas

---

(1) Les capitulaires disent positivement que la loi n'est autre chose que le vœu de la nation publié sous le nom du prince.

anéanti tant de sages institutions qui, sous eux, passèrent comme un songe. L'espoir le plus insensé qui puisse naître dans le cœur des hommes, c'est de croire qu'un seul homme puisse les rendre heureux. Dans le cours passager de la vie, quel est l'œuvre exécutée par un seul qui puisse résister à la volonté de l'être qui lui succède ? Les feuilles qui couvrent un même arbre portent entre elles une différence visible. De tous les hommes qui couvrent la surface de la terre, il n'en est pas un qui ait une entière similitude de caractère avec les autres. Mais, comme dans la nature, toutes les grandes masses conservent seules leur ensemble, lorsque tout varie dans les détails, de même il n'y a que les grandes masses d'hommes dont les ouvrages puissent acquérir cette consistance imposante, et résister aux efforts du temps. Ainsi les loix faites par un homme, quelque grand qu'il puisse être, n'auront, comme lui, qu'une durée passagère. Les loix des nations seules sont impérissables comme elles. (1)

---

(1) Je ne dis pas que les nations ne s'anéantissent point elles-mêmes. Tout ce qui est composé d'atomes périssables doit se miner peu à peu et changer de forme par les efforts du temps. Mais je dis que ce même change-

En 814, à la place de Charlemagne, on vit reparoître un homme stupide, sans caractère, plutôt moine que roi, soupçonneux et cruel, traînant tous les malheurs à sa suite, et toujours malheureux lui-même. Tous les établissemens de son père disparurent, le peuple rentra dans le néant; une vapeur empoisonnée se répandit du trône sur toute la France; et pour combler tous les désordres dont il fut la source, il eut une femme impudique, et par conséquent artificieuse et cruelle. Il avoit trois fils de la première, et à l'âge de quarante-deux ans, ayant déjà plus d'une fois manifesté le désir de s'enfermer dans un cloître, on fut surpris de lui voir choisir dans sa cour la plus belle et la plus jeune des filles qui la composoient. Judith étoit son nom, elle avoit

---

ment de forme, qui compose le système réproductif de la nature, dans son organisation physique, est exactement le même dans le système moral; la loi de la nature est la même pour tous les genres qui la composent. Les nations sujettes à cette loi disparoissent de la surface du globe; mais la loi même est éternelle, et lorsqu'elle a perdu momentanément son empire sur un peuple dégénéré ou détruit, elle l'exerce chez un autre, jusqu'à ce qu'insensiblement elle l'étende autour d'elle, et revienne couvrir de ses rayons bienfaisans la portion de terre qu'elle avoit abandonnée.

dix-huit ans; il l'épousa en 819 à Aix-la-Chapelle. Un homme sombre, inquiet, désagréablement occupé de l'avenir, toujours déplorant le passé, toujours adorant les reliques, se prosternant aux pieds des papes, menaçant, punissant et suppliant tout à la fois, en un mot un véritable imbécille ne pouvoit lui plaire. Mais elle devoit au moins se respecter elle même; rien ne dispense une femme de ce devoir. Au contraire, presque aussi-tôt après son mariage, son intrigue publique avec Bernard, comte de Barcelonne, ne laissa ignorer le déshonneur du roi qu'à lui seul. Les grands, humiliés par Charlemagne, avoient déjà repris tout leur empire et toute leur insolence; ils ne pardonnoient point à Judith de leur donner un maître; ils furent moins indulgens encore lorsque, après quatre ans de mariage, en 823, elle mit au monde un prince de la légimité duquel on n'avoit que trop raison de douter; on en douta bien plus encore lorsque, après la naissance de ce fils, elle se hâta de donner à Bernard la place de premier ministre. Elle avoit conçu le projet de faire passer l'empire sur la tête de cet enfant illégitime, au préjudice des trois fils aînés de son mari, et de renverser ainsi les règles établies. L'hérédité d'une couronne est un monstre en politique ; mais enfin, puisque la nation le souffroit, ce n'étoit pas à Judith à changer l'ordre que la nation seule pouvoit intervertir. Le foible Louis, esclave de sa femme et de l'amant de sa femme, consentit enfin, en 829, à donner une portion de ses états à ce prince nommé Charles, et âgé seulement de six ans ; et ce fut en présence de deux de ses fils aînés, Lothaire et Louis, qu'il leur fit un affront aussi sanglant : Pepin, leur frère, étoit alors éloigné. Si Louis le Débonnaire avoit eu un caractère absolu, que Judith eût été plus adroite et Bernard plus éclairé, cet acte de violence auroit pu réussir ; mais s'il étoit mal combiné, il fut encore plus mal soutenu. Les intérêts des frères du jeune Charles, et ceux des grands que Judith avoit toujours maltraités, se réunirent ; ils attirèrent dans leur parti tous ceux que le prétexte du bien public sut éblouir, et Pepin, le second des princes, se mit à la tête d'une conjuration dont le but étoit de détrôner Louis et sa femme. En publiant les désordres de Judith, on ajoutoit que, si le roi avoit la foiblesse de les souffrir, les princes, les ministres et les *fidèles* sujets ne devoient pas avoir la même condescendance. Le voile de la religion fut bientôt réuni à ces allégations spécieuses ;

les évêques s'écrièrent que l'église étoit offensée par la conduite de la reine, et par son adultère avec Bernard.

En même temps Pepin s'avançoit à la tête d'une armée; Judith n'étoit pas de ces femmes telles que Frédégonde, qui, ayant combiné tous les événemens, ont aussi calculé toutes les ressources; elle s'enferma dans un monastère; Louis courut se cacher à Compiègne, et le lâche Bernard, abandonnant ceux qu'il avoit précipités dans un semblable danger, s'enfuit bassement au lieu de les défendre. Judith, arrachée de son asile par l'ordre de Pepin, fut conduite à Compiègne; mais, avant de la rendre à son mari, on lui fit jurer, sous les menaces les plus effrayantes, qu'elle engageroit ce stupide époux à abandonner le trône à ses fils, à se retirer dans un monastère, et qu'elle même prendroit le voile. Elle promit tout; et les fils de Louis, aussi imbécilles que leur père, eurent la foiblesse de retenir cette femme avec lui dans le même château, en prenant l'unique précaution de mettre auprès d'eux des hommes qui devoient, disoit-on, en répondre *sur leur tête*, et les empêcher de se communiquer autrement qu'en leur présence. Certes! c'étoit vouloir qu'ils tramassent de nouveaux complots, et c'étoit

leur

leur donner tous les moyens de les exécuter, que de placer auprès d'eux toujours les mêmes hommes, exposés à la double séduction d'une femme impudente et d'un prince qui avoit de l'or à joindre aux artifices de sa coupable moitié ! Mais qu'importoit alors que Louis fût séparé de la société, que Judith fût punie ? la nation ne devoit pas profiter de leur châtiment. Il est quelquefois des circonstances bien différentes, et où il paroît bien étrange qu'on prenne des mesures aussi insuffisantes que dans un siècle barbare.

On juge bien que Louis et sa femme se revirent en secret ; on juge bien que Judith usa de tous les moyens possibles pour régner encore sur le cœur de son mari ; que, pour assurer son triomphe, elle employa ces élans d'amour maternel qui, dans l'ame d'une femme sans pudeur, ne sont rien qu'hypocrisie et artifice ; qu'elle rappela l'amour qu'elle avoit inspiré au roi, tant de fois indignement trahi par elle ; qu'elle le flatta de lui former un parti dans le nombre de ses *fidèles sujets* : tant de détours eurent un plein succès sur l'esprit d'un imbécile. Louis, n'osant ni trahir son serment, ni le remplir, demanda du temps pour se résoudre ; cette démarche parut suspecte ; et ses fils, voyant qu'ils étoient trompés, le firent enfermer dans le monastère de S. Médard, à Soissons, et Judith, dans celui de Sainte Radégonde, à Poitiers. Le peuple accabla cette femme d'injures au moment de son départ, et lui reprocha tous ses crimes ; le peuple n'étoit pas libre alors, il l'auroit accablée d'un silence plus fier et plus insultant. Les deux frères de Judith et son cousin-germain furent rasés et dégradés, comme complices de l'adultère de Bernard avec elle, et de ce moment les deux époux furent observés de si près, que toute communication leur fut interdite et que Louis, trompé par de faux rapports, crut même que sa chère Judith n'étoit plus, et s'abandonna aux regrets et au désespoir, que n'auroit peut-être pas excités dans son cœur une femme vertueuse, s'il en pouvoit être sur le trône. Dans un autre siècle, la situation de deux êtres méchans, méprisables, nuisibles à l'intérêt public, avilis par le crime et le parjure, n'auroit excité aucune pitié; personne n'auroit voulu leur prêter d'appui ; on auroit cru se dégrader soi-même : mais alors, les préjugés, la superstition, l'idée que l'ambition seule des princes étoit cause de la détention d'un père, engagèrent les moines de l'abbaye de Soissons à faire des efforts en sa faveur. Peut-être qu'il y eut aussi quelques vues ambitieuses dans leur conduite. Les trois princes étoient désunis : Gombaud, moine de Soissons, sut en profiter, et Louis fut remis sur le trône aux états de Nimègue, en 828. Il auroit pu se faire craindre de ses fils, mais non pas, comme le disent les historiens esclaves de la puissance des rois, en punissant des hommes justement irrités des crimes de sa femme, indignés de sa foiblesse, et victimes de son imbécillité. Il en auroit véritablement imposé à l'ambition des trois rivaux, s'il eût répudié l'infâme Judith, révoqué les dons faits au fils de Bernard, s'il se fût entouré de la puissance nationale, en restituant, comme son père, au peuple opprimé, la portion de ses droits dont il pouvoit faire usage, en lui montrant qu'il en existoit encore d'autres à la jouissance duquel l'appeloient la nature et la loi, et que les lumières et l'instruction lui apprendroient à ressaisir. Au contraire, l'imprudent monarque ne pensa qu'à reprendre sa femme, et non-content de la croire innocente, ou de le feindre, il voulut encore, chose étrange! que les peuples la crussent telle. Avant de la faire rentrer au palais, il fit publier que celui qui voudroit se présenter pour soutenir, en champ clos, l'accusation d'adultère intentée contre l'impératrice, étoit libre de le faire : c'étoit l'usage alors, c'étoit une des formes de ce qu'on appeloit *le jugement de Dieu*. Sous le règne de Louis-le-Débonnaire, un assassinat auroit été le prix de la fermeté qu'auroit montrée l'accusateur de Judith ; et personne n'osa s'y exposer. Ce silence, bien constaté dans le terme prescrit, la reine et ses parens jurèrent solennellement qu'il n'y avoit jamais eu de commerce criminel entre elle et Bernard. Louis se contenta de ce serment, mais il ne paroît pas que le peuple, quelque grossier qu'il fût, regardât comme acquise la preuve de l'innocence de *sa souveraine*, car les murmures continuèrent, et le mécontentement éclata dans presque toutes les actions.

Ce qui l'augmenta encore, c'est que les deux fils cadets de Louis ayant contribué à lui rendre la liberté, par jalousie pour Lothaire leur aîné, celui-ci à son tour, consentit au partage de ses états avec Charles, fils de Judith, afin de ruiner les projets de ses frères ; de sorte que les vastes pays soumis à nos rois, se trouvoient partagés en différentes portions, qui se voyoient toutes exposées à des guerres sanglantes pour les intérêts d'un enfant illégitime. L'impudente Judith, non contente de braver les loix de l'hymen par des farces aussi indécentes que sa conduite, de violer celles de la nature, en opposant le fruit du crime à ceux d'un chaste amours, celles des nations, en déchirant des provinces, se jouoit encore des craintes que devoit lui inspirer la position critique où elle se trouvoit. Elle vouloit faire revenir Bernard en France; il revint en effet en 831, afin de se purger, par la voie du combat, de l'accusation formée contre lui à l'égard de l'impératrice; et personne ne s'étant encore présenté, il donna la seconde scène du serment, scène tant répétée, et aussi utilement, même sous nos yeux, et l'an troisième de la liberté française.

Les enfans de Louis ne pouvoient demeurer tranquilles spectateurs des désordres de la cour; Judith fomentoit avec soin leurs querelles avec son mari; en 832, elle réussit à faire dépouiller Pépin de la couronne d'Aquitaine, et à la faire donner à Charles son fils, et fit assasiner un évêque qui pressoit fortement son mari de la répudier. Lothaire et le jeune Louis, roi de Bavière, irrités du traitement fait à leur frère, et auquel ils devoient s'attendre eux-mêmes, se réunirent avec le pape Grégoire, qui passa en France, moins à dessein de servir ces princes, que dans l'espoir d'accroître sa puissance temporelle sur cet empire. Ils levèrent en hâte une assez grande armée pour attaquer avec succès l'imbécille monarque, tandis que Grégoire tentoit la voie de l'excommunication. Heureusement pour lui, la suprématie de l'église romaine sur les rois n'étoit pas encore reconnue par le clergé de France ; les évêques firent savoir au pape que s'il étoit venu pour excommunier, il le seroit lui-même, comme ayant trangressé les saints canons et la liberté de l'église. Mais pendant cet intervalle, et tandis que les deux armées étoient campées entre Basle et Strasbourg, les fils de Louis trouvèrent le moyen de lui enlever ses troupes, qui passèrent de leur côté : l'empereur se trouvant abandonné, fut obligé de se soumettre, et d'aller trouver ses fils en qualité de suppliant, ayant obtenu du moins la promesse que Judith et son fils ne perdroient ni la vie, ni aucun des membres, ce qui donne une idée de la barbarie du siècle; car il craignoit que les princes ne leur fissent crever les yeux avec du plomb fondu, comme il l'avoit fait lui-même à son neveu. Charles fut envoyé au monastère de Prum, diocèse de Trèves, par ordre de Lothaire, et Judith, livrée au roi d'Aquitaine, qu'elle avoit fait dépouiller de sa couronne, fut reléguée à Tortone en Italie. Lothaire fit conduire l'empereur à Saint-Médard de Soissons, et assigna une assemblée générale à Compiègne au mois d'octobre 833, afin de le juger. Mais les évêques qui avoient à venger la mort de leur collègue, qui n'avoient repoussé l'excommunication du pape Grégoire que pour avoir seuls le droit de *lier et de délier*; qui avoient tous tramé la première conspiration contre Louis, et tous aussi eu part à la seconde, craignant que le peuple ne se lassât de tous les malheurs dont il supportoit le poids, que les princes ne se brouillassent de nouveau, et que l'un d'eux, venant au secours de son père, ne les exposât à la vengeance de Judith, imaginèrent de dégrader provisoirement l'empereur avant l'assemblée du Champ de Mars. Après avoir rempli l'ame de ce prince superstitieux de toutes les terreurs de l'enfer, ils lui persuadèrent de faire venir son fils aîné, et de se réconcilier avec lui, ensuite ils le conduisirent à la paroisse, où prosterné devant l'autel, il confessa publiquement « *qu'il avoit commis sacrilége, parricide et homicide, en violant le serment solennel qu'il avoit fait à son père, en faisant tonsurer ses frères par force, et en consentant à la mort de son neveu : qu'il avoit faussé son serment* et violé la foi des états, *en ôtant les partages donnés à ses trois fils aînés*; troublé le repos de la nation par des guerres injustes, *et causé les désordres de l'église et de la noblesse par sa mollesse et sa négligence* ». On remarque dans cette confession générale deux expressions singulières pour le temps; le reproche d'avoir *violé la foi des états*, et celui d'avoir troublé *le repos de la nation par des guerres injustes*. Ils prouvent au moins que les évêques étoient plus éclairés qu'on ne le croit communément, et que dès-lors les traîtres savoient voiler à propos leurs intérêts personnels du mot de bien public et de droits nationaux. Mais si en 834 on nommoit criminel celui qui avoit *troublé le repos de la nation par des guerres injustes*, si c'étoit un prétexte à sa déposition si on croyoit en avoir acquis le droit de le condamner à une prison éternelle, que ferons-nous aujourd'hui à un traître, qui, ayant reconnu les droits d'une nation, s'y étant soumis, ayant fait serment de les défendre et de les maintenir, ne cherche pas seulement à troubler LE REPOS DE CETTE NATION dans l'intérieur, mais, abusant encore de la confiance et de la sécurité publique, s'enfuit dans l'ombre, et va chercher les hordes de Germanie, comme un chef de brigands court avertir sa bande qu'elle peut s'assurer d'une riche capture ? En 834, une poignée d'hommes corrompus cherchant personnellement à se venger, se servoient d'une idée informe et insuffisante des droits des nations. En 1791, lorsque ces droits sont reconnus dans toute leur majesté, le premier sénat de la république française veut faire grace au violateur public de ces mêmes droits ; que dis-je ! lui faire grace ! ce seroit donner des bornes trop étroites à sa clémence, il ne veut pas même qu'il soit coupable, et si la crainte ne l'arrêtoit, si l'opinion ne le faisoit trembler, déjà Louis et Antoinette auroient eu, ou la liberté de repartir, ou celle de mettre des conditions au bienfait de leur présence.

Après la confession de Louis I, on le dépouilla de ses habits militaires et impériaux. On le revêtit d'un cilice, et on l'enferma parmi les religieux. Mais l'armée, qui vouloit sa déposition lorsqu'elle n'étoit pas encore faite, s'en offensa lorsqu'elle fut consommée, et les deux frères du nouvel empereur le sollicitèrent vivement de délivrer leur père. Sur son refus, ils marchèrent contre lui, secondés par le zèle des troupes, et Lothaire, se voyant presque enveloppé prit la fuite, et laissa Louis à Saint-Denis.

Le voilà donc replacé sur le trône pour la seconde fois, en 834 ; sa femme lui est rendue, et avec elle son enfant bien-aimé. Lothaire est contraint de s'humilier à son tour, et de venir demander pardon à son père. Judith, que les disgrâces ne pouvoient dompter, se voit plus puissante que jamais sur le cœur de l'imbécile époux, qui fut moins sensible à la joie de reprendre la couronne, qu'à celle de revoir cette furie. Elle n'en sacrifia pas moins comme auparavant son repos et celui de l'état à ses vues ambitieuses pour le fils de Bernard. Il semble que ces enfans nés dans l'opprobre soient plus chers à leurs impudiques mères, que les fruits de l'union légitime ; ils leur coûtent plus de crimes lorsqu'elles sont placées par le sort de manière à en commettre impunément ; ils leur coûtent plus de basseses dans les conditions ordinaires. Judith changea de plan. L'âge et les chagrins altéroient la santé de Louis, elle craignoit de le perdre, et ce fut dans le sein de son plus puissant ennemi qu'elle s'avisa d'aller chercher un appui. Pépin et Louis roi de Bavière, avoient chassé Lothaire dont ils étoient jaloux ; Lothaire demeuroit seul contre eux, Judith imagina de se réconcilier avec lui, et de mettre son fils sous sa protection. Cette négociation dura plusieurs années, pendant lesquelles sa constance ne s'affoiblit point, et enfin en 838, elle termina son projet. Lothaire vint trouver Louis, se réconcilia sincèrement avec lui, et consentit à faire un nouveau partage de l'empire, et à laisser au jeune Charles tous les états qui s'étendoient depuis la Loire jusqu'au Rhin. Charles fut couronné par son père, et cette cérémonie reçut l'approbation de toute la noblesse. Lothaire promit de respecter ce nouvel accord, et de protéger Judith. Charles jura d'honorer son frère comme son tuteur et son ami. Judith, au comble de ses vœux, célébra cette fête avec une magnificence scandaleuse, et dont le peuple fit les frais. Bientôt le roi d'Aquitaine étant mort, elle entreprit de faire passer encore cette province au pouvoir de Charles, au préjudice des quatre héritiers. Louis, obéissant en esclave aux caprices de cette insensée, donna cette couronne à son fils; et Louis de Bavière ne pouvant contenir son indignation, s'opposa, les armes à la main, à la spoliation de ses neveux. Le vieil empereur fut obligé de marcher lui-même à la tête de ses troupes. Judith l'exigeoit, et il n'étoit pas au pouvoir de ce lâche époux de montrer une volonté contraire : elle le suivit dans son voyage. Les habitans cédèrent à la présence de l'empereur, et reconnurent le fils de Judith ; mais pendant ce temps, le roi de Bavière s'étoit emparé des états que lui avoit cédés Lothaire, et il fallut encore que l'empereur, obéissant à la voix de sa femme, marchât de ce côté. Il n'alla pas loin : c'étoit au plus fort d'un hiver rigoureux. Louis de Bavière, trop foible pour résister, s'étoit à peine retiré au bruit de l'arrivée de son père, que ce vieillard, épuisé de fatigue, tomba malade, languit long-temps, et mourut à Ingelheim, le 20 juin 840.

Charles avoit dix-sept ans ; et nourri de toute l'ambition de sa mère, il n'avoit pas plus qu'elle le génie propre à la soutenir habilement. Il se détacha de Lothaire ; et l'horrible bataille de Fontenay, près d'Auxerre, fut le dernier et le plus affreux des crimes de l'odieuse princesse. Il y périt plus de Français, dit-on, que depuis le commencement de la *monarchie*. Judith en fut presque le témoin, et se baigna dans le sang de ses concitoyens, à la lueur de leurs maisons embrâsées. La désolation qui suivit cette horrible journée, força les deux princes à faire un nouveau partage en 843. Ce fut après ce nouveau traité, disent quelques auteurs, que la mort délivra les Français de l'infâme Judith. D'autres prétendent qu'elle vécut jusqu'en 874 ; mais on est plus tenté de croire qu'elle mourut en 843 ; puisqu'à dater de cette époque, aucun de ses crimes n'a pu constater son existence, et qu'il semble impossible que le génie infernal qui la dominoit n'eût marqué sa trace dans quelque lieu qu'elle se fût retirée.

Nous ne saurions passer absolument sous silence le règne de Richilde, seconde femme de Charles-le-Chauve. Elle étoit fille de Boves, comte d'Ardennes, sœur de Boson premier, qui fut depuis roi de Provence, et de Richard, duc de Bourgogne. Charles en devint amoureux, lorsqu'il étoit déjà lié à Ermentrude, sa première femme ; il avoit tous les vices de sa mère, et entre autres celui de céder sans scrupule à tous ses caprices et à toutes ses passions. S'il ne répudia point Ermentrude en faveur de la belle Richilde, c'est que n'étant aimé ni de ses sujets, ni de ses voisins, craignant toujours ses oncles, et voyant la puissance des papes s'augmenter rapidement en France, il craignit que le divorce avec une femme qui ne lui donnoit aucun sujet de plainte, ne mît sa couronne en danger. Richilde se contenta donc, pendant quelques années, du titre de *concubine*; et quoique sous la première race, et partie de la seconde, ce titre ne fût point aussi avilissant qu'il l'est devenu à mesure que les mœurs se sont épurées, il est surprenant que la fille d'un prince se soit abaissée à le porter. La mort de la reine, arrivée en 869, la plaça sur le trône, et son mariage fut célébré à Aix la Chapelle, le 22 janvier 870 ; sa dot lui fut assurée à sa prière par Louis-le-Begue, fils aîné de Charles et d'Ermentrude. Lorsque Charles passa en Lombardie, dans le dessein de s'emparer des états de Louis, son frère, mort en 875, Richilde, pendant son absence, demeura régente du royaume, sans en avoir le titre. Il paroît qu'elle s'en acquitta mal, et qu'elle donna lieu à des troubles nouveaux dans le royaume, déjà exposé aux ravages des Normands, aux entreprises des papes, et aux attaques de tous les princes voisins. Il paroît que, jalouse de son autorité, elle méprisa les conseils des hommes sages qui pouvoient la guider, et qu'ayant donné aux favoris du roi des dégoûts et des sujets de plainte, elle fut cause de l'entrée de l'héritier de Lombardie en France. Charles ne recueillit donc qu'un mauvais succès de son entreprise. Il accorda au pape, sur le royaume de France et sur l'empire, des droits avilissans dont on connoît la suite fatale, et cela pour acheter de lui les vains honneurs du couronnement, qui flattoient sa puérile vanité et celle de sa femme. Obligé d'opposer ses forces à celles de Louis, son neveu, il fut battu, et son camp pillé. Richilde se consola de ce revers, lorsqu'au concile de Pontyon, Charles, presque aussi imbécille que Louis, son père, la fit paroître avec lui, et donna l'exemple ridicule d'une femme assise sur un trône à côté de son mari, présidant une assemblée d'hommes, dont la mission étoit de délibérer sur les intérêts spirituels et temporels de plusieurs nations. Les évêques, étonnés et humiliés de l'audace de Richilde, ne se levèrent point pour la recevoir; et il ne faut pas s'étonner, après une pareille marque de foiblesse, si Charles avoit abandonné au pape des prérogatives si considérables, et dont il voulut confirmer la cession dans ce même concile. Il avoit couronné sa femme; la vanité de sa femme étoit satisfaite. Que leur importoit à tous deux que la nation et les siècles futurs fussent sacrifiés à un instant de pompe et d'éclat? Cette épouse chérie ne lui étoit cependant pas plus fidèle que Judith ne l'avoit été à son père. On ne sait même si elle ne trempa point dans la conspiration de Boson, son frère, par laquelle Charles périt empoisonné en 877. Quelques lâches historiens, accoutumés à nier les crimes des rois, lorsqu'ils ne peuvent les colorer de quelques prétextes, ont demandé quel intérêt Richilde auroit pu avoir de trancher les jours d'un mari dont elle étoit adorée ; comme si l'excès des passions étoit soumis à l'empire de la raison, comme si les femmes sur-tout connoissoient un frein à leurs volontés, lorsqu'une fois elles en ont formé d'illégitimes ; comme si on ne leur voyoit pas constamment, et sans réflexion, sacrifier leurs plus grands intérêts futurs à une légère satisfaction du moment ; et comme si enfin un mari n'étoit pas toujours un observateur incommode pour une femme sans mœurs. Richilde avoit eu cinq enfans, et n'en avoit conservé aucun ; elle aimoit son frère Boson, en qui Charles n'avoit eu que trop de confiance ; elle croyoit pouvoir démembrer une portion des états de son mari, pour en faire le partage de ce frère chéri, sur lequel même on avoit conçu plus d'une fois des soupçons peu honorables pour elle. Charles est empoisonné ; on en accuse Boson ; on le regarde comme l'auteur du crime, et Richilde continue à vivre dans une familiarité suspecte avec l'assassin presque reconnu. Bientôt elle se livre à de tels débordemens

bordemens, que Foulques, archevêque de Rheims, lui écrivoit peu de temps après la mort de son mari, qu'au lieu de *tenir la conduite d'une veuve chrétienne, le démon alloit par-tout avec elle;* qu'on ne voyoit à sa suite que *dissentions, emportemens, incendies, pillages, meurtres, libertinage, excès de toute espèce.* Elle employa toutes sortes de moyens pour fermer l'accès du trône à Louis, dit le Begue, fils aîné de Charles, et elle ne lui céda enfin qu'à des conditions si favorables à Boson, que peu après il devint le fondateur du royaume d'Arles : alors elle voulut bien restituer au fils de Charles les ornemens de sa dignité, dont elle s'étoit emparée avec le testament de son père. On ignore l'année de sa mort, et les lieux où elle vécut depuis celle de son mari.

La seconde race des rois de France disparoît à nos regards sans nous offrir aucune femme dont on puisse citer le nom; heureuses d'avoir été nulles, de n'avoir pas laissé une mémoire en horreur à la postérité : plus heureuses encore si, éloignées de ces trônes souillés par le sang des peuples, elles n'avoient point partagé avec de coupables époux et la substance et la dépouille des nations; et si l'horreur qu'inspire aux hommes libres le seul nom des rois, n'enveloppoit dans la proscription de ce titre odieux tout ce qui a pu jamais approcher de ces êtres féroces, dont

Semblables aux animaux farouches et stupides,
Les loix de leur instinct sont les uniques guides (1).

Hugues Capet s'empara de la couronne de France. Peu importoit à qui elle pouvoit échoir en partage ; rois héréditaires, rois électifs, usurpateurs, tout ce qui présente le nom de roi, ne porte désormais dans l'esprit des hommes libres que l'épouvante et l'horreur. Lorsqu'on se fait une idée des mœurs des tygres, on se les représente la gueule toujours fumante des entrailles de ceux qu'ils ont déchirés, les griffes dégouttantes de sang, et dévorés du besoin d'en répandre encore ; mais un tygre n'est pas environné de baïonnettes, mais il n'a point à sa solde des esclaves qui fassent la chasse pour lui ; mais il n'a point de cachots où il fasse une provision de victimes, mais il n'impose pas des tributs aux animaux, et ne peut pas les forcer à le nourrir ; mais il ne détruit point ses semblables ; mais il vit seul dans les bois, et l'homme adroit et courageux peut l'atteindre d'un

---

(1) Rousseau, Odes sacrées.

plomb meurtrier. Ainsi, les tygres sont moins à craindre que les rois, et pour l'homme condamné à vivre sous un roi, il importe aussi peu qu'il soit ce qu'on appelle *usurpateur* ou *héritier légitime*, qu'il soit imbécille ou spirituel, lâche ou brave, qu'il importe à l'homme dévoré par le tygre, si cette majesté est tachetée de telle ou telle façon.

Le premier des Capets monta donc sur le trône en 987; les historiens lui ont prodigué les plus grands éloges, parce qu'il fut heureux et puissant. Son usurpation leur a paru légitime, parce qu'elle eut un succès favorable pour lui et sa race. D'après ce que nous avons déjà dit, ce n'est pas comme usurpateur que nous le jugerons, mais nous l'appellerons criminel et sanguinaire, pour n'être parvenu à l'empire que par la voie des assassinats, pour avoir traîné dans les prisons son rival Charles de Lorraine, sa femme, ses enfans, pour les y avoir fait mourir mille fois chaque jour qu'il daigna les y laisser vivre : pour s'être enfin maintenu sur ce trône si chèrement acheté, en ruinant pour des siècles le bonheur, la fortune et le repos des Français, par le pouvoir qu'il accorda aux grands et au clergé. Passons sur tous ses hauts faits tant vantés par de vils écrivains à gages, et cherchons à retrouver quelque digne compagne de nos tygres couronnés.

Robert, dit le pieux, fils de Hugues Capet, lui succéda en 997 ; il avoit épousé en premières noces, Berthe, veuve d'Eudes, comte de Provence, et arrière-petite fille de Louis IV, roi de France ; elle étoit donc sa parente, et même au degré défendu. Outre cet inconvénient, il avoit tenu avec elle sur les fonds de baptême un des enfans qu'elle avoit eus de son premier mari. Grégoire V, qui occupoit alors la chaire pontificale, donna le premier exemple d'une excommunication lancée contre le royaume entier ; Robert ayant refusé d'obéir à ses premières menaces, et de se séparer de sa femme, le service divin fut interdit dans toute la France, les sacremens aux vivans, et la sépulture aux morts. Robert abandonné de ses domestiques, n'en put retenir que deux qui, regardant comme profane tout ce que touchoit leur maître, refusoient encore de manger des mets qui lui avoient été servis, et brisoient tous les meubles à son usage. Le chagrin fit faire une fausse couche à la reine. Les satellites de l'évêque de Rome publièrent aussi-tôt qu'elle étoit accouchée d'un monstre qui avoit le cou et la tête d'un oiseau. Les crimes des rois n'auroient pas été aux yeux des peuples un motif suffisant pour les détrôner, et à la voix d'un pape ils auroient arraché la couronne à Robert, parce qu'il avoit épousé sa parente. Il fut contraint à céder; mais son obéissance coûta cher à lui et au peuple. Ayant répudié Berthe, il fit choix de Constance, fille de Guillaume, comte d'Arles, et l'épousa en 998 : c'étoit une autre Judith, fière, absolue, sans règle et sans frein; livrée à toutes les passions qu'entretient l'autorité quand elle ne les fait pas naître, elle gouverna despotiquement son mari, sa maison, ses enfans, tout ce qui eut le malheur de l'approcher, et enfin la nation même. La cour de Robert étoit auparavant grave et austère; dès qu'elle y parut on y vit régner les plaisirs les plus bruyans, un luxe effréné, des festins, des danses, des jeux de toute espèce; on y vit changer chaque jour de ton, d'usage et de ridicule. Les habits, les armes, les bottes et jusqu'aux harnois des chevaux devinrent affaires de mode, et lorsque la reine avoit décidé sur une forme ou une couleur, il n'étoit permis à personne de paroître d'une manière opposée à son caprice. Ce fut elle qui, la première, amena en France des poëtes provençaux, c'est-à-dire, ces premiers troubadours qui, donnant à la fois des leçons de poésie et d'amour, rendirent les mœurs plus douces, mais non plus chastes. Plusieurs auteurs prétendent que Constance étoit sage; en tout cas, elle n'eut aucune des vertus qui annoncent la sagesse, aucune de celles qui la rendent aimable; et l'on a bien de la peine à croire à une exacte vertu dénuée de douceur et de modestie. Quoi qu'il en soit, Robert exerça auprès d'elle une patience qui alla jusqu'à la foiblesse, ou plutôt jusqu'à une véritable lâcheté. Hugues de Beauvais étoit le premier ministre et l'ami de ce prince, qui souvent se consoloit avec lui des chagrins que lui causoit cette femme altière. Elle le regardoit comme un censeur incommode; elle le soupçonnoit d'engager son mari à modérer pour elle ses complaisances imbécilles. Quelquefois en effet il obtenoit du roi de jouer le rôle d'un homme, et non celui d'un enfant docile et soumis. La haine de Constance s'en accrut à tel point que, ne connoissant plus de bornes, elle s'adressa secrètement à Foulques, comte d'Anjou, son oncle, dont le caractère farouche lui promettoit une vengeance assurée. L'exécution du projet étoit difficile : le ministre étoit presque toujours au palais, auprès du roi, et environné de domestiques et de courtisans. Mais il est des caractères que rien n'intimide, et lorsque les femmes ont une fois passé les bornes imposées à leur sexe, elle donnent facilement des exemples de la plus extrême hardiesse. Voyant que la réussite du projet étoit lente et pouvoit devenir incertaine, elle poussa l'audace jusqu'à faire assassiner Hugues dans une chambre du palais, aux yeux même du roi, et si proche de lui, que le sang de son ami rejaillit sur ses habits. Il faut avouer qu'un mari qui souffre et pardonne un pareil outrage est bien digne de tous ceux qu'une femme peut lui faire éprouver! aussi ne s'arrêta-t-elle point à ce coup d'essai, lorsqu'elle put mesurer toute l'étendue de l'indulgence à laquelle elle devoit s'attendre. De quatre fils, dont elle étoit mère, elle n'avoit de tendresse que pour Robert, le troisième, et sa plus forte haine tomboit sur Henri, l'aîné de tous. Lorsque son père le fit couronner en 1017, comme son successeur, et à l'exemple de Hugues Capet, Constance ne put voir cette cérémonie sans chagrin et sans indignation. Henri étoit d'âge à jouir de quelques revenus et des agrémens de la jeunesse; sa mère, aussi avare qu'impérieuse, lui refusa les choses les plus nécessaires à la vie et aux vêtemens, de sorte que, las de tant de persécutions, il s'exila de la cour, et sans argent, ni moyens de s'en procurer, il erra dans les états de son père, comme un aventurier, et comme tel fut mis dans les prisons du château de Belesme, où Guillaume, comte du Perche, le fit enfermer, dit Mézeray, pour quelque action indigne, à quoi la nécessité l'avoit forcé. Ce jeune homme étant mort en 1026, Robert, qui ne pouvoit intervertir l'ordre établi dans la succession, fit couronner Henri à sa place. Nouveau désespoir de Constance; nouvelles réclamations en faveur du jeune Robert; mais lorsqu'elle vit que ses cris et ses emportemens ne pouvoient forcer le consentement du roi, elle chercha, par ses intrigues, à faire un parti à son fils bien-aimé; bouleverser le royaume, y allumer le feu des guerres civiles, faire périr des milliers d'hommes, démembrer l'état, donner des villes entières, n'étoit rien pour cette insensée si elle pouvoit réussir dans ses projets. Elle voulut d'abord supposer une erreur de date dans la naissance de Henri; ce moyen ridicule de substituer un cadet à son aîné, n'ayant pu réussir, elle voulut réformer le droit d'aînesse, et l'on n'entendoit plus dans sa bouche que ces mots : *Ce n'est pas l'âge, c'est le mérite qui doit régler la préférence.* Le droit d'aînesse est sans doute un monstre né du vasselage et de la féodalité ; sans doute cette coutume barbare, qui fait outrage à la nature, a causé toutes sortes de maux politiques. Mais c'étoit à la raison et à la philosophie qu'il appartenoit de réformer cet abus, et non à la folie passagère d'une femme. Constance ne put réussir ; son mari et son fils n'en furent pas moins persécutés. Son fils Robert, assez bien né pour désapprouver les emportemens de sa mère, en fut aussi maltraité que son frère, et tous deux ne pouvant vivre auprès d'elle, ni s'éloigner de la cour, faute de secours pécuniaires, Henri s'empara de Dreux, et Robert, d'Avalon et de Beaune : mais ils n'étoient pas des criminels, ni des rebelles, et dès qu'ils surent que leur père marchoit contre eux, ils se rendirent, et lui demandèrent pardon d'une faute dont il connoissoit les motifs.

Il auroit manqué à une femme hardie d'affecter la dévotion ; aussi s'empressa-t-elle de persécuter les hérétiques. Un chanoine d'Orléans, nommé Etienne, et qui étoit son confesseur, tomba dans l'hérésie des manichéens ; Robert, qui n'étoit pas plus homme qu'un autre roi; quoiqu'il ait été plus malheureux que beaucoup d'autres, fit juger Etienne et ses sectaires, en 1019, avec la plus grande rigueur. Constance fut présente lorsqu'on les condamna au supplice; et en sortant de l'église, cette femme barbare, insultant aux derniers momens d'un malheureux, s'avança vers Etienne, avec un mouvement de fureur, et en l'accablant d'injures, lui creva les yeux d'une baguette qu'elle tenoit à la main. Non-contente de cet acte de violence, bien plus digne d'un jugement rigoureux, que l'erreur de ces infortunés, elle poussa la cruauté jusqu'à soutenir la vue de leur supplice. Et quel supplice? grand Dieu! Ils furent tous enfermés dans une chaumière, autour de laquelle on mit le feu. Ainsi cette femme, dont la véritable impiété troubloit sans cesse le repos de l'état, celui de son mari et de ses enfans, croyoit se rendre agréable à Dieu par ces excès de barbarie, et réparer ses attentats par des présens aux églises, et des fondations de monastères! Son mari mourut en 1031; à ses derniers momens, il déclara que Henri étoit son successeur; les états le reconnurent, tous les grands se soumirent, mais non l'inflexible Constance. Elle arma encore en faveur du jeune Robert, s'empara des meilleures places de l'état; Henri se vit presque abandonné; le duc de Normandie fut le seul souverain qui osa venir à son secours ; et si le fils chéri de Constance avoit eu autant d'audace et d'ambition que sa mère, il est certain que jamais Henri n'auroit régné. Mais l'ame de ce jeune prince étoit celle d'un homme, il étoit digne de n'être pas roi. Le duc de Normandie reprit les places que Constance avoit en sa possession, et Foulques, comte d'Anjou, qui s'étoit repenti de l'assassinat de Hugues de Beauvais, engagea enfin sa turbulente nièce à faire un traité avec ses fils, par lequel elle promit de ne plus se mêler d'aucune affaire. La rage de n'avoir pu réussir à brouiller les deux frères, et le chagrin de mener une vie oisive, la firent tomber malade à Melun, où elle mourut en 1032 un an après son mari.

Il ne faut point passer sous silence la fameuse comtesse de Montfort, qu'on accusa de sortilége, pour expliquer l'empire qu'elle savoit acquérir et conserver sur le cœur des hommes. L'abbé Suger en fait un portrait d'autant plus séduisant, qu'il y avoit alors en France peu de femmes aimables: s'il n'a flatté en elle ni les charmes de l'esprit ni ceux de la figure, il n'est pas étonnant que Philippe premier, petit-fils de Robert, en soit devenu éperdument amoureux. Sans doute Bertrade avoit reçu quelques leçons des troubadours, et l'imagination échauffée par des idées poétiques, elle devoit trouver peu de satisfaction dans la réalité d'un mariage très-disproportionné. La politique des cours l'avoit donnée à Foulques *le rechigné*, comte d'Anjou, prince très-laid et très-vieux. La belle Bertrade, peu flattée d'une telle alliance, entendoit chaque jour vanter les plaisirs de la cour de France sous un roi voluptueux. Philippe premier avoit déjà fait plus d'une infidélité à son épouse Berthe ; mais aucun des objets qu'il lui avoit préférés n'avoit pu le fixer. Bertrade mariée au comte d'Anjou, déjà mère d'un fils, qui peut-être ne devoit pas l'attacher d'avantage à son mari, mais qui devoit au moins lui inspirer du zèle pour ses intérêts, Bertrade conçut le projet de devenir reine de France ; sa jeunesse, sa beauté, sa naissance lui donnoient le droit d'y prétendre : c'étoit alors un titre que d'appartenir aux maisons régnantes de France et d'Angleterre. Elle donna toutes les apparences d'une intrigue romanesque à son projet ambitieux. De secrètes avances faites à Philippe, sous un nom d'abord inconnu, ensuite dévoilé par degrés, enflammèrent la curiosité d'un jeune homme enclin à l'amour. Enfin, on se donna un rendez-vous la veille de la pentecôte en 1092, dans la ville de Tours ; on eut un entretien ; sans doute il fut décisif, car la comtesse, profitant du moment des cérémonies religieuses, sortit de Tours sous la conduite d'un gentilhomme français, nommé Guillaume ; se rendit à Meun sur Loire, et de là gagna Orléans avec une escorte que Philippe lui avoit envoyée à Meun. Ils s'apperçurent alors des difficultés qu'alloit éprouver leur mariage. Liés l'un et l'autre, il ne s'agissoit pas moins que d'un double divorce, et sur-tout de l'approbation du clergé de France et du Pape. Bertrade obtint facilement sa séparation dans les tribunaux : qu'a-t-on pu jamais refuser à une belle sollicíteuse ? mais si elle avoit pu alléguer l'âge du comte d'Anjou, l'espèce de violence qu'on lui avoit faite pour lui donner la main, la vie actuelle des deux femmes qu'il avoit illégalement répudiées avant de l'épouser, Philippe n'étoit pas dans le même cas. Cependant au milieu des intrigues de ce prince pour faire briser ses liens, Berthe mourut en 1093, et Philippe crut être libre : il n'avoit pas réfléchi que Bertrade étoit sa parente au cinquième ou sixième degré, Foulques au quatrième, et que c'étoit aux yeux de l'église deux obstacles invincibles. D'ailleurs, la rupture du mariage de Bertrade ne pouvoit passer que pour une des scènes scandaleuses qu'offroient sans cesse aux peuples les caprices et l'impudeur des princes, de sorte que l'église ne fut pas désapprouvée du public lorsqu'elle s'opposa au mariage, qui cependant fut célébré en 1094, par l'évêque de Bayeux à qui Philippe fit don de quelques bénéfices. L'évêque de Chartres fut moins docile, il alluma les feux sacrés de la guerre religieuse contre le roi et sa femme. Philippe le déclara déchu de la qualité de fidèle, abandonna ses terres au pillage et le fit citer au concile de Rheims. Ainsi voilà des terres dévastées, des chaumières et des maisons en proie aux flammes, de paisibles agriculteurs ruinés; la pudeur des filles et des femmes violée pour satisfaire la passion d'une femme ambitieuse et galante! Peuples, conservez précieusement vos rois et vos reines, et vous consacrez au milieu de vous le germe d'un fléau plus terrible que ceux dont la nature ne vous frappe qu'à de longs intervalles, et auxquels un art salutaire apporte des secours!

Une circonstance avoit changé la face d'une

cause aussi puérile. Le comte d'Anjou avoit consenti juridiquement à la cassation de son mariage, et les évêques à qui Bertrade avoit vendu les terres de l'empire et donné des places et des titres, se révoltoient contre l'autorité du pape. Les seigneurs s'étoient joints à eux, liés par le même intérêt, et frappés du pouvoir que s'arrogeoit la cour de Rome, Guillaume, comte de Poitiers, et duc d'Aquitaine, s'éleva contre les légats avec tant de véhémence dans l'assemblée de Poitiers, qu'il entraîna beaucoup de riches personnages, et que le peuple même en vint jusqu'à la violence contre les Romains. Une pierre jetée contre eux alla frapper un prêtre assis à leur côté. Ils prirent la fuite; mais la sentence d'excommunication n'en fut pas moins lancée contre Philippe. Elle produisit cependant moins d'effet que celle dont Robert avoit été victime; c'est-à-dire, que le peuple ne la vit pas avec la même superstition, mais elle eut des suites plus funestes pour le repos de la France : elle engagea plusieurs des grands vassaux de la couronne à se révolter. Philippe étoit obligé de marcher contre eux, et Bertrade, tranquille au sein de la mollesse et des plaisirs, voyoit d'un œil serein la moitié de la France armée pour sa querelle contre l'autre moitié.

En 1103, le roi ne pouvant suffire à tant de combats, assiégé jusqu'aux portes de Paris, crut devoir associer à l'empire son fils aîné Louis, âgé de 20 ans. On ne peut lui refuser beaucoup de courage et d'adresse : il repoussa les ennemis de son père, se fit aimer des soldats, dont il sut être le compagnon plutôt que le chef, et se fit également considérer de la petite noblesse et des citadins, dont il fit respecter les chétives possessions, en réprimant le brigandage des grands vassaux ; mais cette grande réputation, qu'il devoit flétrir dès qu'il seroit monté sur le trône, ne le rendit pas plus agréable aux yeux de la galante Bertrade. La mollesse d'une vie sensuelle n'adoucit pas le cœur des femmes ; elles deviennent féroces à mesure qu'elles s'enfoncent dans le vice : celle-ci avoit des enfans de Philippe, et la gloire dont se couvroit l'héritier du trône chagrinoit son ame ambitieuse. Louis désira voir la cour d'Angleterre. C'étoit un spectacle curieux ; le fils de Guillaume le Conquérant régnoit sur les Bretons, jadis si fiers, et qu'un seul homme venoit de plonger dans l'esclavage ; Louis avec la permission de son père, passa dans ce pays. A peine y fut-il arrivé que Henri reçut une lettre scellée des armes de Philippe, portant la prière de faire mourir

le

le jeune prince ou de le retenir prisonnier. Henri n'étoit pas fort scrupuleux, ni d'un caractère humain, il étoit au contraire violent et barbare, il étoit roi. Ce ne fut pas le respect des loix de l'hospitalité qui le retint ; si l'ordre avoit été de Philippe, Louis étoit perdu. Mais l'Anglois auroit risqué beaucoup de se rendre ministre des vengeances de Bertrade, c'étoit elle qui avoit tracé cette lettre hardie. Henri la montre au jeune Louis, qui sans perdre un moment, passe la mer, arrive à Paris sans y être ni attendu, ni annoncé, se jette aux pieds de son père, et vient, dit il, lui apporter la tête d'un criminel qu'il a condamné. Philippe étonné relève son fils, l'embrasse, lui demande l'explication de ce mystère, et lui jure qu'il n'a aucun sujet de se plaindre, et n'a donné aucun ordre sinistre. Louis, qui ne demandoit que cet aveu, se relève alors, demande hautement justice de sa belle-mère, et proteste qu'il s'en fera raison lui-même, si elle lui est refusée. La foiblesse de Philippe pour sa coupable maîtresse, car elle mérite plutôt ce nom que celui d'épouse, le força d'implorer lâchement le silence de son fils, et dès le même jour, ce prince sentit dans ses entrailles l'atteinte d'un feu dévorant dont on attribua d'abord la cause à la précipitation du voyage, et au trouble dont il avoit été saisi. Un seul domestique pénétra l'infernal secret ; on crut qu'il avoit guéri son maître par un miracle, et ce fut tout simplement par un contre-poison aussi actif que le breuvage mortel que Bertrade lui avoit donné. La fureur du Prince s'accrut, il vouloit punir sa marâtre de ce second attentat ; mais Philippe assez lâche, assez imprévoyant pour endurer auprès de lui une criminelle hardie, se contenta d'éloigner son fils, en lui faisant un appanage de tout le Vexin français.

Tout ce que la nature produit de bon dans le cœur de l'homme s'efface et disparoît sous le poids immense d'une grandeur hors de la nature. Dans toutes les classes humaines, verroit-on un seul père, qui, après avoir convaincu sa femme d'avoir voulu faire assassiner son fils, et de l'avoir ensuite empoisonné, pût résister non-seulement à l'indignation dont il seroit saisi, mais à la crainte d'habiter un moment avec une criminelle ? Eh ! qui pourroit en pareil cas lui être garant de sa propre vie ? Qui pourroit être égal au supplice de la communication perpétuelle avec un être dont les mains sembleroient toujours dégouttantes de sang ? Les rois seuls dans la nature, et les voleurs dans les bois peuvent respirer en paix au milieu de leur complices. On ne peut dire que la complaisance de Philippe fut une affaire de politique. Bertrade étoit méprisée, haïe, redoutée du peuple et des grands ; l'église l'avoit en horreur, il pouvoit l'abandonner sans exciter de murmures, tandis que ses efforts pour la garder avoient fait couler le sang des peuples. Cependant, au lieu de s'en éloigner, en 1103 après le meurtre projeté de Louis, on le vit profiter de l'arrivée du pape en France pour solliciter avec ardeur la confirmation de son mariage, et à force d'intrigues, d'or, et de bassesses, il obtint en 1103, l'absolution de toutes les censures lancées contre lui, et la réhabilitation de ce mariage honteux. On accusa encore Bertrade de la mort de Geoffroy Martel, et d'Ermentrude sa première femme. Quelques historiens rapportent qu'elle vouloit faire passer le comté d'Anjou au fils qu'elle avoit eu elle-même dans le temps de son premier mariage. D'autres détruisent ce fait ; mais ce qu'il y a de certain, c'est qu'elle sollicita Philippe en faveur de ce fils, et qu'elle obtint pour lui le comté d'Anjou, au préjudice de ceux qui avoient plus de droits à cet héritage qu'un enfant dont l'état étoit extrêmement incertain, et par les galanteries de sa mère, jointes à l'âge et aux infirmités du père, et par la situation où étoit le comte, mari de deux femmes vivantes, dont le divorce n'étoit pas reconnu, et par le divorce de Bertrade elle-même, avant qu'il y eût un jugement prononcé. Ce qui est encore certain, c'est que le fils aîné de Foulques fut assassiné, que Bertrade en profita ; et *que celui-là a fait le crime auquel le crime sert.*

Quelques historiens prétendent encore qu'elle se consacra au service de Dieu, à Haute-Bruyeres, au diocèse de Chartres, après la mort de Philippe, arrivée en 1108; d'autres disent qu'elle retourna auprès de Foulques, et y vécut jusqu'à sa mort en 1109, sept ou huit mois après celle de Philippe; il paroît vraisemblable qu'en effet elle prit le voile en 1115 à Haute-Bruyeres, parce que le nécrologe de cette abbaye en fait foi, et parce qu'on y voit encore son tombeau. Il paroît qu'elle y mourut 1117 ; mais dans l'intervalle de 1108 à 1115, il est possible qu'elle ait été rejoindre son premier mari, qui ayant été assez fou pour la voir, pour respecter ses volontés et lui obéir même pendant la vie de Philippe, pouvoit bien l'être assez pour la recevoir après sa mort.

Ce fut dans ce siècle malheureux que l'église romaine eut la fatale puissance de mettre toute l'Europe en feu. L'Allemagne, la Pologne, l'Espagne, la France, l'Italie, s'ébranloient jusque dans leurs fondemens à la voix des papes. Grégoire VII fit périr des millions d'hommes pour la fameuse querelle des investitures, déposa des rois, des empereurs, excommunia des royaumes ; et la cause de tant de maux étoit simplement la prétention des rois et des pontifes de donner également l'investiture des bénéfices par la crosse et l'anneau. Les papes vouloient que les rois ne donnassent que l'anneau et une baguette. Les rois et les empereurs prétendoient être égaux aux papes, et les peuples s'égorgeoient pour de semblables misères. Le seul roi qui osa résister à Grégoire VII fut celui d'Angleterre, et il ne fut pas excommunié. Cette querelle imbécille des investitures ne pouvant occuper éternellement les peuples et les rois, Urbain II, successeur de Grégoire, n'imagina d'autre moyen de l'emporter sur ces brigands aussi fameux, que d'inventer quelque nouveau genre d'attentat à la paix publique, et il prêcha la folie des Croisades. Qu'un pape ambitieux ait accueilli cette idée offerte par un prêtre fanatique ; que des moines aient cherché à l'accréditer ; que des rois l'aient propagée, cela est naturel ; les papes y voyoient une augmentation de puissance ; c'étoit, disoient-ils, Dieu qui les avoit inspirés ; c'étoit au nom de Dieu qu'ils commandoient ces pieux voyages aux têtes couronnées. Ils étoient les chefs de ces entreprises, ils recevoient sous leur protection les personnes et les biens des croisés ; ils distribuoient les indulgences avec profusion, et recevoient en échange les aumônes et legs que l'on faisoit d'avance pour conserver les conquêtes qu'on alloit faire ; ils faisoient lever des décimes sur le clergé même, afin d'aider de la moindre portion de tant de richesses les pauvres fidèles qui se croyoient appelés par la voix de Dieu. Les rois, de leur côté, se virent débarrassés tout-à-coup des grands vassaux les plus mutins et les plus puissans ; une grande partie leur vendit même des biens considérables pour s'armer et armer leurs gens de guerre : quelques-uns laissèrent leurs terres en garde à des dépositaires infidèles, qui s'en accommodèrent avec les rois ; d'autres les engagèrent, périrent ou se ruinèrent, et ne purent les retirer. Les femmes et les enfans mineurs qui demeuroient dans d'autres châteaux se laissoient tromper et séduire facilement ; enfin leur départ enlevoit le seul obstacle que pût encore trouver l'autorité royale ; et la multitude d'hommes qu'ils traînoient avec eux, ôtoit à la nation sa principale force, en lui enlevant sa plus brillante jeunesse. On conçoit donc comment les pontifes et les rois furent saisis de cette manie : mais que toutes les nations de l'Europe se soient laissées séduire ; qu'en foule elles se soient précipitées au-devant du piége ; qu'elles aient traversé des mers pour aller périr de misère, de faim, de maladies ou bien par le fer, sur des bords inconnus, c'est un délire qu'on a peine à croire, lors-même que les monumens les plus révérés nous l'attestent. Ainsi jusqu'à ce moment, une demi-douzaine de brigands couronnés a disposé du sort de l'Europe entière. Ils ont dit constamment les uns des autres que leur absurde puissance étoit *de droit divin*. A peu près un million d'esclaves titrés, enharnachés d'étoiles et de rubans de toutes couleurs, comme les gardes du sérail de Constantinople le sont de perles et de plumets, ont répété que leurs maîtres étoient aussi *les maîtres de la terre* ; et cents millions d'hommes, n'osant comparer la force de deux cents millions de bras à la foiblesse de ces frêles individus, ont cru que Dieu les avoit créés pour être le jouet d'une demi-douzaine d'hommes cruels, et de femmes dissolues.

Tel étoit hier encore le sort de la France; et quoiqu'elle ait changé de face, quoiqu'elle donne à l'Europe, à toute la terre, l'exemple d'un premier pas vers de plus hautes destinées, un grand nombre de ces êtres dégradés que nous venons de peindre existent encore dans son sein, et se rallient autour d'un *maître* que la nature a dégradé comme eux. Songeons qu'il faut parcourir des siècles plus reculés, et montrer aux Français qui sont hommes ce qu'il en coûte à ceux qui oublient leur force et leur dignité.

La femme de Louis VI, ce fils aîné de Philippe I n'offre rien à la curiosité; sans doute elle n'eut pas de grands vices, car les historiens ecclésiastiques de son temps ne l'ont pas louée. Il n'en est pas de même d'Eléonor de Guyenne, femme de Louis VII, couronné du vivant de Louis VI, en 1132, et devenu roi en 1137. Eléonor étoit fille unique de Guillaume X, duc de Guyenne et comte de Poitou; Guillaume au lit de la mort, en 1136, institua le jeune Louis son héritier, aux conditions qu'il épouseroit sa fille; et jamais alliance plus brillante ne fut proposée à un fils des rois de France. Louis VI, qui lui-même touchoit à sa fin accepta le don de Guillaume avec joie, fit préparer de superbes équipages à son fils, et l'envoya recevoir lui-même, avec sa femme, le serment de ses nouveaux *sujets*. Eléonor avoit seize ans; elle étoit fort belle, et d'une humeur extrêmement enjouée. Louis pouvoit inspirer de l'amour, elle lui en témoigna, mais il dura peu : vive et légère, fière et ambitieuse, elle crut ne s'être mariée que pour gouverner et jouir en liberté de tous les plaisirs. Son mari la ramena en France après la mort de son père le premier août 1137. Elle y trouva l'abbé Suger, premier ministre, favori de Louis VI, et maître de la confiance de Louis VII. Le crédit de cet homme sensé fit ombrage à une jeune tête qui vouloit à la fois et s'amuser de tout, et commander à tout. La dévotion du roi, celle de son ministre, l'incommode surveillance d'un homme âgé, lui donnoient souvent des chagrins, parce que Louis, gouverné par les conseils de Suger, ne laissoit pas le champ libre à toutes ses volontés. Cependant on ne remarque pas entre eux une extrême mésintelligence, jusqu'au moment où la folie du jour l'entraîna en personne à la terre sainte. On avoit reçu de tristes nouvelles de l'armée des Croisés. Les états généraux s'assemblèrent à Vezelay en Bourgogne, et ce n'étoit pas, comme on seroit tenté de le croire, pour y traiter des affaires du royaume et des intérêts du peuple, mais c'étoit pour entendre le fanatique abbé de Clairvaux exhorter le roi et les grands, et le peuple même à s'aller de nouveau faire égorger au bout du monde, et assassiner eux-mêmes des hommes qui ne songeoient pas à la France, et vivoient dans leur propre esclavage, et sous l'empire de leur prêtres, sans imaginer de venir nous forcer à penser comme eux. Louis VII, qui se repentoit du massacre de Vitry en Champagne où trois ans auparavant il avoit fait périr treize cents personnes, imagina de l'expier en passant la mer pour en aller massacrer d'autres, et faire périr ses sujets : il se hâta de prendre la croix, et résolut d'emmener Eléonor avec lui : l'abbé Suger employa les plus vives instances pour le retenir ; mais le calme de la raison est inutile auprès des fanatiques. Louis n'écouta point son ministre, et Suger ne fut pas fâché du moins de lui voir emmener la reine. Il auroit fallu la nommer régente ; et l'on sent combien un pareil caractère eût augmenté les désordres. D'ailleurs, la jalousie du roi ne lui auroit pas permis de la laisser si loin de lui, et il espéroit beaucoup de son crédit sur son oncle Raimond, prince d'Antioche, ville par où l'armée devoit passer. On prétendit attirer les bénédictions du ciel par des prières publiques, et en même temps on attiroit les malédictions du peuple par les impôts excessifs qu'on leva pour cette expédition. Eh! combien ne falloit-il pas d'argent pour traîner à sa suite une femme, qui en engagea une foule d'autres à l'accompagner, à qui il en falloit en outre pour la servir, et qui furent imitées même par les concubines des croisés, et suivies par une foule de poëtes et d'histrions? Ainsi le luxe, la débauche et l'oisiveté présidoient à cette *guerre sainte*; ainsi l'on s'embarqua pour aller tuer des hommes, comme on monte sur un batelet pour aller à une foire ou à quelque mascarade.

Ce fut avec beaucoup de peine que Louis VII, battu dans les déserts de Syrie, arriva jusqu'à Antioche, où l'oncle d'Eléonor, loin de lui donner des secours, lui en demanda pour lui-même. Eléonor fut piquée des justes refus de son mari; sa conduite irrégulière devint presque publique. Raimond sut lui plaire, et leur commerce incestueux ne fut pas ignoré de Louis. On l'avertit de plus qu'un jeune Turc nommé Saladin ne lui étoit pas indifférent, qu'elle en avoit reçu des présens, qu'enfin, elle se comportoit en véritable prostituée. Quand Louis n'auroit eu à l'égard de Raimond que des soupçons, le refus qu'elle fit de quitter Antioche en seroit devenu la preuve. Louis fut obligé de la faire enlever, et de l'aller attendre à quelques lieues de la ville. On juge bien qu'ils ne se revirent pas sans se témoigner l'un à l'autre un vif ressentiment ; le désordre passa dans l'armée : les femmes des croisés n'étoient pas plus sages que *leur maîtresse*. A l'exemple du roi, les maris devinrent jaloux. Ils se soupçonnèrent les uns les autres, s'aigrirent, et les projets les mieux concertés manquèrent faute d'union. Raimond d'autant plus irrité contre Louis, qu'il ne s'étoit pas attendu à l'enlèvement de sa nièce, lui tendit plusieurs piéges de concert avec elle, et il auroit infailliblement succombé, sans les secours de Roger, roi de Sicile qui, l'arracha des mains des Grecs, le conduisit dans ses états, d'où il se rendit à Rome, et revint en France en 1150.

La ruine de l'armée répandit la désolation dans tout le royaume; les temples et les places publiques retentissoient des cris plaintifs d'une multitude de mères éplorées, de veuves et d'orphelins réduits au désespoir. On maudissoit le fougueux abbé de Clairvaux; on se disoit que s'il avoit été vraiment inspiré de Dieu, il auroit prévu la déroute des croisés, et n'auroit pas mis en deuil la moitié de la France. Comment cette réflexion si simple ne conduisoit-elle pas à se refuser au moins à toute autre extravagance du même genre ?

Louis rapportoit avec le chagrin d'une défaite, le ressentiment le plus vif contre Eléonor : leur mésintelligence devint de part et d'autre une antipathie insurmontable, et la conviction de ses fautes ne la rendoit que plus altière. Elle se plaignoit *de n'avoir épousé qu'un moine, et non un roi* ; cela pourroit être vrai, mais étoit-ce une raison pour se déshonorer elle-même ? étoit-ce une excuse pour avoir conspiré contre lui avec son oncle, pour avoir voulu le livrer à ses ennemis, à des barbares chez qui sa mort étoit certaine ? Ses dédains, ses plaintes, sa hauteur jointes à une conduite infâme le fatiguèrent tellement, que moins imbécille qu'elle ne le croyoit, il résolut de s'en séparer. Il sut se respecter en prenant ce parti. Ce fut sous le prétexte de parenté, au degré défendu, qu'il se fit demander à lui-même le divorce, par quelques-uns des alliés de la couronne. Il répondit qu'il ne prétendoit pas la retenir contre la volonté de Dieu, et la loi de l'église. On assembla un concile à Beaugency, la sentence de divorce fut prononcée, Eléonor renvoyée, et la Guyenne, rendue. Elle épousa peu après le duc de Normandie, qui fut depuis roi d'Angleterre. Lorsque les Iles Britanniques parviendront comme nous, à la liberté, lorsqu'elles reconnoîtront, comme nous, qu'il n'exista jamais de rois dans les pays libres, lorsqu'ils voudront connoître les crimes de leurs têtes couronnées, Eléonor de Guyenne figurera dans le tableau, et seule, entre toutes les princesses de France, elle aura rempli la fatale destinée de porter chez deux nations le flambeau de la discorde, le germe des guerres intestines, et de fomenter avec soin un long et opiniâtre combat entre le pays qu'elle quittoit, et celui où elle venoit de s'introduire.

Dans l'intervalle du règne de Louis-le-Gros à celui de Louis VIII, et la régence de Blanche de Castille, nièce de St. Louis, la nation Française avoit fait un pas vers un meilleur sort. Il paroît que ce fut un effet du hasard, et qu'il ne fut dicté que par l'excès du malheur, sans être le fruit d'une combinaison réfléchie des droits du peuple. Jusqu'alors, il n'y avoit en France d'hommes libres que les éclésiastiques et les gens de guerre. Tous les habitans des villes, bourgs et villages, étoient esclaves. Les uns appelés *serfs*, semblables aux troupeaux de bétail, étoient vendus avec les terres ; les marchés stipuloient tant de feux, comme tant de bœufs et tant de moutons : tristes victimes de la barbarie des rois et des grands vassaux, en faveur desquels ils avoient foulé aux pieds toutes les loix, de la nature les *serfs* ne pouvoient jouir d'aucune de leurs facultés; celle de se marier, de tester, de changer de demeure ou de profession, d'envoyer leurs enfans dans une autre terre, d'acquérir à leur profit, de cultiver pour eux, de disposer d'un meuble ou d'un ustencile à leur usage, leur étoit interdite sans l'agrément du maître; et ils ne l'obtenoient jamais qu'en lui payant une redevance arbitraire. Eh ! Comment des malheureux attachés à la *glèbe*, et plus malheureux que les bœufs courbés sous leur joug, obligés de travailler pour le maître qui daignoit à peine les nourrir, pouvoient-ils amasser un peu d'argent pour payer à leur seigneur la libre faculté d'agir? La barbarie de ces maîtres avares réduisit enfin leurs sujets à une si extrême misère, que ne pouvant plus rien tirer d'eux, ces brigands ne voyoient plus d'autres ressources que d'entrer à main armée sur les terres de leurs voisins, de les piller, ou bien d'attendre les passans sur les grands chemins, et de les dépouiller de leurs biens. Une semblable piraterie qui faisoit de toute la France un champ de bataille perpétuel, qui la faisoit ressembler à un repaire de voleurs, dont le roi n'étoit pas même le chef, tendoit au renversement total de la monarchie. Vers l'année 1137, Louis-le-Gros ne sachant comment réprimer de pareils excès, qui ne lui étoient devenus à chage que parce qu'il en sentoit lui-même le poids, chercha enfin dans le peuple un appui nécessaire ; mais il fut assez adroit pour avoir l'air de faire grace, lorsqu'il vendit comme un privilége le droit que la nature a donné à tous les hommes, celui de *communes* et de port d'armes. Les Bourgeois acquirent le droit de disposer de leurs biens, et de changer de domicile. Les coutumes les plus barbares et les plus ignomineuses dont on avoit surchargé la vassalité disparurent. Les vassaux assemblés taxèrent dans quelques villes les redevances et les traites que chaque habitant devoit payer à son seigneur. Dans quelques autres endroits on convint qu'elles n'excéderoient jamais telle ou telle somme. On fixa les cas particuliers dans lesquels

il

il seroit permis de demander aux nouvelles communautés des aides ou des subsides extraordinaires. Il y eut des vassaux qui ne voulurent plus suivre leur seigneur à la guerre; d'autres y consentirent, aux conditions de ne marcher que lorsqu'il commanderoit en personne, et presque toutes les communes se réunirent à ne jamais le suivre assez loin pour ne pouvoir revenir le jour même dans leurs maisons.

Les villes devinrent de petites républiques où les bourgeois pour la plupart choisissoient leur maire, leurs échevins, leurs consuls; dans d'autres, le prévôt ou le juge du seigneur nommoit ces officiers; ailleurs, il ne faisoit que les désigner. Les compagnies de milice se formèrent, choisirent leurs chefs, se rendirent maîtres des fortifications, et gardèrent elles-même les villes. Les bourgeois sortirent de leur état de stupidité; à peine eurent-ils ressaisi quelques droits, qu'ils parurent dignes d'en faire usage. Dans le pays de Briançon, alors dépendant de l'Empire, mais assujetti aux coutumes de France, les bourgeois assemblés en communes forcèrent leur seigneur à reconnoître l'injustice des tributs qu'il avoit exigés; ce ne fut qu'à ce prix qu'il obtint d'être exempt de la restitution. Le peuple (car malheureusement les bourgeois formèrent une classe à part) éprouva un soulagement qui lui permit de lever la tête, et de sentir son existence. Il aida les bourgeois de tout son pouvoir, se révolta même dans quelques endroits, et lorsque les seigneurs demandoient aux villes et aux communes quelles étoient leurs chartes et leurs conventions, le peuple leur demandoit fièrement à eux-mêmes de produire leurs titres d'usurpation et de tyrannie. Mais si quelques-uns de ces grands assez mal-adroits pour laisser pressentir le dessein où ils étoient de rompre leurs engagemens, se nuisirent à eux-mêmes, ils portèrent à l'autorité du peuple une bien plus terrible atteinte : les communes s'adressèrent au roi pour avoir une garantie des promesses de ses grands vassaux, et cette espèce de crédit qu'ils accordèrent à l'ennemi commun, lui donnant le droit d'intervenir dans les affaires des seigneurs, contribua dans la suite à augmenter ses prérogatives d'abord sur eux, et insensiblement sur tous. Les communes ne sentoient pas que le lion n'étoit qu'endormi, et qu'il falloit le museler. Philippe, dit *Auguste*, profita de la trop grande méfiance du peuple pour les vassaux immédiats de la couronne, et de sa confiance insensée en lui : à la faveur de la protection momentanée qu'il accordoit aux communes, il en obtint des secours contre ses ennemis intérieurs ; il abaissa les grands, et laissa malheureusement à ses successeurs le droit de réopprimer le peuple qui ne s'étoit reconnu qu'à-demi.

C'étoit dans cet état général des choses, que Louis VIII monta sur le trône. C'étoit sur un peuple moins stupide que Blanche de Castille sa femme eut à régner, sous le titre de régente, pendant la minorité de son fils, Louis IX, appelé *Saint-Louis* ; mariée en 1200, à Louis VIII, sous le règne de Philippe Auguste, père de son mari, elle paroît ne s'être mêlée d'aucune affaire publique pendant la vie de ce prince, ni même pendant les trois années du régne de son mari qui monta sur le trône en 1223, et mourut en 1226 ; elle étoit petite-fille de cette Eléonor dont nous venons de tracer l'histoire, et fille d'Alphonse VIII, roi de Castille, et d'Eléonor d'Angleterre. Louis VIII la laissa veuve à trente-neuf ans, chargée de l'éducation de cinq enfans, dont l'aîné, Louis IX, avoit seulement douze ans. Il la nomma régente, en présence de l'archevêque de Sens, et des évêques de Beauvais et de Chartres.

Dès le premier pas dans son administration, elle prévit le trouble que les grands vassaux de la couronne apporteroient à ses opérations. Vexés par Philippe Auguste, qui avoit protégé les droits du peuple et des communes, ils se flattoient de reconquérir sur une femme ce qu'ils appeloient leurs droits usurpés; car toute jouissance est appelée droit par l'homme avide et injuste: Blanche les ayant invités au sacre de son fils, les uns répondirent que la douleur de la mort récente du père ne leur permettoit pas d'assister à une cérémonie d'un tout autre genre; d'autres lui dirent qu'il qu'il falloit délivrer préalablement de prison plusieurs des grands vassaux, entre autres les comtes de Flandre et de Boulogne; quelques uns demandèrent la restitution des terres que les deux derniers rois leur avoient enlevées, alléguant que, par les loix du royaume, on n'avoit pu les en dépouiller que par le jugement des pairs : comme si les rois avoient pu légalement donner des terres qui ne leur appartenoient pas; comme si les terres données par un usurpateur pouvoient appartenir légitimement à ceux en faveur desquels il en disposoit; comme s'il y avoit eu des loix en France, et non pas seulement des coutumes et des usages, comme si enfin l'antique jugement des pairs devoit subsister uniquement pour eux. Blanche n'avoit pas plus qu'un autre prince l'idée du droit des nations; mais les grands éprouvèrent que le désir de dominer étoit en elle aussi puissant que chez les hommes les plus absolus. La cérémonie se fit malgré tant de refus, et sans avoir égard à leurs demandes. Le comte de Champagne étoit en route pour s'y rendre; mais il avoit eu des démêlés avec Louis VII, au siége d'Avignon, et le bruit s'étoit répandu même qu'il l'avoit empoisonné: le peuple ne l'auroit pas vu avec satisfaction; on lui fit dire de se retirer, et il conserva de cet affront un vif ressentiment. Depuis long-temps on le soupçonnoit d'être épris des charmes de la régente; on ne sait si elle avoit jadis répondu à une préférence que les femmes voient rarement avec chagrin, mais dans cette occasion, il se permit de se plaindre qu'elle ne le traitoit si mal que parce qu'elle favorisoit quelque autre d'un regard plus doux. Quelle que fut cependant sa manière de voir et de sentir, il est certain qu'elle ne pouvoit avec prudence souffrir qu'il approchât d'elle; avant de s'être disculpé des soupçons qu'on avoit conçus contre lui. Aimer Thibault, comte de

Champagne, n'étoit pas un crime, mais le recevoir à la cour, accusé de l'assassinat de son mari, en auroit été un, et Blanche n'étoit pas capable de le commettre. Ce n'est pas qu'elle ne fût soupçonnée d'avoir beaucoup d'indulgence pour un des deux personnages qu'elle avoit mis à la tête de son conseil. L'un étoit le chancelier Guérin, vieillard austère et rude, qui ne pouvoit inspirer que la confiance et non l'amour, ni même l'amitié. L'autre étoit un Italien, appelé Romain; c'étoit un prélat souple, insinuant, dont l'enjoûment et la politesse faisoient l'agrément du cercle familier de la reine; elle lui témoignoit beaucoup d'égards en public, c'en étoit assez pour faire croire qu'en particulier les égards pouvoient aller plus loin. Le comte de Champagne n'en douta pas; il se ligua contre le roi de France avec les comtes de Bretagne et de la Marche, et nous verrons encore la galanterie réelle ou prétendue d'une femme allumer la guerre et faire couler du sang. Les partisans d'un gouvernement absurde nous diront que ce n'étoit point un crime à Blanche d'inspirer une passion malheureuse à un homme cruel et violent : non sans doute, mais lorsqu'une citoyenne ne répond point à l'amour qu'elle inspire, s'il s'élève à cet égard quelque injuste discussion entre deux amans, elle ne passe pas les limites de deux familles, et tout un peuple, toute une ville n'est ni agitée ni massacrée pour l'intérêt frivole d'une intrigue ou d'un mariage. Peuples, n'ayez point de rois, puisque leurs actions même les plus indifférentes peuvent attirer sur vous, à chaque pas, l'horrible fléau de la guerre.

Le roi d'Angleterre, qui ne désiroit qu'une occasion de reprendre la Normandie, fournit aux trois princes ligués des troupes et de l'argent; ils demandèrent alors à la reine la restitution des domaines, que les deux derniers rois leur avoient enlevés. Dans un autre temps peut-être l'autorité royale auroit pû les reprendre, mais alors il n'étoit pas facile de les ôter de force à des communes bien armées. Blanche refuse cette demande inconsidérée, la guerre se déclare; elle se met en état de défense avec une si grande diligence, que ses ennemis voient fondre sur eux des troupes aguerries au milieu d'un hiver excessivement rude. Leur armée n'étoit pas en état de marcher; le comte de Champagne prit le parti d'une feinte soumission, et vint se jeter dans les bras de Louis. La régente lui pardonna, et fit avec les deux autres factieux des traités qui devoient préserver la France de la guerre pendant toute l'année 1127. Cependant une nouvelle trahison du duc de Bretagne et du comte d'Evreux, son frère, devoit rompre les mesures de la régente. Le jeune roi, étant à Orléans avec peu de suite, ces deux princes projetèrent de l'enlever; le comte de Champagne, qui n'avoit pas été informé de l'entreprise, ou que peut-être les négociations de Blanche avoient ramené, l'avertit de ce complot, et il étoit d'autant plus difficile à déjouer que les conjurés étoient postés entre Orléans et Paris, et que le retour du roi ne pouvoit être assuré. La reine ne prit point cette voie incertaine pour le garantir; elle se fit conduire à Montlhéry, et fit avertir les Parisiens du danger qui le menaçoit. Ceux-ci coururent aussi-tôt chercher l'enfant; et les ligueurs, épouvantés de cette marche nombreuse, se retirèrent; les applaudissemens d'un peuple assez ignorant pour chérir cette source empoisonnée de tous ses maux, ramenèrent un roi dans leurs murs, comme s'ils y avoient ramené un dieu bienfaisant.

Les historiens, fidèles à leur pacte de servilité avec leurs *maîtres*, ont exalté à l'envi les vertus de Blanche et de son fils; ils nous peignent la régente sous les traits de Vénus,

Il se peut que ce fût une très-belle fille, lorsqu'elle vint en France dans la fleur de la plus brillante jeunesse ; mais il semble à ces flatteurs que les reines ne vieillissent point, et quand Belleforêt s'extasie à louer sa *mignardise* et sa *gentillesse* lorsque son fils monta sur le trône ; lorsqu'il parle de son *tant doux regard* et *gracieuse contenance*, il semble parler d'une femme de vingt ans, et il croit sans doute faire oublier qu'elle en avoit quarante. Une femme à cet âge peut être encore ce qu'on appelle *bien conservée*, mais elle a perdu la fraîcheur qui fait le charme de la jeunesse ; et le terme fatal est arrivé où elle doit être satisfaite quand on dit encore : *elle a été belle*. Qu'on juge par de semblables adulations, sur un point dont les yeux seuls font juger, combien elles ont été plus fortes sur le génie et les talens. Ces complimenteurs gagés des rois admirent l'éducation que Blanche donnoit à Saint Louis. Un esprit philosophe et droit sait distinguer la vérité même dans leurs propres récits, et dans les faits qu'ils n'ont pu dénaturer. La vérité est qu'elle ne fit et ne voulut faire de son fils qu'un enfant docile et soumis, un dévot plus occupé des saints et des offices, que des peuples et des affaires, un homme digne d'être canonisé, plutôt qu'un homme estimable. Il entendoit le latin de l'église, et c'étoit là que se bornoient ses profondes connoissances. On prétend qu'elle lui faisoit étudier l'histoire. Eh! quels étoient les auteurs qui pouvoient la lui apprendre ? Les chroniques mensongères des couvens, les vies des saints, la légende dorée et autres écrits, uniques productions du génie français, et propres à augmenter l'ignorance des rois et celle des peuples?

Quant au génie administrateur de cette femme si célèbre, les hommes avoient si peu de talens qu'il n'est pas si merveilleux qu'une femme en ait montré autant. Commander impérieusement à des hommes qui n'osoient résister ; imposer à son gré des taxes sur lesquelles on murmuroit quelquefois, mais qu'on payoit sans résistance ; faire battre, sans plan et sans art, des hommes qui ne connoissoient d'autre devoir et d'autre emploi que celui de tuer pour piller ; faire juger arbitrairement des hommes ignorans par des juges ignorans et prévaricateurs, brûler impitoyablement des hérétiques, sans connoître ce que c'étoit qu'hérésie ; remplir ses coffres de la substance du peuple, et le regarder comme fort heureux d'exister dans la misère, tandis qu'on nageoit dans une abondance et un luxe relatifs au temps ; c'étoit à-peu-près alors ce qu'on appeloit *régner*. Quoique les choses aient changé insensiblement de face, les rois sont toujours les mêmes autour de nous ; ils n'ont acquis que l'art de raffiner le crime, et l'on demande en quoi ce poste a été, de tout temps, si difficile à remplir. Certes, il n'est point d'esprit si matériel, si lourd et si grossier qui n'en fût capable, et nous en voyons la preuve. Hélas ! il faut, et malheureusement l'expérience nous le prouve, il faut bien plus de lumières, de force et de caractère pour apprendre à des millions d'hommes à secouer le joug d'un seul, qu'il n'en faut à une seule brute pour asservir des millions d'hommes. Blanche ne fut pas plus habile que ses prédécesseurs ; elle commit moins de crimes particuliers que d'autres femmes avant et après elle ; mais les temps n'étoient pas les mêmes, et elle n'en eut pas besoin, car elle n'étoit ni moins altière, ni moins despote que ses pareilles, et aucun des crimes nationaux que les autres avoient commis ne lui échappa. Le premier de tous, sans doute, est d'avoir fait un imbécille de son fils ; puisqu'on avoit le malheur d'avoir et d'endurer des rois, au moins auroit-il fallu les rapprocher de l'homme, autant qu'il auroit été possible.

En détachant le seul comte de Champagne de la ligue formée contre Louis IX, sans chercher à ramener les deux autres factieux, elle exposa sa province et une partie de la France à une guerre cruelle. Tout désertoit à l'approche des troupes ennemies ; on ne voyoit de tous côtés que des châteaux, des maisons de campagne, des villages et des villes en flammes ; les hommes et les bestiaux fuyoient de contrée en contrée ; les femmes devenoient la proie du soldat effréné ; les enfans étoient massacrés sur le sein de leurs mères expirantes ; les vieillards immolés ou au fer ou à la faim ; et Thibault lui-même fut obligé, ou se crut forcé à incendier plusieurs places, pour arrêter la marche de cette horde de barbares. Il demande des secours à la régente ; on ne lui en accorde que parce que les rebelles, dit-on, ne veulent le ruiner que pour détrôner leur souverain. Le massacre général est compté pour rien, l'humanité oubliée, l'intérêt commande, et c'est à lui seul qu'on obéit. Le comte de Champagne étoit toujours soupçonné d'avoir hâté la fin de Louis VIII au siége d'Avignon ; Blanche n'avoit pas été épargnée dans les bruits qui s'en étoient répandus, et l'on trouvoit extraordinaire qu'elle favorisât cet homme avec tant de publicité. On n'a jamais pénétré ce mystère; mais si la mort de Louis VIII fut violente, il n'en soupçonna pas la reine, puisqu'il la nomma régente; et Louis IX ne paroît pas avoir douté un moment à cet égard de l'innocence de sa mère : nulle preuve ne peut venir à l'appui de ces étranges inculpations ; n'imputons point de crimes aux rois, on croiroit que nous en avons besoin pour les rendre odieux.

De l'année 1127 à l'année 1130, ces guerres intestines et l'horrible guerre contre les Albigeois inondèrent la France de plus de sang que n'en avoient couté trente années des règnes les plus barbares. Néron faisant brûler Rome, Caligula faisant ruiner invisiblement le pont de Putéole, et tous deux se repaissant de la vue des malheureuses victimes de la flamme ou des eaux, ne font pas plus d'horreur qu'une femme et un enfant se baignant à loisir dans le sang des infortunés habitans du Languedoc; dévastant leurs habitations, démolissant leurs maisons, arrachant leurs arbres et leurs moissons, commettant ou souffrant que leurs troupes commissent, au nom de Dieu, les plus abominables des crimes, même sur les corps morts et déjà souillés des femmes et des filles. Et lorsqu'au dix-huitième siècle, le prêtre Vély raconte de pareilles horreurs : « Ainsi

» fut terminée, dit-il froidement, *l'affaire des* » Albigeois ». Il daigne cependant tracer les mots d'ambition et de fanatisme ; mais au bout de deux lignes, entraîné par l'infâme besoin de louer « ce qui avoit, ajoute-t-il, passé le » pouvoir de Philippe-Auguste, *le plus grand* » *politique de son siècle*; ce que n'avoient pu » les armes victorieuses de Louis VIII, fut » l'ouvrage d'une femme, et le coup d'essai » d'un roi encore enfant ». On ne sait, en lisant l'histoire des monarchies, sur-tout des états modernes, lequel cause le plus d'horreur, ou les crimes de ces races détestables, hommes, femmes, enfans, tous voués à l'exécration des siècles, ou l'impudence de ces écrivains empoisonneurs, qui ont si long-temps emmuselé les peuples et déifié des monstres. *L'ouvrage d'une femme et le coup d'essai d'un roi encore enfant !* Détestable flatteur! que les peuples n'ont-ils étouffé au berceau cette femme et cet enfant, capables d'un pareil coup d'essai, et toi-même, et avec eux et avec toi leur race entière, et celle de tous vos semblables !

Blanche et son fils ne s'en tinrent point à ces actes de rigueur contre les malheureux sectateurs d'un autre culte que le leur ; ils publièrent une sévère ordonnance contre les juifs, dont la condition étoit déjà peut-être assez affreuse. Depuis plusieurs siècles, tout *juif établi dans le royaume étoit serf ou main-mortable de corps et de chastel des seigneurs dont il étoit couchant et levant;* c'est-à-dire, sa personne et tous ses biens, meubles et immeubles, appartenoient au baron des lieux où il habitoit; il ne pouvoit changer de domicile sans la permission du maître, qui pouvoit l'aller reprendre comme un esclave fugitif, même dans les domaines du roi : non-seulement ils étoient vendus avec les terres, mais ils l'étoient individuellement, plus ou moins cher, selon leur nombre, leurs talens et leur industrie. Une chose plus singulière encore, c'est que la raison de ce cruel traitement étoit la différence de religion; et s'il arrivoit qu'un juif se convertît, il tomboit *en forfaiture* : le roi ou le seigneur confisquoit tous ses biens, et il tomboit infailliblement dans la plus profonde misère; ainsi l'infamie, l'esclavage, le mépris public lui étoient infligés, pour ce que l'on appeloit son irréligion; et la pauvreté devenoit son partage, s'il cessoit d'être infâme. Ils étoient encore obligés de porter sur eux une marque à laquelle on pût les reconnoître, sous peine de fortes amendes : on défendoit aux chrétiens tout commerce avec eux ; il n'étoit pas permis de les gager en qualité de domestiques ; on ne pouvoit passer de baux avec eux ; on ne pouvoit s'en servir à titre de médecins ni de chirurgiens, ni prendre leurs enfans en nourrice, ni leur donner les siens. Un chrétien convaincu d'un commerce criminel avec une juive, étoit brûlé vif, et la loi portoit que *se souiller avec une juive étoit un crime égal à celui de la bestialité*; ils étoient enfin traités comme la tribu des *Paria* dans l'Indostan : on n'auroit pas voulu appaiser ni la faim, ni la soif la plus cruelle avec des alimens offerts par la main d'un juif. S'ils étoient appelés en témoignage contre un chrétien, on exigeoit d'eux des sermens horribles contre eux-mêmes. Cependant ni les rois, ni les grands vassaux ne rougissoient pas de partager les gains immenses de leurs usures. Lorsque les trésors du fisc étoient épuisés, on les menaçoit de les chasser, et alors ils offroient des sommes exorbitantes, pour éviter le bannissement; d'autres fois, on exécutoit la menace de l'exil, on déclaroit les débiteurs quittes envers eux, on les dépouilloit de toutes leurs richesses, et on les rappeloit ensuite pour les pressurer de nouveau. C'est ainsi que pendant long-temps nos contrôleurs des finances

ont

ont à différentes fois menacé les fermiers-généraux de les supprimer, afin d'en tirer des subsides. En 1230, dans une assemblée des barons tenue à Melun, Blanche fit défendre *généralement aux juifs toute sorte de prêt, donna trois ans de terme à leurs débiteurs, et déclara nulles les obligations que ces usuriers n'auroient pas fait voir dans l'année à leurs seigneurs* : elle y ajouta des réglemens très-sévères contre l'usure (1). La dis-

---

(1) L'usure est un grand mal sans doute, mais il faut être aussi ignorant qu'on l'étoit alors en législation, ou bien être possédé de la manie réglementaire des despotes pour faire des loix prohibitives contre l'usure. Il en est de ce vice commercial comme du vice social des jeux de hasard. Ce sont les mœurs qui doivent ruiner et l'usure et la passion du jeu. C'est attenter à la liberté individuelle que d'ordonner à un homme de ne point risquer son bien sur une carte ou sur un dé, et à son adversaire de ne pas prendre ce que l'autre a perdu ; que de lui défendre d'acheter cher l'argent dont il a besoin, et à celui qui en a de le vendre au plus haut prix qu'il le peut. Dans ce cas, la loi porte avec elle deux vices également dangereux et inséparables l'un de l'autre. Elle est injuste et insuffisante : injuste, parce qu'elle gêne la liberté ; insuffisante, parce qu'elle est facile à éluder. Mais si les mœurs attachent de l'infamie à la passion du jeu, si le joueur, le locataire qui prête son logis au joueur, le propriétaire qui loue ce

position de cette loi étoit, de la part de la reine, une souveraine injustice. Le prêt à usure étoit toléré, puisqu'on toléroit la personne des prêteurs. L'argent étoit regardé

---

logis sont tous bannis de la société par l'opinion ; si toutes les maisons honnêtes leur sont fermées ; si un homme de bien se détourne d'eux dans les places publiques ; si dans les sociétés patriotiques, dans les assemblées de citoyens, l'opinion fixe sur eux un regard universel de dédain et d'improbation ; s'ils sentent que la confiance ne les portera jamais aux charges de l'état; si les citoyens écrivent sur la porte des maisons de jeu ces mots terribles, *ici l'on joue ; ici se rendent tels et tels*, voilà une loi prohibitive ; voilà une loi qui porte au fond du cœur d'un coupable une sentence vraiment exécutoire, et qui ne peut s'éluder. Graves sénateurs, officiers municipaux, épargnez-vous les décrets et les significations; dormez en paix, la honte et le remords veillent, et leurs traits aigus sont plus inévitables que les vôtres. Si les mœurs condamnent également et l'usurier qui abuse indignement du besoin de son semblable, et l'usuré que des désordres réduisent à la bassesse de mendier le secours d'un être qu'il méprise ; si l'un et l'autre sont également fuis et redoutés de l'honnête citoyen, l'un détestera bientôt le luxe et les plaisirs, qui le forcent à se dégrader; l'autre sera réduit ou à renfermer son or devenu stérile ou à le verser dans le commerce de la vie par des voies honorables et utiles. Législateurs ! songez donc que vous ruinez les mœurs tant que vous ne leur laissez aucun empire.

comme une marchandise, puisqu'on en souffroit des boutiques ouvertes. La convention étoit publiquement autorisée entre le marchand d'or et l'acheteur, comme entre le marchand de soieries et le citoyen qui avoit besoin d'un habit ; l'un demandoit le prix, l'autre le disoit : le premier pouvoit se retirer ; et du moment qu'il consentoit à la convention proposée, il ne pouvoit se plaindre d'avoir été trompé, seul cas où la loi doit sévir contre le trompeur ; et cependant une loi arbitraire donnoit trois ans de terme aux débiteurs, et déclaroit nulles des obligations réelles, par la frivole raison qu'elles n'avoient pas été mises en vigueur dans l'espace d'une année ; c'est-à-dire, que sans examen de la situation du prêteur et de l'emprunteur, sans examen des conditions plus ou moins onéreuses du prêt, des circonstances, des facultés de l'un et de l'autre, un roi pouvoit ou accorder un terme souvent déraisonnable, ou annuller une dette. Annuller une chose existante, c'est être plus que Dieu. Louis XV s'attribuoit aussi le droit d'*annuller tout délit*. Défendre le prêt, étoit également une atteinte portée à la liberté. D'ailleurs, quand on songe que les rois et les grands partageoient le fruit des usures les plus exorbitantes, ce n'est pas sans frémir qu'on leur voit ruiner, à leur gré, les êtres qui les avoient payés d'avance, et favoriser ceux qui devoient au moins légitimement un capital quelconque, afin de leur faciliter les coupables moyens de remplir encore des coffres où puisoient à leur tour les grands déprédateurs, ministres, courtisans, mignons et femmes perdues : voilà les rois, autorisant le crime sans pudeur, et sacrifiant sans pitié les auteurs des crimes dont seuls ils recueilloient le fruit.

Et Blanche étoit dévote, et Blanche avoit fait de son fils un bigot, un homme qui tous les jours lisoit dans son palais et à ses domestiques les cantiques, les litanies et l'office du jour; dont les plaisirs étoient de cultiver le jardin des moines de Citeaux, ou de porter des pierres pour leur bâtiment dont il faisoit les frais aux dépens du peuple, d'aller y servir fastueusement les pauvres que ses édits dépouilloient, de fléchir orgueilleusement les genoux aux pieds des autels arrosés du sang des hommes, et d'y demander à Dieu la récompense des guerres continuelles que l'orgueil et l'emportement lui faisoient entreprendre.

Ce roi canonisé, l'un des plus mauvais qu'ait eus la nation, avoit déjà dix-neuf ans, lorsqu'il plut à sa mère de le marier. Jalouse de son empire, elle ne s'étoit pas empressée de le mettre au hasard ; mais enfin les peuples, qui trembloient toujours qu'il ne manquât de louveteaux élevés à les dévorer, manifestèrent leur vœu, et Blanche fut assez généreuse pour s'y rendre. En 1234, Saint Louis épousa donc Marguerite, fille aînée du comte de Provence. L'ombrageuse régente craignant qu'une femme aimable et jeune ne prît sur son fils l'ascendant qu'elle vouloit toujours conserver, et ne partageât avec elle l'administration des affaires de l'état, gouverna les jeunes époux avec un despotisme extrême, ne leur permettant de se voir qu'à des heures marquées, le plus souvent en sa présence, et ne souffrant pas que Marguerite eût la plus légère part, non-seulement aux affaires publiques, mais encore à celles de la maison royale. Cette jeune femme, renfermée dans son appartement, obligée de se cacher pour voir son mari, ne trouvant jamais dans sa belle-mère qu'un visage austère et glacé, n'ayant d'autres plaisirs que les pratiques de dévotion auxquelles Blanche avoit pris soin de l'assujettir, passa des jours fort malheureux sur le trône, et dut regretter quelquefois d'être née dans un rang où il falloit être ou esclave, ou criminelle.

Saint Louis ayant atteint l'âge de la majorité des rois, fixée alors à vingt ans, prit les rênes du gouvernement en 1236, un an après son mariage; mais Blanche n'en fut pas moins régente de fait. L'esprit de domination ne pouvoit abandonner cette femme qu'avec la vie, et Saint Louis étoit trop bigot et trop soumis pour résister à sa volonté; il auroit cru faire un acte d'irreligion, s'il avoit pu résister une seule fois. Quatre années de paix s'étoient écoulées, et l'on ne voit pas que ces deux personnages tant vantés aient profité de cet intervalle pour étudier les vices du gouvernement et pour y remédier : ils firent des ordonnances, des édits insignifians ou tyranniques, mais ils n'adoucirent pas le poids des taxes, ne cherchèrent point à ouvrir des voies au commerce, à rendre au peuple la vie plus commode, en multipliant les moyens de travail; enfin ils songèrent à régner pour eux et leur cour insolente et avide ; ils dotèrent des églises ; fondèrent des couvens, les peuplèrent de moines fainéans et de religieux inutiles, tous êtres perdus pour la société : mais bientôt la guerre recommença pour un sujet qui assurément ne méritoit pas de répandre le sang des hommes. L'ambition et le despotisme des rois exerçoient sur les grands vassaux de la couronne un empire semblable à celui que les vassaux avoient autrefois exercé sur les *serfs* de leurs terres. Ils ne pouvoient se marier ou marier leurs enfans, sans le consentement du roi : c'étoit pour empêcher la coalition des grandes et puissantes familles, ou pour mettre obstacle aux alliances entre elles et les couronnes ou principautés étrangères. Le comte de Champagne, devenu roi de Navarre par héritage, maria sa fille unique au fils du comte de Bretagne, éternel ennemi du roi de France. C'en fut assez pour enflammer la colère de Louis IX et de Blanche, qui vit avec dépit son esclave Thibault rompre sa chaîne. Grégoire IX occupoit le siége de Rome; il écrivit à Saint Louis qu'il lui défendoit d'attaquer un fidéle croisé pour le soutien de la religion. Louis n'écouta point cet ordre impérieux, et se hâta de lever une armée. Thibault effrayé vint se jeter à ses pieds et lui demander la paix, se soumettant aux humiliantes et injustes conditions de renoncer aux fiefs qu'il avoit achetés du monarque, de donner des places de sûreté, et de ne paroître en France de sept années. Dans un temps où les peuples sacrifiés aux rois étoient regardés comme des machines de guerre, il est étonnant qu'un roi ait accepté de semblables propositions. Si les historiens ne se trompent point, en attribuant la conduite de Thibault à son éternelle passion pour la reine Blanche ; s'il est vrai que ce prince passoit son temps à faire des vers pour célébrer ses malheurs et ses chagrins amoureux ; s'il avoit la tête aliénée par cette frivole tendresse, il n'y a rien d'étonnant dans sa conduite. Robert, frère de Saint Louis, pensa cependant troubler la réunion des esprits. Jamais on n'avoit cessé de soupçonner le comte de l'assassinat de Louis VIII, et Robert sur-tout ne pouvoit effacer de son esprit cette funeste impression. Le jour même où Thibault alloit au palais prendre congé du roi, les domestiques de Robert lui firent essuyer quelques outrages. Louis irrité condamna ces malheureux à être pendus. Robert, plus généreux que ne devoit l'être un prince, sentit qu'il devoit les sauver, en avouant à son frère qu'ils n'avoient rien fait que par son ordre. Cette folie auroit suffi pour rompre les traités ; mais Blanche appaisa le roi de Navarre, et ce fut avec tant de douceur et d'adresse qu'elle sut le captiver en cette occasion, que l'insensé crut avoir trouvé un instant favorable, et qu'il parla de son amour en termes plus clairs qu'il n'avoit encore fait. La dévote Blanche s'en offensa, et Thibault reçut ordre de sortir de la cour.

Il paroît singulier que l'excessive dévotion de Blanche et de son fils ne les ait jamais engagés à obéir servilement aux papes, comme l'avoient fait leurs prédécesseurs. On chercha inutilement dans leur caractère assez de lumières et de fermeté pour s'être délivrés de cet esclavage, et il paroît que ce fut plutôt l'établissement du commerce et les progrès d'une sorte d'esprit public, qui brisèrent le joug de l'évêque de Rome plus tôt en France que dans les autres royaumes de l'Europe. Après l'affreuse guerre contre les Albigeois, Rome avoit établi dans le comté de Toulouse un tribunal d'inquisition; le peuple ne le souffroit qu'avec peine, et les consuls vouloient assujettir les juges à quelques formalités que Raimond, souverain de ce pays, exigea lui-même: les fanatiques se déchaînèrent aussi tôt contre le prince. Ce n'eût été rien si le despote avoit ordonné des châtimens arbitraires contre des innocens; mais attenter aux droits d'un tribunal féroce, c'étoit un crime irrémissible. Raimond se vit frappé de tous les anathêmes de l'église. Il fit publier aussi-tôt une défense à tous ses sujets de comparoître pardevant les inquisiteurs. Ce fut le signal d'une espèce de guerre civile ; on chassa les Jacobins, principaux chefs de l'inquisition : l'évêque s'enfuit avec tout son clergé. Des prêtres furent massacrés par le peuple, et beaucoup de particuliers ne cachèrent plus la manière de penser qu'on nommoit hérésie. Le tribunal de l'inquisition s'étant refugié à Narbonne, et l'archevêque ayant voulu sévir contre des hérétiques, la ville basse se révolta contre la ville haute, força la maison des frères prêcheurs qui l'avoit reçu, se saisit des registres du tribunal, et les mit en pièces. Ces actes de justice nationale auroient pu avoir des suites funestes, si Louis IX, tenant une balance raisonnable entre deux partis excessivement échauffés, ne les eût engagés à porter leur cause pardevant ses propres officiers de justice à Carcassonne. Le pape s'avisa de donner ordre à Raimond de forcer les consuls de Toulouse de se soumettre à l'inquisition, de sortir de ses états et de passer en Palestine pour cinq années. Le même pontife écrivit en même temps à Saint Louis, pour le prier d'armer son bras contre l'hérésie, et d'obliger Raimond à faire le voyage de la Terre-Sainte. Louis, au lieu de lui obéir, le contraignit au contraire, en lui refusant un appui sur lequel il avoit compté, de révoquer cet arrêt de bannissement, et dans la même année d'ôter les pouvoirs aux inquisiteurs.

Il est difficile d'accorder cette conduite prudente avec un esprit de crédulité, de bigoterie et de superstition que le roi montroit dans toutes les occasions où le fanatisme lui présentoit cet appât, quelque grossier qu'il fût. On lui fit croire que la couronne d'épine de Jésus-Christ étoit engagée aux Vénitiens, pour des sommes considérables, par l'empereur Baudouin. Jusque-là les moines de Saint-Denis avoient prétendu l'avoir en leur possession, et rapportoient même que les épines en étoient toujours vertes. Saint Louis crut, de bonne foi, que les Vénitiens possédoient cette relique; et Baudouin la lui ayant cédée, il la racheta d'un sénateur vénitien, et la sainte couronne fut rapportée en France, scellée des sceaux de l'empire et de ceux de la république. Saint-Louis, Blanche et Marguerite allèrent la recevoir à Sens; et le roi la rapporta lui-même, pieds nus, depuis Vincennes jusqu'à Notre-Dame, et de là au Palais, où elle fut déposée dans la Sainte-Chapelle. Il retira encore des mains des Vénitiens un morceau de bois de la vraie croix, le fer de la lance qui perça le côté du Christ, l'éponge qui servit à l'abreuver de fiel et de vinaigre, et d'autres reliques. Les Vénitiens, avides et adroits, auroient eu toutes celles du monde, tant qu'on auroit voulu les leur payer; et c'étoit ainsi que, par une imbécille crédulité, le peuple se laissoit dépouiller des biens de la vie, pour acheter des choses que des imposteurs falsifioient au gré de leur intérêt. Si l'on avoit rassemblé tous les fragmens des reliques éparses dans les pays catholiques, on en auroit fait, et plusieurs croix, et plusieurs couronnes, et plusieurs corps des mêmes saints. L'expérience et la raison ont ouvert les yeux à cet égard, et fait disparoître les erreurs attachées jusqu'à présent au culte simple et pur d'une divinité dont la grandeur nous impose le devoir de l'adorer seule, et non pas les attributs de quelques hommes dont nous ne connoissons la vie que par des relations si éloignées, qu'elles peuvent être ou exagérées, ou mensongères.

Nous passerons sur les guerres ou civiles, ou étrangères, que l'infaillibilité et l'inviolabilité des rois firent éprouver aux Français (1), sous le règne de Saint Louis. Si Blanche agissoit alors, c'étoit comme la mère de Néron, *derrière un voile, invisible et présente.* Nous traçons les crimes des reines, et souvent emportés par l'indignation, ceux de leurs maris et de leurs fils viennent s'unir sous la plume aux récits qui nous glacent d'effroi. En 1244 Louis tombe malade à Pontoise ; il y est regardé comme mort, revient à la vie et fait vœu de passer en Terre Sainte. Il falloit assassiner des hommes, pour remercier Dieu de lui avoir conservé le jour.

Avant son départ, il laissa la régence entre les mains de la reine Blanche, avec l'autorité la plus étendue. Marguerite, sa femme, re-

---

(1) Il est peut-être étonnant que le comité de constitution de l'assemblée nationale actuelle n'ait pas décrété *l'infaillibilité* du roi des Français ; ce mot n'étoit pas plus inintelligible que celui d'inviolabilité, et il auroit mis le comité plus à son aise, par exemple, dans le cas présent : un roi infaillible ne peut commettre aucun délit, il ne peut y avoir lieu à accusation contre l'infaillibilité. Il est encore temps, messieurs, et comme l'absurdité des idées ne vous effraye pas, vous pouvez substituer un mot à l'autre, lorsque vous présenterez votre constitution à signer à votre roi. Ce moyen vous conserve à jamais l'inviolabilité de la précieuse liste civile.

doutant plus que la mort de demeurer sous la tutelle de sa belle-mère, résolut de suivre son mari, et ne voulut écouter à cet égard ni conseils ni remontrances. Blanche en effet avoit toujours été le tyran de cette princesse. Louis avoit plus de vingt-cinq ans qu'il n'avoit pas la liberté de voir sa femme lorsqu'il le désiroit ; il craignoit encore d'être surpris par sa mère, et faisoit faire sentinelle par ses gardes. Un jour que Marguerite étoit dans les douleurs d'une couche, Saint Louis se rendit à ses côtés ; Blanche, qui l'apprit, courut à l'appartement de la jeune reine, et prenant son fils par la main « retirez-vous, lui dit-elle, que faites-vous ici » ? Le foible mari obéit en silence ; mais la reine s'écria en s'adressant à sa mère ; « Hélas ! madame, ne me laisserez-vous donc voir mon seigneur ni à la vie, ni à la mort » ? et tomba aussi tôt dans un évanouissement si profond, qu'on craignit pour sa vie. Louis l'apprit, et rentrant aussi-tôt chez sa femme, eut bien le courage de ne la point quitter, qu'elle ne fut accouchée. Ces mauvais traitemens de la part de sa belle-mère, avoient rendu Marguerite si craintive, qu'il n'est pas étonnant qu'elle ait préféré un voyage pénible, dangereux, au sort de rester sous sa dépendance.

On sait les malheureuses suites de cette guerre en Palestine ; Saint Louis y fut fait prisonnier, et avec lui la plus grande partie des grands. L'imagination des Français leur peignoit sous les plus belles couleurs le succès de l'entreprise ; on préparoit déjà le triomphe d'un roi protégé du ciel, lorsqu'on apprit sa disgrace et celle de l'armée. L'impérieuse régente, qui ne souffroit pas même d'être dominée par les événemens, fit pendre, comme perturbateurs du repos public, deux hommes qui les premiers publièrent la relation du malheur des croisés, acte de férocité dont on a peu d'exemples. Bientôt la nouvelle se confirma ; et alors la régente, plus humiliée que si elle avoit cru qu'on pouvoit être roi, sans être tout-puissant, tomba dans un désespoir qui tenoit du délire ; et dans sa crédulité fanatique, elle fut cause d'un désordre extraordinaire. Il se présenta devant elle une espèce de visionnaire prêcheur, qui avoit eu des conférences avec la Vierge, et entretenoit une correspondance suivie avec les anges ; il avoit reçu ordre d'eux de prêcher une croisade pour la délivrance du roi, mais seulement aux bergers et aux agriculteurs : la conquête de la Terre-Sainte étant réservée au peuple par la volonté de Dieu, qui dédaignoit l'orgueil de la noblesse. Blanche, dupe de ces fables grossières, permit à cet insensé de prêcher sa croisade, sans examiner d'abord le ridicule de ces promesses, et ensuite, l'efficacité des moyens. Sans calculer le temps nécessaire au rassemblement d'hommes, à l'équipement des vaisseaux, à leur approvisionnement, à leur voyage, et sans calculer que l'or qu'il en devroit coûter, seroit mieux employé à payer promptement une rançon à des barbares qui avoient à leur discrétion la vie de son fils et celle de l'armée chrétienne; le frère prêcheur entraîna dans ses pièges tout ce qu'il rencontra de gens simples, crédules, religieux, et ensuite de vagabonds, de bannis, de gens de tout âge et de tout sexe perdus de débauche, et n'ayant de ressource que le crime. Son armée de prétendus croisés, monta bientôt à près de cent mille hommes. Au commencement, chacun s'étoit empressé de leur fournir les besoins de la vie; mais leur nombre s'étant accru d'une manière si prodigieuse, ils ne vécurent plus que de pillages et de vols publics. Le chef de ces brigands s'attribua ensuite une autorité spirituelle et temporelle. Il attaquoit les villes, brûloit les villages, enlevoit les femmes et les filles, et les prostituoit à ses soldats; il cassoit les mariages et les

testamens

testamens, prêchoit une religion nouvelle, et se faisoit écouter du peuple par une déclamation contre les vices du clergé, les profanations de la cour de Rome, et les vexations des fanatiques, inquisiteurs de la foi. Il partageoit le butin entre ses sectateurs et lui : tous les crimes lui étoient familiers, il agissoit vraiment en roi ; mais personne n'ayant dit qu'il tenoit sa puissance de Dieu, on agit avec ce roi et *son peuple* (1) comme avec un voleur de grands chemins et sa bande ; on s'arma contre eux, on leur fit la guerre, on les fit presque tous périr, on en délivra la France. Heureux si le peuple français eût appris par cette expérience qu'on pouvoit se

---

(1) Sous un certain point de vûe, les rois ont raison de dire *mon peuple*. Ils ont en effet *un peuple* à eux :

Et moi, vous le savez, je tiens sous ma puissance
Cette foule de chefs, d'esclaves, de muets ;
Peuple que dans ses murs renferme ce palais,
Et dont à ma faveur les ames asservies
M'ont vendu dès long-temps leur silence et leurs vies.

RACINE, *Bajazet*; act. II. scène. I.

Voilà l'image de la cour des rois ; voilà *leur peuple*, leurs *fidèles sujets*, leurs *défenseurs*, et voilà ce que les sénateurs d'un peuple libre craignent aujourd'hui de combattre.

défaire également d'un roi comme d'un autre, et que Dieu n'avoit pas créé de brigands inviolables ! Blanche, un peu étonnée d'avoir eu tort, sans pouvoir le dissimuler, crut se laver de cette imprudence en avouant qu'elle s'étoit trompée ; comme si cet aveu avoit réparé les crimes que venoient de commettre ces prétendus envoyés de la Vierge et des anges. Les fautes des rois ne sont pas de celles qui peuvent être pardonnées ; leurs suites sont trop funestes ; elles sont trop cruelles, trop longues, et leur enchaînement nous enseigne qu'il faut les rejeter pour jamais, si nous voulons jouir en paix de la dignité de notre être et des bienfaits de la nature.

La guerre sainte n'étoit pas terminée : Louis IX libre, après avoir payé une rançon qui équivaut à la valeur de cinq millions de la monnoie actuelle, persistoit encore dans la coupable obstination de ruiner le peuple et de répandre le sang, lorsque Blanche couverte de crimes nationaux, et de louanges payées et mendiées par des bienfaits encore mal combinés, tomba malade à Melun, et se fit porter à Paris ; là, elle donna la dernière scène théâtrale de sa vie ; elle manda l'abbesse de Maubuisson, ordre de Citeaux, monastère fondé par elle près de Pontoise.

fit profession entre ses mains, prit le voile, se fit mettre sur un lit de paille, couvert d'une serge, et mourut le 26 novembre 1252, en habit de religieuse, et cependant la couronne d'or sur la tête; car la vanité n'abandonna pas cette ame fastueusement humble et modeste. Quelque idée qu'on se fasse de la superstition de ces temps d'ignorance, il est impossible de ne pas voir de l'affectation dans ces pratiques minutieuses ; il est impossible de croire que des êtres méchans, cruels, ambitieux, possédés du désir de tout envahir et de conserver toutes leurs rapines, pussent imaginer de bonne foi qu'ils aimoient Dieu, et qu'ils l'honoroient par l'exercice perpétuel de leurs vices et de leurs penchans déréglés. On est forcé de croire qu'ils y ajoutoient le coupable désir de mentir aux hommes, à Dieu même, et peut-être d'étourdir leur propre conscience. Cette habitude d'hypocrisie et d'affectation est d'ailleurs naturelle aux femmes vicieuses. Le désir d'en imposer leur est propre, et les plus bigottes sont toujours celles qui ont quelque chose à cacher, ou à faire oublier au public. Les vieilles Laïs de la cour, et suivant la cour, terminoient toujours leur galante carrière par leur directeur; les reines et les princesses les plus avilies ont toujours fini par souiller les temples d'offrandes impies. On attendoit le moment où Antoinette finiroit sa lubrique existence par outrager la divinité même, en levant vers le ciel des regards imposteurs. Femme détestable! la voix du peuple qui est la voix de Dieu t'épargnera ce dernier crime, et la justice nationale, trop tardive, mais inévitable, te fera baisser vers la terre tes yeux autrefois si hardis, et enfin remplis des larmes du désespoir, si ce n'est du repentir!

Nous passons dans notre marche pénible à cette *Isabeau de Bavière*, à cette criminelle reine, née comme toi dans ce c'imat barbare qui nous a donné tant de monstres, dont tu as seule rassemblé tous les vices avec ceux de l'Italie! Née dans cette terre germamanique qui ne nous inspirera moins d'horreur que lorsqu'elle sera régénérée par le sang des tyrans de ta race, Isabeau de Bavière nous rappelle à toi; que dis-je! est elle la seule? sera-t-il question, dans les siècles les plus reculés, d'un monstre féminin, la honte de son sexe et l'horreur de l'autre, sans que le nom *d'Antoinette* s'offre à la mémoire des Français?

Isabeau étoit fille d'Etienne II, duc de

Bavière : elle vint en France à l'âge de quatorze ans ; on ne sait pas si elle apporta, comme Antoinette à la cour de Louis XV, un cœur déja corrompu, et un corps déja souillé, mais elle y parut en 1385, fut mariée le 17 juillet de cette année à un roi jeune, ignorant, gâté par l'éducation ordinaire des rois, et n'ayant encore donné que des signes de foiblesse et d'imbécillité. Jusqu'alors, Charles VI n'avoit point aimé les femmes, il parut voir Isabeau avec plaisir ; on les maria, mais on ne sait pas si l'extrême fécondité de cette femme peut faire juger ni des facultés de Charles ni de son assiduité auprès d'elle. Charles V son père, dit *le Sage*, Charles V, bourreau des peuples par une longue suite de guerres cruelles qu'il pouvoit éviter ; Charles V, assez hypocrite pour leur faire croire qu'il étoit économe, lorsqu'il étoit avide, exacteur et usurier ; assez fin pour les éblouir par l'éclat des victoires qui jusqu'à ce moment avoient flatté la vanité d'une nation esclave : assez adroit pour faire penser qu'il étoit homme de guerre parce qu'il avoit d'habiles généraux ; pour accorder des priviléges, des soulagemens, des largesses même dont il avoit soin de détruire l'effet par des ordonnances, des édits, des loix dont la multitude ne pouvoit comprendre le sens ; assez politique enfin pour se faire aimer en foulant la nation, en portant l'autorité royale au degré le plus arbitraire, en détruisant tout ce que les états-généraux précédens avoient pu faire naître d'institutions sages, en déguisant son pouvoir immense afin de l'établir plus sûrement ; Charles V enfin, trop connu par le massacre de Montpellier, fut effrayé lui-même de l'empire qu'il laissoit à son fils, âgé de six ans, et ne sachant plus, à ses derniers momens, comment il soutiendroit un poids de cette nature, il avança, par un dernier trait de folie, la majorité du roi à quatorze ans ; et cita dans son ordonnance, et la bible, et l'art d'aimer d'Ovide, pour prouver que les rois enfans, peuvent, par un privilége particulier, être de très-grands hommes. Il ajouta une autre imprudence à celle-ci ; appliquant mal à propos la maxime des tyrans, *diviser pour régner*, il partagea l'autorité entre un régent et des tuteurs, pendant la minorité de son fils. Mais puisqu'il avoit le sens de regarder les peuples comme ennemis de l'autorité royale, c'étoit leur force qu'il falloit diviser et non celle du prince. Charles d'Anjou fut nommé régent, les ducs de Bourgogne et de

Bourbon, tuteurs de Charles VI. Le roi voulut en vain les lier par des sermens : insensé ! les siens l'avoient-ils enchaîné à ses devoirs ? l'homme généreux a-t-il besoin de sermens ! et le traître craint-il d'en faire ?

A mesure que le terrible moment de la dissolution de son être approchoit, de nouvelles terreurs assiégeoient cette ame coupable ; la veille de sa mort, il rendit une ordonnance portant suppression des impôts qu'il avoit mis sur le peuple, sans le consentement des états-généraux. A peine eut il fermé les yeux, le 13 septembre 1380, que l'avide et prodigue régent pilla en un seul jour les trésors que l'avare monarque avoit amassés pendant tout son règne. Il étoit instruit que Philippe de Savoisy, l'un des conseillers du roi, savoit dans quel endroit étoit renfermée une partie des richesses de ce prince ; il le menaça, en présence du bourreau, de le faire pendre s'il n'en faisoit l'aveu. Les grands ne s'en irritèrent point, mais le peuple s'ébranla, et demanda, par des clameurs, que la dernière ordonnance du roi sur les impôts eût son exécution.

Les séditions passagères, mais cruelles, d'un peuple qui ne fait que se débattre sous le poids de ses fers, n'ont pas la majesté sublime des actions d'un peuple qui les brise, et se lève tout-à-coup libre et sans entraves. Les Parisiens n'ayant point vu sans courroux rétablir tout ce que Charles V avoit dû abolir, se révoltèrent; plusieurs villes imitèrent leur exemple. Charles d'Anjou avoit entraîné son pupille en Flandre; il le ramena triomphant à Paris, pour répondre aux demandes du peuple et à ses justes réclamations. Charles VI y fit une véritable entrée de tyran; ce monstre encore dans l'enfance, environné de ses oncles et de toute sa cour, assis sur un trône élevé sur les degrés du palais, assista au supplice de trois cents personnes condamnées pour crime de révolte et de désobéissance : la barbarie royale faisoit arriver la mort à pas lents au-devant de ces malheureuses victimes; les procédures étoient longues, surchargées de formes effrayantes, dont l'appareil sinistre augmentoit la consternation : on désarma tout le peuple; on défendit les assemblées, on anéantit le droit de commune; chacun renfermé dans l'intérieur de sa maison trembloit à chaque minute de s'en voir arracher ou de voir entraîner son mari, son père ou son frère, ou ses fils. Chaque jour on saisissoit de nouveaux accusés, et comme les exécutions auroient été si multipliées qu'on auroit pu manquer de bourreaux, chaque nuit on lioit des victimes dans des sacs, et on les traînoit dans la Seine. Une farce insultante succédant à ces horreurs, on assembla le peuple dans la grande cour du palais, et là, toujours en présence du roi, l'infâme chancelier d'Orgemont eut l'audace et la bassesse de reprocher à la nation ses crimes et son ingratitude envers *son maître*, et de prononcer que les Parisiens méritoient mille morts, pour avoir osé croire que les impôts étoient des dons libres et volontaires faits au prince, et qu'il ne lui étoit pas permis de les exiger sans le consentement des états; d'avoir osé imaginer que les princes étoient liés par leurs paroles, leurs traités et leurs ordonnances; qu'enfin et en dernière analyse, la société n'étoit pas un assemblage de furieux et d'imbécilles, dont les premiers eussent éternellement le droit d'opprimer les autres. On attendoit en frémissant la fin de cette horrible scène, lorsque les oncles du roi, feignant d'être attendris du spectacle qu'eux-mêmes avoient préparé, se jetèrent aux pieds du marmot déjà endurci dans le crime, et demandèrent à cette méprisable et fragile idole la *grace* de tout un peuple. Sa réponse lui étoit dictée, il daigna commuer la peine de mort en amendes pécuniaires. La ville de Paris fut ruinée; elle n'étoit pas alors dans cet état d'opulence où nous la voyons aujourd'hui; elle n'étoit pas le centre où les richesses du royaume venoient s'engloutir. Ce qui acheva de la dévaster fut l'infamie avec laquelle on ne distribua aux soldats qu'une petite partie des amendes, et la permission qu'on leur donna de se dédommager par le pillage des campagnes. Rouen, et quelques autres villes éprouvèrent le même sort; et l'on ne tarda point à établir de nouvelles taxes sur un peuple anéanti par la crainte, et livré au désespoir.

A tant d'horreurs, à celle de la guerre générale qui enveloppoit tous les pays de l'Europe, il manquoit en France la main d'une femme pour augmenter la dissention, et répandre un poison plus subtil dans toutes les ames. Isabeau élevée par les furies pour consommer la ruine de l'état, et le vendre aux ennemis; Isabeau de Bavière parut, et son mariage célébré à Amiens, le 17 juillet 1385, seroit regardé comme l'époque la plus effrayante de nos annales, si le 16 mai 1770, nous n'avions vu former des liens plus funestes encore, sous des auspices plus sinistres, présage trop vrai de tous les maux que traînoit avec elle une nouvelle fille d'Achab et de Jésabel.

Jamais dans les pays esclaves les femmes n'abandonnent les objets de luxe et de vanité; la mort présente à leurs yeux ne les empêcheroit pas de jeter un dernier coup-d'œil sur leur parure ou leurs bijoux. Comme elles ne sont rien par elles-mêmes, elles s'identifient avec ces objets extérieurs, et en font la majeure partie de leur propre existence ; s'il en est ainsi des femmes ordinaires, celles que le malheur des états élève sur les trônes doivent encore être bien plus soumises à ce honteux esclavage : une éducation vicieuse, le libre développement de toutes les passions, des volontés toujours satisfaites, et par conséquent variées à l'infini, les accoutument à ne considérer qu'elles dans la nature, et à couvrir d'ornemens et de pierreries l'idole qu'elles se font d'elles-mêmes. Aussi les princesses les plus odieuses ont été les plus emportées par la fureur du luxe et des ornémens de toute espèce. Au milieu des suites de tant de guerres, dans l'extrême misère où languissoit la France, il fallut trouver en 1389 des sommes immenses pour le couronnement d'Isabeau de Bavière; la ville, naguère en deuil, fut obligée de représenter une scène riante, et l'image de la joie déroba pour un moment à tous les regards la sombre tristesse à laquelle un peuple malheureux étoit en proie. Les présens de l'hôtel de ville furent portés à la somme de *soixante mille couronnes d'or*. On vit des tournois, des festins, des combats simulés, des danses et bals masqués ; au milieu desquels la la pudeur ne fut pas plus ménagée que l'or de la nation. La licence régnoit dans le palais ; et il faut dater de cette époque les fatales liaisons de la reine avec son beau-frère, et de Marguerite de Bavière, duchesse de Bourgogne, avec ce même prince. Et dans quelles circonstances, grand Dieu ! dans un temps où la soldatesque effrénée des tyrans ravageoit les moissons, ne laissoit que la paille aux misérables agriculteurs, et les massacroit quand ils osoient se plaindre ! dans un temps où ceux qui réclamoient les premiers besoins de la vie étoient traités de *séditieux* ! Si l'indigne reine avoit eu quelque sentiment d'humanité, n'auroit-elle pas demandé que cette vaine cérémonie du couronnement fût remise à des temps plus heureux ? n'auroit-elle pas sacrifié le frivole plaisir de se montrer, l'avare désir de s'enrichir par les dons d'un peuple épuisé, au bonheur de soulager les impôts, de......... Mais quel délire nous égare? osons-nous supposer l'humanité dans l'ame des femmes couronnées? est-ce dans le cœur des lionnes et des panthères qu'elle établit son empire ? Le fatal couronnement d'Isabeau fut suivi d'une augmentation dans la gabelle, et cette ressource paroissant encore insuffisante, on eut recours au moyen désastreux de l'altération des monnoies; les vols publics n'effrayent pas les tyrans : on soumit à la refonte les pièces de la plus petite valeur, et le décri universel, suite inévitable de ce brigandage, tomba plus pésamment sur la classe du peuple. Si c'étoient les suites de la guerre qui avoient tellement appauvri la nation, à en croire les ministres, c'étoit dans un instant de calme qu'il falloit essayer de la relever au lieu de lui porter un coup mortel. Mais les flatteurs disoient que la reine étoit jeune, qu'elle vouloit des plaisirs; et comment auroit-on pu faire vivre dans la retraite la *souveraine d'un grand empire!* il lui falloit des fêtes, des danses, des repas somptueux, dût à côté du palais illuminé, mourir d'inanition dans l'ombre de la nuit, le malheureux qui avoit contribué à l'embellir ; dût la province de Languedoc être le théâtre du despotisme insolent du duc de Berry, et de ses officiers. La lovée des mêmes impositions y avoit été renouvelée jusqu'à cinq ou six fois dans une année. Les exécutions des biens, les saisies, les contraintes avoient dévasté les campagnes; et une grande partie du peuple, fuyant la misère et la mort, passoit dans les provinces d'Espagne. Charles VI ayant appris les concussions étonnantes des administrateurs de son oncle, eût l'intention d'empêcher le désordre, mais ce fut avec de tels ménagemens pour le duc de Berry, que son agent principal fut brûlé, pour la pitoyable cause de l'hérésie, et non comme exacteur et concussionnaire; que le duc ne fut ni arrêté, ni jugé ni mis en cause, et que la mort de son favori fut la première source des divisions que la perfide Isabeau sut fomenter et entretenir dans la famille de son époux. Elle donna l'exemple scandaleux d'une intrigue publique avec le duc d'Orléans, dont l'audace ne craignit pas de souiller le lit de son frère; ce prince étoit hardi, prodigue et débauché comme d'Artois; la reine étoit, comme Antoinette, violente, avare, incapable de modération dans ses désirs, tourmentée du désir de régner; mais Antoinette n'a pas eu besoin, comme Isabeau, d'embrasser tour-à-tour plusieurs partis différens, et de tenir la balance entre divers chefs, toujours prêts à s'entr'égorger. Les temps ont seuls été la cause des différences qui se trouvent dans la vie de ces deux femmes; mais dans l'atrocité de leur conduite elle font également frémir d'horreur.

Charles VI, dont la tête avoit toujours été foible et mal organisée, Charles VI, autour duquel s'étoit répandu tant de sang, Charles VI, toujours environné, dès son enfance, de cadavres expirans, ou sur un champ de bataille, ou dans une ville en flammes, ou dans les murs de Paris, devoit être intérieurement tourmenté par le souvenir des maux qu'il avoit faits. Il faudroit douter de la justice éternelle, si l'on osoit croire que le crime repose aussi paisiblement que la vertu! Agité sans cesse par des mouvemens violens, assiégé d'idées noires, de sombres vapeurs, accablé d'une sinistre mélancolie, il tomba enfin en démence, à la suite d'une fièvre chaude. On ne sait, d'après le rapport des historiens, si l'on doit ajouter foi à la vision de la forêt du Mans; si l'être qui lui apparut étoit effectivement un homme payé par la reine pour achever de lui troubler l'esprit, ou si ce fut simplement un fantôme de cette même imagination déjà en délire. Quoi qu'il en soit, il lui prit un accès de fureur, au milieu duquel il tua plusieurs personnes. Nous ne devons pas trouver surprenant si le peuple ne jugea pas à propos de déposer un imbécille, s'il ne crut pas qu'un homme que les loix auroient déclaré incapable de gérer sa propre fortune, ne pouvoit être l'arbitre de la fortune publique. En 1392, la lumière de la raison n'avoit pas brillé aux yeux du peuple français ; en 1392, il n'existoit peut-être pas dans tout l'empire un seul homme qui, instruit, osât douter qu'un *roi frénétique* fût toujours inviolable et sacré ; en 1791, le peuple est assez éclairé pour croire qu'il ne l'est pas ; mais ceux qui le conduisent, ceux qu'il a choisis pour manifester ses volontés, et pour les faire exécuter, veulent lui faire embrasser, au moyen du canon et des baïonnettes, la doctrine reçue en 1392.

Charles VI n'étoit pas encore rétabli de cette première attaque de folie, que le temps du carnaval lui inspira l'idée d'une mascarade où il pensa périr dans les flammes, par l'imprudence du duc d'Orléans ; au moins les historiens ne qualifient que d'imprudence un fait sur lequel on a peine à ne pas fixer des soupçons plus sinistres. Le roi échappa au feu ; mais ce danger troubla de nouveau sa raison, et la reine, contente au moins de régner

gner seule, se consola de ce que Charles n'avoit point péri. Bientôt les ordonnances les plus insensées émanèrent du conseil, présidé par une femme et par un jeune libertin ; la rivalité de charmes et de puissance s'établit entre la reine, la duchesse d'Orléans et celle de Bourgogne, et cette rivalité forma des intrigues et des partis. D'un autre côté, les plaisirs de la cour devinrent plus désordonnés. La fureur de la chasse s'empara de toutes les têtes ; les femmes mêmes, oubliant toute discrétion, s'y livrèrent avec un emportement digne de la cour de Messaline, et c'étoit au milieu des orgies que se prenoient les résolutions les plus atroces, et que se préparoient les projets les plus sanguinaires ; comme il n'y avoit point alors de spectacles, le passe-temps le plus paisible de la reine et de toutes ces femmes perdues étoit d'assister le dimanche à l'exécution des criminels.

Les accès de la maladie du roi devenoient plus fréquens ; et l'indigne reine ne voulant pas s'exposer à l'habitation avec lui, lui donna pour tenir sa place une jeune fille nommée *Odette de Champdivers*, fille d'un marchand de chevaux, et ne rougit pas de lui donner des maisons et des pensions, pour vivre avec son mari dans un commerce aussi dégoûtant

K

que dangereux. Isabeau avoit aussi trouvé moyen d'éloigner de la cour la duchesse d'Orléans, dont l'empire sur l'esprit de Charles lui faisoit ombrage. Dans ses accès les plus furieux, la duchesse étoit la seule qui pût en calmer les transports, et la reine craignoit que dans les momens de calme elle n'employât contre elle ce même ascendant. Elle la fit accuser de contribuer, par des sortiléges, à la maladie du roi, et la fit exiler. Rappelée bientôt après, on se servit d'elle pour écarter le duc de Bourgogne, et transporter toute l'autorité dans les mains du duc d'Orléans. Il n'en fut pas plutôt dépositaire, que tout ce qui pouvoit rester d'apparence d'ordre et de raison dans l'administration, fut renversé. Il nomma, sous les ordres de la reine, de nouveaux receveurs des aides, qui décidoient souverainement de tout ce qui avoit rapport à l'administration des revenus publics; juges, fermiers, impositions, dépenses, recettes générales et particulières, tout leur étoit subordonné, sans qu'il fût possible de jamais réparer l'abus d'un pouvoir aussi insensé, puisqu'il étoit défendu de se pourvoir même au conseil du roi contre leurs décisions, qu'ils avoient seuls le droit de réformer : ainsi la répartition des impôts devint soumise au caprice de la reine ; la levée en étoit arbitraire, la recette infidèle, et la dépense devint aussi impénétrable et aussi effrayante qu'en 1789. Si les désordres de la reine Isabeau n'eurent pas les mêmes suites que ceux d'Antoinette, s'ils ne conduisirent pas le peuple à faire usage de sa force et à mettre en pratique la *loi suprême de son salut*, c'est que cette loi si sainte étoit alors entièrement méconnue. Cependant lorsqu'on vit ordonner par le conseil une imposition nouvelle et générale dans tout le royaume, de laquelle même les ecclésiastiques n'étoient pas exempts, et cela dans un temps de paix, où le peuple devoit plutôt exiger des soulagemens, le mécontentement éclata de toutes parts, le clergé refusa de payer, et la reine et son amant furent obligés de retirer leur édit. Le duc de Bourgogne, depuis long-temps ulcéré contre son neveu et contre la reine, profita de ces mouvemens d'indignation populaire, fomenta secrètement la haine du peuple, et l'excita à la rebellion contre un pouvoir odieux et méprisable.

Ce fut alors qu'Isabeau monta véritablement sur le trône ; ce fut alors que les furies gouvernèrent la nation française : haïe de toute la cour, haïssant tout ceux qui l'approchoient, ceux mêmes à qui elle prodiguoit ses impudiques faveurs en étoient rassasiés avant de pouvoir imaginer que le plus léger sentiment d'amour les leur avoit accordées. Elle auroit fait périr, ou par le fer de la loi, ou par celui de l'assassin, un homme sortant de ses bras ; elle ne l'y auroit reçu que pour le mieux tromper. La garde de la personne du roi lui fut donnée ; le maniment des affaires fut confié au duc de Bourgogne, oncle de Charles VI. Le duc d'Orléans reclama contre cette faveur ; il prétendit qu'elle appartenoit au plus proche héritier du sang, et il ne voyoit entre le trône et lui que le dauphin, encore enfant. Isabeau se fit un parti en faveur de son amant, et l'oncle du roi fut obligé de céder à l'empire de cette femme altière. Peut-être auroit-il eu assez de raison pour souffrir cet affront sans en tirer vengeance ; mais l'imprudent favori d'Isabeau, aussi incapable qu'elle de modération dans leurs sales plaisirs, se faisoit un trophée de ses victoires sur toutes les femmes de la cour. Il avoit leurs portraits dans une galerie, et il eut l'insolence de faire voir un jour au duc de Bourgogne celui de sa propre femme. Ce fut là le sujet de l'implacable haine qu'il voua au parti d'Isabeau, dont les mœurs avoient empoisonné celles de toute la cour, et au duc d'Orléans, pour qui le déshonneur des familles n'étoit qu'un jeu cruel.

Un peuple ignorant est toujours victime de ces grands coupables qui ne le flattent que pour l'asservir. Hélas ! un peuple éclairé n'est pas toujours à l'abri des suggestions perfides ! Le duc de Bourgogne alla même jusqu'à dévoiler au roi l'infâme conduite de la reine. Ce misérable prince savoit bien lui-même jusqu'où alloit pour lui le mépris et la négligence de cette femme impie : elle s'acquittoit si cruellement de la garde qui lui étoit confiée, que Charles manquoit non-seulement des soins nécessaires à son état, mais encore des besoins de la vie ; sa détresse alloit jusqu'à l'indécence, même dans l'état d'un simple citoyen dont la fortune auroit été resserrée. Les enfans de cette barbare marâtre n'étoient pas mieux entretenus ; et tandis que la maison du duc d'Orléans respiroit le faste et le luxe des rois d'Asie, son frère malade déroboit les vases précieux de la couronne, pour les faire fondre et se procurer les choses de première nécessité. En 1402, le parti du duc de Bourgogne se trouvoit cependant assez fort pour opposer une digue aux fureurs de la reine. On leva des troupes de part et d'autre ; les deux partis alloient en venir aux mains, et la France alloit être inondée de sang pour le seul intérêt de trois princes qui ne se disputoient que le seul avantage de l'asservir. La perfide Isabeau, tremblant de voir échapper de ses mains l'autorité qu'elle partageoit avec son cher d'Orléans, déposa la fierté dont elle en avoit toujours agi avec le duc de Bourgogne ; elle parvint à le séduire en cédant un moment à ses prétentions, et par son entremise les rivaux réconciliés s'embrassèrent et congédièrent leurs troupes. Mais il en est de ces réconciliations simulées, comme de la réunion momentanée de quelques brigands que nous voyons quelquefois se tendre la main pour faire réussir un grand complot et se partager une brillante proie, quoique le ressentiment de leurs querelles particulières vive encore au fond de leurs ames viles, et qu'ils n'attendent que la fin de l'expédition pour le faire éclater de nouveau. Les chagrins des deux princes se concentrèrent pour un moment, et ne furent que plus violens. La reine gagna du temps, et en profita pour étayer son autorité comme celle de son amant. Les circonstances lui étoient favorables ; elle venoit de donner le jour à un prince, qui fut depuis Charles VII ; et la nation aveugle et irréfléchie, regardoit comme un bonheur cet accroissement d'une famille déjà nombreuse, et née de l'inceste et de l'adultère. Charles VI étoit moins satisfait dans ses intervalles de raison ; il déploroit ses malheurs. L'homme philosophe ne peut que jeter un regard de pitié sur ce misérable jouet de ses infirmités et des passions de ceux qui l'environnoient. Souvent entraîné par la justice, il vouloit punir la reine et son frère, et tous les auteurs des troubles du royaume ; mais que pouvoit un foible esclave contre l'empire de l'altière Isabeau ! Quelque résolution qu'il pût prendre en son absence, quelque indignation qu'il eût pu concevoir contre elle, elle paroissoit, et Charles étoit soumis : elle parvint enfin à se faire accorder par lui un pouvoir supérieur, même à celui de la régence : on n'imagineroit pas de quel moyen elle se servit ; il faut être femme pour imaginer de pareilles ruses : elle obtint du roi de déclarer, que s'il venoit à mourir, son fils aîné seroit aussi-tôt reconnu souverain, et que de ce moment même il abolissoit la régence, et se remettoit absolument sous la garde de la reine, son épouse, lui donnant un pouvoir absolu sur ses enfans : il lui attribua aussi le pouvoir de révoquer et d'annuller toutes les ordonnances qu'il avoit faites ou qu'il pouvoit faire dans la suite. A moins d'ôter la couronne de dessus sa tête, et de la poser sur celle d'Isabeau, en lui donnant toute l'étendue du pouvoir qui en émanoit alors, Charles ne pouvoit se livrer avec plus d'inconsidération à sa plus cruelle ennemie ; aussi ne tarda-t-il pas à s'appercevoir d'un mépris total de sa part : s'il avoit été mal servi jusqu'alors, il fut totalement abandonné. Isabeau foulant aux pieds l'amour conjugal, le souvenir des bienfaits, la pitié que devoit inspirer un mari dans l'état déplorable où étoit tombé Charles, étouffant dans son cœur la tendresse maternelle, laissa le malheureux roi sans secours, et ses enfans sans éducation et souvent sans vêtemens, tandis qu'elle se gorgeoit impudemment de l'or de la nation.

Mais ce n'étoit pas assez de ce pouvoir absolu de désoler la France par des exactions dignes de tous les supplices, il falloit y amener le fléau de la guerre, afin de grossir la liste des impositions. Les Anglais avoient vu plus d'une fois violer les traités faits sous ce règne, et leurs préparatifs annonçoient en eux le dessein d'en tirer vengeance. Il fallut donc se préparer à la défense, et pour cela le duc d'Orléans, sous le nom de la reine, proposa l'établissement d'une taille générale. Le duc de Bourgogne allégua en vain la misère publique, l'édit passa : il falloit de nouveaux trésors à l'insatiable Isabeau. le tribut montoit à dix huit cent mille francs, sans compter les frais de perception ; ce trésor fut déposé dans un pavillon du Louvre. Le duc d'Orléans en fit enfoncer les portes et s'empara de tout ; car pourvu qu'elle fût obéie dans ses caprices, elle souffroit volontiers qu'il s'attribuât les apparences de la souveraineté.

En 1404, le pouvoir de ces deux personnages parut monter encore à un plus haut degré ; la mort du duc de Bourgogne sembloit les délivrer d'un contradicteur au moins incommode, et quelquefois dangereux. Mais Isabeau ne s'attendoit pas à trouver dans son fils un de ces génies violens et imdomptables avec lesquels il est difficile de lutter dans la carrière du crime. Ce prince nommé *Jean-sans-peur*, mais non pas *sans reproche*, avoit dans l'ame tous les caractères de la souveraineté individuelle ; il étoit hautain, hardi, cruel, vindicatif ; entraîné par des passions fougueuses, incapable de scrupules ni de remords. Il étoit peut-être le seul homme qui pût faire trembler la superbe Isabeau.

Cependant elle ne sentit pas tout-à-coup ce qu'elle en avoit à craindre. Elle continuoit à déployer une autorité formidable. Les mécontentemens du peuple, ses murmures contre le duc d'Orléans lui firent redouter l'usage nouveau qui s'introduisoit de porter des épées, des dagues et des couteaux de chasse. Depuis que les communes avoient consenti à la dégradation du désarmement, la sodatesque seule avoit le droit de porter le fer; elle avoit seule le privilége d'attaquer, et celui de se défendre étoit interdit au citoyen. Que dis-je! au citoyen.... Y avoit-il des citoyens ? Les planteurs laissent-ils des armes aux mains de leurs malheureux esclaves (1)? La reine dé-

---

(1) Nos vils historiens ne manquent pas de blâmer le port d'armes. « C'est à la licence de nos guerres civiles, dit le *sieur Villaret*, que nous somme redevables de cette coutume barbare qui transforme un commis, un clerc, un artiste, un bourgeois paisible, un homme de lettres en guerriers redoutables, sans que la valeur nationale y ait gagné. Nous ne sommes certainement pas plus braves que les Grecs et les Romains, et nos ancêtres sous les Clovis, les Martel et les Charlemagne. Les hommes destinés pour combattre avoient seuls le droit de porter l'instrument nécessaire à la défense de l'état : le reste de la nation ne cherchoit point à se décorer d'un appareil militaire aussi embarras-

fendit donc sévèrement le port d'armes; on obéit, mais ce ne fut pas sans murmures: tout

sant qu'inutile, et qui, devenu commun à tous les états, ne distingue personne ».

Méprisable esclave ! on te passe d'avoir été encore en 1770, soumis en aveugle à la chimère des distinctions : on voit bien que ton génie n'étoit pas de ceux qui devancent les temps ; mais en 1770, étoit-il permis à un homme qui savoit lire et écrire de consacrer la maxime des tyrans, que nul ne peut être armé, qu'eux et leurs satellites; que les gardes prétoriennes ont seules la funeste puissance d'égorger au nom de l'empereur; que le fer sera comme l'or, la ration des brigands. Tu nous cites l'exemple des Grecs et des Romains, tu dis que nous ne sommes pas plus braves qu'eux. Non, car ils avoient le courage d'être libres, et toi la lâcheté d'être esclave de nature, c'est ainsi qu'Aristote appelle les esclaves volontaires. Le port d'armes est un droit que la nature donne à tout individu, puisqu'il est un attribut du droit de se défendre contre la force : si une loi quelconque le donne à une portion de la société et le refuse à l'autre, elle consacre le droit d'oppression, elle cesse d'être *loi;* car elle est elle-même une infraction à la loi naturelle. Les Grecs et les Romains ne portoient point d'armes en temps de paix, mais il ne leur étoit pas défendu d'en porter ; mais ils n'avoient point à craindre les soldats d'un tyran. Chaque citoyen étoit soldat en temps de guerre, et après le combat rentroit dans sa ville et dans sa maison en citoyen paisible. En 1770, on savoit qu'une armée permanente étoit le fléau le plus redoutable à la liberté ; que c'étoit un

le peuple se réunissoit à charger de malédictions la misérable princesse, auteur de la misère commune : on l'appeloit publiquement la *grande gaure*, terme immodeste qui exprimoit l'affreuse dissolution de ses mœurs. Le nouveau duc de Bourgogne profita de ces dispositions générales pour demander une place dans le conseil, et l'on n'osa la lui refuser : il se hâta de conclure le mariage de Marguerite sa fille aînée avec le dauphin, et celui du comte de Charolois son fils, avec Michelle de France, quatrième fille d'Isabeau, car l'histoire doit nommer les choses par leur nom, et l'on ne forcera pas une plume véridique à nommer du nom d'un mari les enfans d'une infâme adultère. Ces alliances préparoient au duc un crédit capable de balancer celui de d'Orléans, et Isabeau commençoit à considérer ce jeune homme avec l'inquiétude qui précède la crainte, et qui semble annoncer à un fameux

---

instrument de tyrannie ; que c'étoit un glaive dans la main d'un furieux : et un lâche historien vouloit nous faire croire que le port d'armes attribué aux citoyens étoit un fardeau embarassant et inutile. Embarassant pour lui sans doute ; qu'auroit fait de la liberté un être sans courage et sans énergie ? il faut un maître à celui qui ne sait que ramper.

brigand qu'il pourroit être vaincu dans sa profession.

Elle ne se trompoit pas ; la première taille imposée l'année précédente n'ayant servi qu'à alimenter son avarice et nullement aux préparatifs de guerre, elle proposa d'en lever une seconde en 1405. Le duc de Bourgogne s'opposa vivement à cette nouvelle mesure ; il représenta avec véhémence la misère générale, les vices de l'administration, la ruine de l'état, les malheurs des peuples, son juste mécontentement ; il offrit sa personne, ses biens, ses troupes pour défendre l'état s'il étoit attaqué ; il ajouta au reste que si l'édit passoit malgré ses réclamations, ses états en seroient exempts, et qu'il garantiroit ses sujets d'une taxe injuste. L'édit passa, et Jean-sans-peur ne s'étoit pas flatté de l'emporter cette première fois sur le crédit de la reine. Mais il sut adroitement se prévaloir aux yeux du peuple de cet acte de dévoûment à ses intérêts. Les peuples esclaves sont si facilement éblouis par les services qu'on paroît vouloir leur rendre ! Le duc devint l'idole de la nation : il eut l'adresse de s'éloigner de Paris immédiatement après cette affaire : il vouloit faire désirer ses secours, il vouloit faire haïr de plus en plus ceux qui les avoient rendus inutiles, il vouloit garantir sa province du fardeau de l'imposition nouvelle, pour offrir à la nation un objet de comparaison avantageux à un souverain qui avoit l'art de paroître juste.

Isabeau fut abusée par son départ; elle crut qu'il laissoit un champ libre à sa puissance, et témoigna indiscrétement sa joie par une familiarité plus scandaleuse que jamais avec le duc d'Orléans. Les fêtes recommencèrent à la cour; le luxe y devint excessif, les parures des femmes annoncèrent par leur éclat et leur superfluité qu'elles avoient perdu tout respect d'elles-mêmes (1). Les hommes efféminés

---

(1) Mon intention n'est pas d'interdire aux femmes vertueuses le soin de leur personne; rien ne s'accorde moins avec l'idée qu'on se fait de leur sexe, qu'un extérieur sale et dégoûtant. La propreté, l'élégance, la grace dans les formes et la nature des vêtemens sont liées au contraire à l'image de ces êtres sensitifs et délicats dont les organes flexibles sont aisément choqués et dégoûtés des objets désagréables. J'attache même une de leurs vertus domestiques à ce soin habituel de leur personne, nécessaire pour rendre leur vue agréable à leurs maris, à leurs enfans, à la société de leurs maris. Mais je dis que la simplicité des atours est une image de la simplicité de leurs mœurs. Je dis que les ornemens de luxe prodigués sur les vêtemens et la toilette d'une femme

sembloient lutter avec elles en richesses extérieures ; chaque jour la reine inventoit des modes nouvelles, et chaque jour, brûlant d'une nouvelle ardeur pour son coupable beau-frère, elle faisoit aussi pour lui de nouvelles acquisitions, et multiplioit les impôts pour assouvir les désirs de l'insatiable favori. Le roi éprouvoit en 1405 un des retours de son affreuse maladie, et ce misérable prince ressentoit toujours les atteintes de la pauvreté au milieu d'une cour fastueuse et dissolue. Isabeau, profitant de son attaque de folie, donna le gouvernement de Normandie à d'Orléans. Il est des momens où le peuple le plus esclave se fatigue de ses fers : s'il ne brise pas ses chaînes, il les secoue du moins, et ce bruit effraye les tyrans. Les Normands refusèrent de reconnoître le nouveau gouverneur ; notre in-

---

indiquent en elle une passion étrangère à ses devoirs, une idolâtrie d'elle même, qui décèle le désir d'inspirer au dehors cette même idolâtrie. Je lui vois enfin les goûts d'une courtisanne ; pourquoi lui ferois-je la grâce de croire qu'elle n'en a pas les mœurs ? L'athènienne étaloit de riches bijoux, des bracelets, des ceintures de prix : voilà mes ornemens, lui dit la modeste Spartiate, en lui montrant son mari et ses enfans. De laquelle des deux un homme libre auroit-il voulu être l'époux ou le fils ?

considéré despote fut envoyé à Rouen pour faire exécuter les volontés de la reine ; il menaça les habitans de les désarmer. Ils répondirent sans détour qu'ils ne reconnoissoient d'ordre que ceux du roi, et le duc ne remporta pour tout fruit de son voyage que la honte et le désespoir d'avoir échoué. C'étoit sans doute le duc de Bourgogne qui avoit préparé cet orage. Le téméraire favori éprouva au conseil même que le crédit de sa maîtresse avoit reçu quelque atteinte, lorsqu'elle demanda au roi de confirmer la nomination au gouvernement de Normandie. Charles VI, qui étoit alors dans un instant de santé, la refusa ; et chose singulière, il allégua l'opposition générale de la province comme une raison à laquelle un *prince du sang* devoit se soumettre. Cet intervalle de raison dura peu ; il sembloit qu'ayant besoin de sa démence perpétuelle pour opérer elle seule le mal qu'il auroit fait lui-même, Isabeau avoit l'art fatal d'en augmenter ou d'en diminuer les accès.

On apprend tout-à-coup au milieu des bruyantes orgies de la cour que le duc de Bourgogne approche de Paris avec des troupes nombreuses : l'effroi s'empare de cette femme et de ses partisans ; d'Orléans le premier prend le parti de la fuite, et Isabeau joint à l'impudeur

deur de le suivre, l'audace de donner ordre qu'on lui amène le dauphin à Corbeil où elle va trouver son complice. Le duc de Bourgogne apprit en entrant dans Paris que ce jeune prince et sa femme étoient partis le matin ; il court sur leurs traces, et les ramène, du consentement même du dauphin qui ne suivoit sa mère qu'à regret. Isabeau ne se crut pas en sûreté à Corbeil ; elle se rendit à Melun d'où elle donna des ordres pour lever des troupes. Ces ordres achevèrent de la perdre ; on sut qu'elle vouloit emmener le dauphin en Allemagne ; on apprit qu'elle y avoit fait passer de très-grandes sommes d'argent, et qu'on venoit d'arrêter à Metz des mulets chargés d'or ; enfin l'on ne doutoit pas que la France ne fût trahie, et l'indignation publique nommoit Isabeau et d'Orléans.

Le duc de Bourgogne fit rendre aux Parisiens les armes dont on les avoit privés arbitrairement ; il eut soin d'empêcher que les citadins fussent gênés par le séjour des gens de guerre ; il ne put sauver les campagnes des désordres que commettent toujours les soldats armés par le despotisme, mais il en diminua le poids ; enfin il eut l'adresse de paroître un tyran supportable, et dans ce siècle

L

de préjugés, même à ce titre, il se fit aimer. Il avoit eu horreur de l'état où il avoit trouvé Charles VI; le plus misérable des habitans du royaume auroit trouvé dans un hôpital les secours que lui refusoit sa femme : on ne l'y auroit pas abandonné cinq mois sans le changer de linge ; la gangrène n'auroit pas menacé ses chairs corrompues par les lambeaux de ses habits et par l'humidité de ses excrémens. Cette situation effrayante attesta au duc de Bourgogne jusqu'où la reine portoit l'oubli, non pas du devoir conjugal, mais de la simple humanité. Dans la plus malheureuse condition de la vie, est-il une femme qui ne se dépouillât même du dernier vêtement nécessaire à la pudeur pour en couvrir un époux affligé de tant de maux? Si la tendresse passée, le souvenir de ces liens si puissans et si chers n'agissoient pas sur l'ame d'une épouse, la pitié suffiroit pour exiger d'elle des soins consolans; si enfin elle avoit le cœur froid à tous ces sentimens, le respect d'elle-même, l'amour de sa réputation, la crainte d'exciter le mépris et l'horreur, lui prescriroient au moins d'observer les loix de la décence extérieure. Répétons-le, il n'y a que sur le trône, il n'y a que dans les cœurs endurcis des femmes couronnées qu'on trouve des exemples atroces de barbarie, d'impudeur, d'abnégation totale de tout sentiment, de tout respect humain.

Malgré tant d'horreurs dont le glaive seul auroit dû punir l'infâme reine, les oncles du roi négocièrent une paix simulée; Isabeau reparut dans Paris, elle osa s'y remontrer, y traîner encore avec elle le duc d'Orléans, qui enfin, en 1407, fut assassiné presque sous ses yeux par le duc de Bourgogne, aussi scélérat, mais plus adroit que lui. Le bruit général accusa ce prince du meurtre; il s'en défendit d'abord, croyant que ses complices se déroberoient à la vigilance des loix; mais l'un d'entre eux ayant été arrêté, la terreur s'empara de l'ame du coupable, il fit, sans qu'on le lui demandât, l'aveu de son crime, et s'enfuit précipitamment de la cour. Mais bientôt rappelant son audace, il leva des troupes, revint dans Paris, y entra en vainqueur, et contraignit encore une fois la coupable Isabeau de fuir son approche. Ce n'étoit là qu'une ressource ordinaire à un criminel assez puissant pour se défendre : mais que le duc de Bourgogne ait poussé l'impudence jusqu'à justifier publiquement, par le ministère d'un prêtre avocat, l'assassinat dont il avoit fait l'aveu, qu'il ait coloré cette perfidie du nom de politique et de raison d'état ; qu'il ait fait approuver le meurtre d'un frère au misérable insensé de la personne duquel il s'étoit emparé, c'est ce qu'on auroit peine à croire si la raison humaine n'avoit désormais classé la race des rois et des princes parmi les différens genres d'animaux carnaciers. Le duc ne tint pas cependant aux préparatifs d'Isabeau et de la duchesse d'Orléans. Le peuple commençoit à se détromper ; il voyoit bien que ce tyran-ci n'étoit ni plus modéré, ni moins ambitieux que l'autre, et il ne tarda pas à devenir indifférent sur le choix du joug qui l'attendoit. Isabeau à son tour obligea le duc à quitter Paris, y rentra elle-même, et reprit sa première autorité ; on pouvoit s'en reposer sur elle du soin de la rendre odieuse : loin d'adoucir les charges du peuple, loin d'obéir à l'opinion générale, elle exigea de la ville de Paris des secours nouveaux, alléguant de prétendus besoins que son luxe démentoit. Le crime de Jean de Bourgogne, quoique présent à l'esprit du peuple, ne pouvoit l'emporter sur l'horreur qu'inspiroient tous les crimes d'Isabeau ; et quoique la nation, mécontente de tous deux, n'eût voulu dépendre ni de l'un ni de l'autre, elle en revint encore à préférer le duc de Bourgogne.

Alors occupé à secourir l'évêque de Liége contre ses sujets rebelles, il ne laissoit pas d'intriguer encore à la cour de France; et lorsqu'il eut concouru à remettre les fiers Liégeois sous le joug du monstre dont ils furent les tristes victimes (1), il revint à Paris accompagné de ses troupes victorieuses, et la reine fut obligée de fuir une troisième fois; mais elle emmena avec elle le misérable roi qui lui servoit d'otage, et dont le sort digne de pitié ne contribua pas médiocrement à la réconciliation qu'on cherchoit à ménager

―――――――――

(1) « L'évêque, plutôt tigre que pasteur, dit Mézeray, ne pouvoit se saouler de carnage; leur soumission n'appaisa point sa rage sanguinaire. Quand il fut rétabli, il s'acharna non seulement sur les coupables et sur les chefs, mais sur les femmes et sur les enfans, sur les prêtres et les religieux. On ne voyoit tout autour de Liége et des villes qui en dépendent, que des forêts de roues et de gibets, et la Meuse regorgeoit de la foule de ces malheureux, qu'on y jetoit deux à deux liés ensemble ». Peuples, n'espérez jamais composer avec vos despotes; si vous avez une fois un avantage sur eux, hâtez-vous de les anéantir, autrement attendez vous à toutes les horreurs des vengeances les plus atroces. Dussé-je être accusé de provoquer au meurtre, je dirai avec *Billaud de Varennes* : « La tyrannie qui s'abreuve de sang, ne peut être étouffée que dans le sang ».

entre le duc et la reine. Le peuple avoit reçu Jean-sans-peur, comme un dieu tutélaire; mais ce prince sentoit bien que l'absence du roi donneroit à sa conduite les apparences d'une rebellion, s'il ne cherchoit pas à ramener Charles dans les murs de Paris; ainsi son audace se vit maîtrisée par l'adresse d'Isabeau. Il consentit à faire lui-même les premières démarches vis-à-vis de cette femme, afin de ménager la bienveillance des Parisiens; mais si dans la vue de leur plaire il contenoit autour de lui ses troupes dans les règles de la discipline, il n'en étoit pas de même depuis les rives de la Loire jusqu'aux frontières de Flandre, où les campagnes inondées de brigands armés, présentoient de tous côtés l'image des horreurs qui accompagnent les discordes civiles. Il se fit donc à Chartres, en 1409, une sorte de paix simulée entre les enfans du duc d'Orléans, et le duc de Bourgogne; le roi donna des lettres d'absolution, revint à Paris avec sa femme et son fils, et tout parut calme durant quelques instans. Mais quel calme, grand Dieu! il présageoit les plus horribles tempêtes. Isabeau de Bavière n'avoit pas encore de parti à opposer au duc de Bourgogne, il lui falloit le temps d'en former un, et elle eut bien la patience de ménager pendant neuf ans les événemens favorables à ses projets de vengeance. Elle s'étoit retirée à Melun, d'où elle venoit rarement à la cour; et sa politique adroite laissant aux factions le temps de se former, elle paroissoit se maintenir dans une neutralité parfaite entre les d'Orléans et le duc de Bourgogne : ce n'étoit pas qu'elle n'encourageât tacitement les premiers; et bientôt par ses soins se formèrent au sein de Paris, ces deux partis trop fameux des *Armagnac* ou *Orléanais* et des *Bourguignons*, distingués par les bandes rouges et blanches, et la croix de St. André. Le duc de Bourgogne étoit alors le plus fort; il avoit à sa disposition le roi, le dauphin, et la ville de Paris. La reine et le duc d'Orléans avec leurs partisans ne désiroient ardemment que le pillage de cette grande ville, et nourrissoient en attendant leur ardeur sanguinaire, par le ravage perpétuel des provinces et des campagnes. Jean-sans-peur, à son tour, n'opposoit à leurs brigandages que de semblables dévastations aussi désastreuses pour le peuple; lié avec les Anglais, nos ennemis dans ces temps d'ignorance et de barbarie, il se servit d'eux, en

1412, pour venir repousser les Armagnac des environs de Paris ; aussi-tôt la reine et ses partisans cherchèrent plus que jamais à se liguer avec ces mêmes Anglais. Isabeau avoit des moyens plus assurés de parvenir à une association avec eux : il est vrai que ce moyen étoit le démembrement de la France ; mais il ne répugnoit point au cœur de cette femme impie. Elle ne se proposoit pas moins que de céder la province de Guyenne aux Anglais, aux conditions qu'ils l'aideroient à ruiner la faction de Bourgogne, et peut-être ce complot alloit réussir, si l'université de Paris n'en avoit averti secrètement Charles VI, alors dans un état de raison. La seule idée de vendre ses provinces aux ennemis, l'électrisa si fortement, qu'il prit les armes et marcha en personne contre les Orléanois : l'étonnement qu'inspira cette démarche fit plus que la force d'une puissante armée ; elle suspendit l'ardeur des conjurés. Le duc d'Orléans, qui avoit fait venir le duc de Lancastre avec les Anglais, fut obligé de les congédier à ses frais ; et Charles ayant fait la paix, rentra en 1413 à la satisfaction des Français.

Mais ce traité dura peu ; et bientôt un troisième ennemi naturel de la France parut dans l'arène : c'étoit le dauphin, âgé de seize ans, et déjà empoisonné de tous les vices de sa mère ; déjà digne du trône, il s'occupoit des moyens d'y monter, et se livroit d'avance à tous les excès de la puissance absolue, sans consulter la reine avec laquelle il ne prétendoit nullement partager l'autorité. Le duc de Bourgogne fut cependant assez habile pour réprimer sa témérité ; mais il n'y eut pas moins enfin quatre partis animés à la perte les uns des autres, et dont le peuple étoit tour à tour le jouet et la victime. Isabeau, d'Orléans et les Anglais formoient trois partis, dont les motifs de réunion momentanés étoient cependant des intérêts tout opposés ; ils travailloient tous à démembrer la France ; mais chacun pour soi seul ; le dauphin vouloit régner, et piller l'état à son tour ; le duc de Bourgogne vouloit conserver l'autorité dans ses propres mains pendant la vie du roi ; et les gens les moins insensés se ralioient autour du malheureux Charles VI, qui, par la misère de son état, faisoit cause commune avec le peuple, et devenoit, comme lui, le jouet des tyrans.

Comme femme, Isabeau devoit être la plus

adroite dans le crime : elle imagina d'entretenir des négociations de mariage entre le jeune fils du roi d'Angleterre et Catherine sa fille ; elle fit accorder entre la France et les Anglais une trève d'un an, à commencer du mois de février 1414, et se flatta de profiter habilement de cet intervalle. Elle avoit offert d'abord pour la dot de la princesse une somme de huit cent mille florins d'or, et quinze villes dans la Guyenne et le Limosin. Le roi d'Angleterre avoit écouté ces propositions, ensuite il avoit demandé davantage ; et ses prétentions s'accroissant à mesure que la reine y prétoit l'oreille, il sembloit attendre l'expiration de la trève pour nous attaquer. En effet, au commencement de 1415, les Anglais descendirent en France par le Havre, et renouvelèrent ces horribles scènes dont le brave Duguesclin nous avoit délivrés sous le règne précédent ; enfin l'affreuse bataille d'Azincourt vint mettre le comble aux désastres de la France, et ce monument de deuil offre aux siècles futurs un exemple fatal des crimes d'une reine (1).

---

(1) Et vous, coupables représentans de la nation fran-

Heureusement pour la France que le flambeau de la guerre porte également la destruc-

çaise aux premiers momens de sa gloire, vous qui avez donné à des rois, dont la conservation est déjà un de vos crimes publics, l'initiative dans le droit de paix et de guerre ; vous aussi, vous avez votre part à l'horreur qu'inspire aux citoyens le souvenir des journées de Crecy, de Poitiers et d'Azincourt ! Oui, malgré vos précautions semblables aux préambules des édits royaux, lorsqu'un jour (et ce sera peut être demain) un roi ou une reine trouveront le secret de nous faire attaquer, et sauront nous provoquer une guerre *défensive*, lorsque l'ennemi pénétrant dans nos foyers, les inondera de sang, marchera sur nos corps palpitans ; lorsqu'une soldatesque esclave ira vous arracher à vous-mêmes et la vie et l'or que vous avez reçu pour armer des tyrans d'un pouvoir formidable, parlez, criminels agioteurs de la paix des nations, que répondrez-vous à la voix gémissante de vos concitoyens, de leurs épouses, de leurs fils massacrés ? Quand vous serez entourés des vapeurs empoisonnées qui s'éleveront des champs imbibés par vous seuls du sang français, que répondrez-vous à ceux qui resteront et qui vous diront : hommes avides, c'est par vos mains que nos frères viennent de périr ? Je vois déjà la postérité indignée, foulant aux pieds vos fragiles statues d'un jour, écrire en traits de sang sur les fastes de l'histoire ; vos noms détestables, à côté des noms de ces perfides sénateurs qui alloient aux temples rendre grace des forfaits de Néron.

tion chez les vainqueurs et les vaincus; sans cela Henri V étoit maître de notre sort; mais son armée sortit des champs d'Azincourt presque aussi épuisée que la nôtre : à peine les restes languissans de ces fameux vainqueurs purent-ils se traîner jusques à Calais, et il en périt encore une grande partie avant d'entrer dans les ports d'Angleterre. Le dauphin qui n'avoit pu s'opposer aux armes des Anglais, faute d'expérience ou peut être de volonté, mourut à la fin de cette même année; il mourut empoisonné : les différentes factions s'accusèrent réciproquement de ce crime; mais s'il en faut croire la probabilité, on n'en peut soupçonner que cette furie à qui la perte d'un fils ne dut pas coûter davantage que celle de tant de Français aux champs d'Azincourt. Jean, son second fils, ayant succédé au titre de dauphin, n'en jouit que très-peu de temps, et mourut, le 5 avril 1416, avec les mêmes symptômes que son frère; il semble que l'implacable Isabeau poursuivit tous ses enfans mâles avec une égale fureur, et qu'elle voulut, dans ses projets contre la France, ne se réserver que des filles dont elle pût se servir habilement pour vendre le royaume à des étrangers. Mais sa haine pour

Charles, le dernier de ses fils, ne put jamais s'assouvir dans le sang de ce prince, assez prudent pour ne pas s'exposer à sa rage, assez méchant pour lutter avec elle dans la carrière des empoisonnemens et des assassinats.

A peine fut-il, pour ainsi dire, maître des affaires, qu'il témoigna tous les mécontentemens que lui causoit depuis long-temps la conduite de sa mère, une haine irréconciliable pour le duc de Bourgogne et son parti; il daigna montrer aussi la plus profonde terreur des maux auxquels la France étoit en proie. Mais qu'on ne s'y trompe point : il n'en fut effrayé que parce qu'il ne les avoit pas faits. Le connétable d'Armagnac avoit été défait par les Anglais devant Harfleur; le duc de Bourgogne exerçoit sans cesse toutes sortes de brigandages sur les terres de France hors de son apanage. Le roi d'Angleterre avoit fait une seconde descente et s'étoit emparé de plusieurs places en Normandie. Ce prince étoit toujours en traité ouvert avec Isabeau et Jean-sans-peur, et se servoit alternativement de l'un et de l'autre pour piller l'état. La reine, au sein des désastres publics, n'en vivoit pas avec moins de faste et de licence : depuis la mort de son cher d'Orléans, un gentilhomme, nommé Bois-Bourdon, étoit devenu son favori, et peut-être elle gardoit moins de bienséances avec lui qu'avec le duc. Si Charles VI avoit joui de sa raison, il auroit été d'un tempérament jaloux, de sorte que dans ces intervalles, il n'étoit pas difficile de le disposer à cette passion. Le connétable d'Armagnac et le dauphin résolurent d'éloigner cette femme dangereuse, et de lui ôter les moyens de vendre l'état. Ils inspirèrent au roi le désir d'éclaircir les soupçons qu'ils lui firent concevoir, et un soir il alla surprendre sa femme à Vincennes où elle s'étoit formé un lieu de retraite et de débauche qu'elle auroit pu appeler son île de Caprée. Charles y vit l'amant qu'on lui avoit indiqué, et cette fois, dans la plénitude de sa raison, il agit vraiment en *monarque*. Bois-Bourdon fut arrêté dans l'instant, mis à la question le soir même, et dans la nuit précipité dans la Seine, lié dans un sac de cuir, sur lequel on avoit écrit ces mots horribles : *laissez passer la justice du roi.* Isabeau fut reléguée à Tours, sous une sévère garde ; et d'Armagnac et le dauphin se saisirent des trésors qu'elle avoit amassés et déposés dans la tour de Vincennes.

Charles VI. surprend à Vincennes Bois-Bourdon amant de sa femme, il le fait traîner à la rivière enfermé dans un sac sur lequel était écrit, laissez passer la Justice du Roi.

Personne n'auroit plaint le sort de cette furie, si le connétable et son fils avoient gouverné avec sagesse; mais ces deux hommes étoient aussi des monstres altérés de rapines et de sang. Les proscriptions, les détentions, les confiscations, les supplices, le ravage des campagnes et des villes, tous les crimes enfin marchoient à leur suite comme à celle d'Isabeau. Le poids des charges devenu tel que le peuple ne pouvoit plus payer, et s'exiloit volontairement pour échapper à la mort; les victoires du roi d'Angleterre, qui se multiplioient chaque jour; enfin l'état violent où se trouvoient toutes les classes de l'état au milieu de semblables convulsions, engagèrent une grande partie du peuple et des villes de province, à se rendre au duc de Bourgogne. Isabeau, animée d'une nouvelle fureur contre son fils, son mari, irritée de voir tant de désordres dont elle ne profitoit pas, et d'échouer dans ses projets avec l'Angleterre, oublia l'inimitié qu'elle avoit jurée à l'assassin de d'Orléans, et fit faire des propositions à Jean de Bourgogne. Celui-ci l'enleva de Tours, et la conduisit à Troyes, où elle créa un parlement, prit le titre de *reine*, *par la grace de Dieu*, et donna des édits en son propre nom.

Là, elle combina ses projets de vengeance conçus depuis si long-temps, et jamais abandonnés; et en 1418, on vit, dans les murs de Paris, un massacre si horrible que la Saint-Barthélemi seule a pu le faire oublier. Les portes furent livrées au duc de Bourgogne et à toute sa faction. A peine Tanneguy-du-Chastel, prévôt de Paris, eut-il le temps de sauver le dauphin, que sa mère n'avoit pas commandé qu'on épargnât. Le peuple remplissoit toutes les rues et couvroit les places publiques; la plus grande partie avoit arboré la croix de S. André, signe de la faction bourguignone. Les cachots ne purent contenir tous ceux qu'on y précipitoit, et dont les maisons étoient livrées au pillage. Le connétable fut pris; et tandis que le dauphin avoit été conduit secrètement à Melun par son libérateur, une journée plus affreuse encore se préparoit. Le 12 juin, tout étoit prêt, la fureur du peuple étoit excitée par les moyens ordinaires, les promesses, l'argent et le vin. Les émissaires d'Isabeau étoient les membres de cette *antique noblesse*, si fière des services qu'elle a rendus *à ses rois* : c'étoient les Luxembourg, Harcourt, Chevreuse, Chatelux, etc. C'étoient ces *appuis*

du

du trône qui se noyèrent dans le sang de leurs pareils et dans celui du peuple, pour obéir à une reine, à une panthère couronnée. Le peuple conduit par elle, quoiqu'elle en fût haïe et méprisée, courut en foule aux prisons qu'il avoit remplies les jours précédens. Tous les prisonniers sont massacrés sans distinction de sexe ni d'âge. Le connétable, le chancelier, des évêques, des magistrats deviennent les premières victimes ; tous les prisonniers tombent sous le fer, sans qu'on daigne s'informer quel est leur crime ou leur faute. Ceux du grand châtelet soutiennent un siége, et donnent l'exemple unique d'hommes détenus défendant le cachot qui les renferme ; ils sont vaincus, on les précipite vivans du haut des toits sur les piques des assiégeans : dans les cours du palais, on marchoit dans le sang et sur les cadavres. De là les conjurés se répandent dans les différens quartiers de la ville : tout ce qui pouvoit être soupçonné de quelque liaison avec le connétable, de quelque rang qu'il soit, est massacré, lui et toute sa famille ; et au milieu de tant d'horreurs, il est facile de penser que les vengeances particuliéres eurent occasion de s'exercer dans le trouble et la confusion d'une pareille suite d'attentats. Les tigres égorgèrent des femmes grosses, et l'excès de la cruauté alla jusqu'à leur ouvrir les flancs, et à considérer les enfans palpiter dans ces entrailles privées de sentiment ; les nobles, les preux chevaliers, assistant à ces tragiques exécutions à la tête des soldats, crioient à ces forcénés : *Courage, mes enfans, vous servez votre reine.* Le pillage étoit joint à ces horreurs ; plus de quatre mille hommes périrent, et toutes leurs fortunes passèrent aux mains des brigands qui les avoient immolés. A peine l'infâme reine eut-elle appris la réussite de son projet, qu'elle et son nouveau favori, le duc de Bourgogne, prirent la route de Paris : tranquille et satisfaite, elle parut dans les rues de cette malheureuse ville, sur un char dont l'éclat et la magnificence formoient un contraste effrayant avec le sang qu'on avoit vu ruisseler la veille ; elle-même, parée avec faste et immodestie, escortée de douze cents hommes d'armes, faisoit joncher son passage de fleurs. Elle descendit à l'hôtel S. Paul, où l'imbécille Charles VI la reçut comme une femme chérie, et le duc de Bourgogne comme le frère le plus tendre.

Il s'agissoit d'achever les crimes commencés avec tant de succès; on arrêta successivement toutes les personnes suspectes; l'ombre de la nuit favorisoit les enlèvemens arbitraires: le ministère de la loi s'exerce en plein jour; le despote, qui abuse de son nom sacré, ne marche que dans les ténèbres. Les troupes qui cernoient Paris, et qui épuisoent ses environs de vivres et d'argent, réveillèrent encore la fureur du peuple: le massacre des prisonniers recommença; il falloit bien faire périr ainsi des innocens à qui les juges les plus iniques n'auroient pu trouver de crimes: tout ce qui restoit encore de la faction des Armagnac fut anéanti, comme étant la cause de la famine qu'on avoit habilement préparée. Comme ce n'est jamais le peuple qui commet des excès de cette nature et de cette durée; comme il ne se porte même que rarement à un acte de vengeance passagère, comme elle est presque toujours excitée alors par des causes intermédiaires, les attentats longs et réfléchis sont toujours l'ouvrage des brigands salariés par les brigands en fonction; mais ces brigands salariés, accoutumés au crime et à l'indépendance qui le produit, finissent par embarrasser les brigands qui les ont payés. Isabeau s'étoit servie d'eux; elle ne tarda pas à les craindre, et à sentir que six mille bandits à sa solde au milieu de Paris pourroient tourner contre elle les armes qu'elle leur avoit fournies; elle fit alors marcher contre eux les soldats qui n'avoient pas été employés à favoriser leur ministère; les chefs qu'ils s'étoient donnés furent pendus. On éloigna le reste, sous prétexte de leur faire faire le siége de deux places dont les garnisons étoient secrètement autorisées à venir faire des courses jusqu'aux portes de la ville; ils furent repoussés: c'étoit encore une convention; et quand ils voulurent rentrer dans Paris, on leur ferma les portes. Manière admirable sans doute de se délivrer d'une troupe d'assassins, que de les bannir de la capitale et de les envoyer dans les provinces et dans les campagnes, exercer l'art affreux qu'ils venoient d'étudier sur les marches du trône: politique bien digne d'une femme et de quelques tyrans!

Aux calamités de cet affreux événement succéda une épidémie causée par les chaleurs excessives, et par la foule des morts entassés dans les cimetières, au sein de la ville alors mal saine et mal bâtie. La corruption de l'air, enflammé par la saison, rendit la contagion si funeste, qu'entre les deux fêtes de la Vierge, près de cent mille habitans avoient péri. Les prêtres ne pouvoient suffire à rendre les devoirs funèbres ; et dans la crainte d'augmenter la consternation publique, on n'annonçoit plus les convois par le son des cloches, et l'on célébroit un seul service pour dix à douze morts. O mes concitoyens ! vous qui vouliez être libres, vous qui peut-être croyez encore que vous êtes libres, calculez ce qu'ont coûté à vos ancêtres les crimes d'une seule reine ! Ouvrez les annales de Rome libre, de Sparte, d'Athènes, de tous les peuples qui ont connu la liberté ; cherchez-y une seule des calamités que vous présente en foule l'histoire sanglante des états monarchiques ; cherchez si vingt batailles, aussi désastreuses même que celles de Chéronée, ont coûté aux vaincus autant d'hommes qu'un jour des atroces vengeances de vos reines; examinez s'il existe dans ces heureux états un seul exemple d'un pouvoir absolu accordé à des femmes : pouvoir encore plus monstrueux, s'il est possible, lorsqu'il se trouve abandonné à des êtres foibles, dont la nature a limité les facultés physiques et morales : non, vous ne voyez s'ouvrir ces théâtres d'infamie et d'impiété que lorsque ces états, avilis, dégradés, corrompus, eurent admis dans leur sein le poison de la monarchie, coalisée avec un vil sénat, jaloux de partager le honteux salaire des délateurs, et le produit ensanglanté des confiscations. Alors, avec les Néron, les Caligula, les Domitien, les Caracalla, vous voyez régner les Agrippine, les Poppée, les Domitia, les Faustine et tout ce ramas de prostituées qui environnent les trônes, et les occupent; ah! ces vils insectes, nés dans le sang et nourris de la substance infecte des cadavres de leurs victimes, n'ont jamais souillé la lumière égale et pure qui éclaira le sol des peuples libres. C'est là qu'on a vu des hommes, de grands hommes ; c'est là qu'on a vu des femmes chastes, modestes, courageuses, dévouées à leur patrie, à leurs époux, à leurs enfans; c'est là qu'ont existé Véturie, Cornélie, Porcia, et tant d'autres qui, en honorant leur sexe, ont fait le bonheur de l'autre. Heureux peuples! les écrivains, fatigués de leur marche dans la carrière fangeuse des états monarchiques, tournent vers vous des regards qui les consolent; le cœur navré, les mains presque teintes de ces torrens de sang qu'ils voient répandre sous leurs yeux, ils se disent : hélas! puisque la paix et les loix ont régné dans quelques endroits de la terre, ils peuvent y renaître encore.

Passons rapidement sur les intrigues qui

suivirent les 12 juin et 21 août de cette fatale année ; rappelons seulement le siége de Rouen entrepris par les Anglais, toujours en traité ouvert avec Isabeau et le duc de Bourgogne, pour observer que le dauphin, ce même Charles VII, que d'imbécilles ou de lâches historiens ont presque déifié pour avoir conquis *son royaume*, entama lui-même des négociations avec le roi d'Angleterre, et que s'il avoit été assez puissant dans l'état pour offrir avec la possibilité de donner, lui-même auroit conclu le traité honteux qu'Isabeau consomma en 1420 ; mais ses promesses ne pouvant être d'aucun effet, et Henri ne voulant traiter du royaume de France qu'avec une force suffisante pour se rendre maître des conditions, poursuivoit ses conquêtes en Guyenne et en Normandie. Le dauphin, qui ne voyoit plus d'espoir de lutter contre sa mère, chercha du moins à se venger ; le moyen eût été difficile pour un citoyen. Ceux qui sont obligés de se respecter, savent réprimer même un juste ressentiment : quant aux êtres placés au-dessus des loix, quant aux malfaiteurs inviolables, les assassinats s'offrent d'eux-mêmes à leur pensée. Le père du duc de Bourgogne avoit fait massacrer d'Orléans, l'amant chéri d'Isabeau. Le duc de Bourgogne, héritier des dégoûtantes faveurs de cette femme, les avoit achetées par le massacre de la faction d'Orléans ; le dauphin, à son tour, feint de conclure un traité avec le duc de Bourgogne, et le fait assassiner sous ses yeux, à Montereau, en 1419. Quel enchaînement de crimes ! Est-ce donc l'histoire des antropophages que nous lisons ? Non, c'est celle des Français ; ils ont enduré tous ces maux : on veut les faire renaître, et ils se croient libres !

On pense bien que la fureur d'Isabeau s'accrut encore au récit de l'attentat que venoit de commettre le dauphin : elle appela auprès d'elle Philippe de Charolois, fils aîné du duc de Bourgogne, et pressa l'exécution des traités projetés avec le roi d'Angleterre. Le sacrifice du royaume entier lui paroissoit à peine suffisant pour se venger. Quoi ! tous les objets de son ambition et de sa lubricité lui échappoient ! elle avoit commis tant de forfaits, versé tant de sang, envahi tant d'or, pour attirer dans ses bras tant de complices que sa laideur auroit fait fuir, et tout cela pour n'en recueillir aucun fruit ! Pouvoit-elle supporter cette idée ? Non, il falloit déshériter cet indigne fils qui osoit être aussi criminel que sa mère ; il falloit vendre aux ennemis les restes de ce royaume épuisé d'hommes et d'argent ; il falloit lui livrer ces campagnes, ces vergers, ces guérets stériles, sur lesquels la faux du despotisme avoit passé ; pour appaiser les mânes de trente mille hommes que la faim venoit de faire périr pendant le siége de Rouen ; il falloit charger de nouvelles chaînes leurs misérables enfans, et trafiquer d'eux, comme d'un vil troupeau qu'on ne daignoit plus nourrir. On offrit la couronne à Henri V ; il l'accepta, et le traité de Troyes, du 21 mai 1420, livra le royaume de France à l'étranger. Henri, en épousant la princesse Catherine, fut reconnu héritier de la couronne, pour en jouir, lui et ses hoirs à toute perpétuité, indivisément avec celle d'Angleterre. Isabeau et le duc de Bourgogne, comme représentans de l'imbécille monarque, remettoient dès lors en son nom à l'Anglais la régence de l'état, vu son incapacité : c'étoit à ce titre que tous les ordres de l'état devoient lui prêter serment de fidélité ; il devoit à son tour s'engager à respecter les loix du royaume, à conserver les priviléges, franchises et immunités de l'état, enfin tout le vain appareil des sermens usés par les princes, et dont ils se sont fait un usage journalier. Henri eut à peine épousé la fille d'Isabeau, qu'impatient d'entrer en possession du superbe domaine que lui assuroient l'imbécillité du peuple et l'infamie de la reine, il s'approcha de Paris, en s'emparant des villes importantes qui résistoient encore à ce nouveau genre d'oppression. Il traînoit après lui le malheureux Charles, que sa femme avoit eu la bassesse de rendre témoin de ce honteux traité. Isabeau et le duc de Bourgogne l'accompagnoient à leur tour et sentoient déjà qu'en donnant un nouveau maître à l'état, ils s'en étoient donné un à eux-mêmes. Le despotisme Anglais s'exerça sans ménagement sur les malheureux Français; le régent, convoquant à Paris une espèce d'assemblée d'états-généraux, y dicta des ordres absolus, et par la refonte des monnoies, il s'empara du huitième de l'argent monnoyé du royaume. Afin de prouver combien les sermens sont utiles, et combien ils sont sacrés, sur-tout aux rois, il se hâta de rétablir en Normandie les aides et gabelles, quoiqu'il eût promis solennellement de les abolir. Enfin, il employa tous les moyens iniques au pouvoir d'un *chef suprême de la nation*, pour affermir ses droits insensés. Comment n'y auroit il pas réussi en 1420? Trois siècles sont écoulés, et les temps sont peu changés!

Que les parlemens ont toujours été vils! que tous ces grands corps revêtus d'une autorité quelconque, ou consentie ou non consentie, ou achetée ou déléguée, sont dangereux lorsque cette autorité se prolonge au-delà d'un terme court et invariable, lorsque le germe de la corruption peut s'y introduire, lorsque le délire de la souveraineté s'empare de leurs foibles cerveaux! L'hérédité de la couronne étoit alors un objet de vénération (et c'est encore en vain que la philosophie en a démontré l'extravagance); cependant, le parlement de Paris, ce *sénat auguste*, ce prétendu représentant de la nation, docile et soumis aux volontés criminelles d'une femme, reconnut la vente publique qu'elle venoit de faire du royaume de France, délivra les *lettres de ratification de cette folle enchère*, et consentit non-seulement au dépouillement de *l'héritier légitime* et de sa postérité, mais fit encore, dans toutes les formes judiciaires, le procès à ce même héritier, au nom et *de par* la volonté de l'usurpateur, pour l'assassinat du duc de Bourgogne, et cela en présence de Charles VI, qui passoit pour le père de l'acusé, et qui étoit certainement le véritable roi de la France, qui enfin ne pouvoit être dépossédé, même à titre d'imbécille, ni par sa femme, ni par le sénat, ni par des étrangers, mais seulement par la voix du peuple. Qui croiroit qu'une plume libre et indépendante dût tracer la justification d'un roi, ou d'un *prince royal!* cependant on est forcé d'avouer que le sénat parisien fut plus lâche et plus vil encore que le dauphin n'avoit été traître et méchant ; et que, malgré tous les crimes que ce prince avoit déjà commis, le parlement en commettoit un plus grand encore en couronnant celui d'Isabeau, et en violant pour elle toutes les loix observées dans le royaume, et que le peuple ne lui avoit pas ordonné de changer.

Isabeau s'étoit trompée deux fois de la même manière! pour anéantir la faction des Armagnacs, elle avoit appelé dans Paris des brigands qui l'embarrassèrent ensuite ; pour se venger de son fils, elle se vendit elle-même à un brigand étranger dont elle devint la victime : elle avoit cru régner sous le nom de sa fille et de son gendre ; elle s'étoit réservé de grands honneurs, de grandes richesses, une maison fastueuse, des trésors d'une valeur considérable ; elle croyoit jouir du luxe et de la mollesse qui convenoient à ses goûts impurs, de l'autorité dont elle étoit toujours avide, du produit des impôts dont elle n'étoit jamais satisfaite, du plaisir de répandre le sang dont elle étoit insatiable. Elle fut trompée dans son attente. Henri V quitta la France, après avoir recueilli seul tout ce qu'il put en arracher de subsides; après avoir donné une garde anglaise à Charles VI, avoir réglé sans avis toutes les affaires de l'état; et emmena sa femme avec lui, laissant Isabeau sous la tutelle du comte d'Exceter, sans aucun pouvoir et aucun maniment dans les affaires. Confinée dans l'hôtel de St. Paul, avec son mari, elle y considéroit déjà dans l'abaissement et l'oubli la suite funeste des horreurs qui avoient souillé sa vie. En 1422, la mort vint frapper à la fois et Charles VI et Henri V; celui ci périt le 31 août, laissant un fils âgé d'un an, et Charles termina sa misérable carrière le 21 octobre. Isabeau espéra goûter encore quelques douceurs du pouvoir absolu, sous la minorité du prince son petit-fils, et dee vint plus acharnée que jamais à la ruine de Charles VII. Mais à la honte de ses perfides projets, le duc de Bedfort fut nommé régent du royaume, et dès ce moment les Anglais, qui avoient gardé quelques mesures avec la reine, du vivant de Charles VI, ne dissimulèrent plus l'horreur qu'elle leur inspiroit. Ils lui payèrent mal ses pensions, l'accablèrent d'outrages, se complurent à répéter devant elle que Charles étoit un bâtard, et lui firent au moins connoître l'aiguillon du remords; « si bien, dit Mézeray, qu'elle déchut jusqu'à ce point de mépris qu'elle n'osoit sortir par les rues qu'elle ne fût montrée au doigt. Dans cette misère extrême, et ses sanglans outrages, ses larmes, son unique recours, ne servoient que de risée, et son afliction que de jouet; car quelque indignité qu'elle souffrît, elle excitoit bien plus la colère des gens de bien que leur pitié ». Elle vécut dix ans dans cet état de privation et d'abaissement, supplice lent et douloureux, digne de celle qui avoit passé quarante années de sa vie à faire le malheur de l'humanité : châtiment juste et sévère qui venge la postérité du silence des loix méconnues alors par l'universalité du genre humain. Cette femme, ou plutôt ce monstre formé de tous les vices des deux sexes, mourut en 1335, dévorée par le chagrin que lui causoient tous les jours les conquêtes de son fils sur le prince anglais. Toujours occupée des moyens de lui nuire et de le perdre, ses derniers succès lui causèrent un saisissement qui l'emporta. Son corps, dont à peine on daigna prendre soin, fut conduit à Saint-Denis, dans un petit batelet, accompagné seulement de deux ou trois domestiques et d'un seul prêtre.

Le règne de Charles VII n'est pas pour nous fertile en événemens; ce prince, dont les inclinations ressembloient si fortement à celles de sa mère, ne se porta durant son règne à moins d'actes de despotisme et de cruauté qu'Isabeau, que parce qu'il fut long-temps malheureux, long-temps opprimé par la force irrésistible des événemens. Long-temps il eut besoin des hommes, et les rois même courbés sous le poids de ce besoin impérieux, savent flatter ceux qui daignent les servir; mais Charles VII vainqueur abandonna Jeanne d'Arc à la vengeance des Anglais, et par ce trait d'ingratitude se montra indigne du nom d'homme, et même de cette réputation de guerrier, la seule que nos prétendus héros paroissoient ambitionner. Il avoit enlevé aux princes d'Angleterre le fatal honneur d'exercer sur les Français le coupable empire de la royauté. Les historiens l'ont appelé le *sauveur de la France*. Eh! misérables! avant de déifier l'assassin du duc de Bourgogne et de tant d'autres, jetez les yeux sur le régne de Louis XI, sur le fils de ce prétendu *sauveur de votre pays*, et dites-nous, si vous l'osez, quel est parmi les *souverains* anglais, celui que vous n'auriez peut-être preféré à ce tyran! Dites-nous ensuite ce qu'il nous importoit d'appartenir à un maître ou à un autre, et ne craignez pas alors de ravaler votre Charles VII à la classe des rois, la dernière de l'humanité.

Sa femme Marie d'Anjou est à peine connue dans l'histoire; censeurs sevères, mais non pas injustes, nous ne lui ferons pas un crime d'avoir donné le jour à Louis XI; ce crime fut involontaire. Il semble que les maîtresses et les favoris régnèrent seuls sur le cœur et l'esprit de Charles VII. Quoique douze enfans nés de cette princesse semblent attester qu'elle eut toujours quelque part à l'attachement de son mari, on doute si le comte de Dunois ne doit pas avoir l'honneur de cette nombreuse filiation. Des auteurs malins, quoiqu'à demi discrets, nous ont transmis la passion du galant chevalier pour la belle reine, et quoiqu'ils aient, comme de raison, représenté Marie, comme ayant toujours marché sur le bord du précipice sans y tomber jamais, l'expérience nous apprend que sur

sur le trône l'exercice d'une vertu si constante est presque impossible. Mais qu'elle ait été chaste ou foible, elle ne fut coupable d'aucun crime public, et ne mérita point de figurer avec Frédégonde, Isabeau et leurs pareilles. Agnès Sorel, plutôt reine que Marie d'Anjou, traînant à sa suite tous ces plaisirs, enfans du luxe, de la molesse et de l'oisiveté; Agnès Sorel célébrée par les poëtes du temps, par les romanciers, les historiens, par toutes ces pestes publiques, vrai fléau des peuples, Agnès réussit à endormir son royal amant dans le sein de la volupté, à l'éloigner des affaires publiques, à livrer aux favoris l'or de l'état qu'elle partageoit avec eux. En vain à-t-on répandu cette fable, que lorsqu'il étoit à Loches ou à Chinon, traînant son inutile existence au bal, dans les concerts, à la chasse, gravement occupé des plans et du dessin de ses parterres et de ses parcs, tandis que le duc de Bedfort marchoit de conquêtes en conquêtes, Agnès, irritée de son indolence, lui dit qu'un astrologue l'ayant instruite que sa destinée l'appeloit à faire le bonheur du plus grand roi du monde, elle alloit se rendre à la cour de Henri VI, auquel il abandonnoit honteusement la plus *belle couronne de l'univers*; en vain ajoute-t-on que Charles VII, réveillé par ce *noble discours, se mit à la tête de ses troupes, reprit le dessus sur ses ennemis, et vint à bout de les chasser de ses états.* Ces contes absurdes font rire de pitié : quels motifs les écrivains vont-ils chercher pour faire de l'histoire un insipide roman! dénaturant tous les faits, avilissant d'un côté ce qu'ils exaltent de l'autre, ils ont loué Charles d'avoir *reconquis son royaume*, ils ont vanté sa bravoure, son habileté, sa constance; et d'un autre côté ces vertus prétendues n'ont été que l'ouvrage d'une femme, et la seule crainte de la perdre fit tout le succès des armes de leur prince ; et les nations sont ainsi trompées ! et quelques êtres méprisables, intéressés à les faire languir sous le poids des chaînes et des erreurs, calculent froidement les moyens de leur dérober les crimes des rois, et de leur rendre supportables l'existence de la royauté, qui est le plus grand de tous les crimes, et dont il est impossible de saisir toutes les ramifications.

Les rois ne sauroient être aimables; le crime les environne, tout porte autour d'eux son empreinte funeste ; le glaive est toujours suspendu même sur leurs complices ; celui qui les a le mieux servis leur paroit le plus à craindre, souvent il doit sa chûte à sa trop grande habileté. Qui pourroit donc les aimer ? Sont-ils faits pour sentir ou inspirer l'amour ? La maîtresse d'un roi ne peut être qu'une femme avide, l'or seul peut la dominer; Agnès Sorel appartint à Charles VII, elle fut donc ambitieuse et intéressée, comme une autre. Peut-être elle ne commit pas d'autres forfaits que celui de pressurer la nation; d'épuiser le trésor public; d'accroître la molle inertie du caractère de Charles VII: mais dès-lors, elle mériteroit d'être comptée parmi nos reines. Haïe du dauphin Louis XI, elle fut quelquefois en butte à la colère de ce monstre naissant; quelques auteurs prétendent qu'elle en reçut même un soufflet, et que cette *impolitesse* fut cause de la seconde retraite de ce prince en 1445. D'autres ont nié ce fait, mais ce qu'il y a de sûr, c'est qu'elle fut peut-être heureuse de ne pas survivre à Charles VII, après lui avoir dévoilé une conspiration de son abominable fils, dont il ne méritoit pas, comme père, d'être outragé. Quand on dit qu'elle fut heureuse, c'est en supposant qu'elle ne fut pas empoisonnée par Louis XI, ce qu'on a eu lieu de soupçonner violemment. Elle mourut à Jumièges, le 9 janvier 1449, âgée environ de quarante ans.

Charles VII marqua de vifs regrets à sa mort, et conserva long-temps son souvenir; mais la mollesse dans laquelle elle l'avoit fait vivre, et dont il ne pouvoit sortir, lui fit chercher de nouveaux sujets de distraction. Ses amours avec la baronne de Villequier, nièce d'Agnès, n'ont rien de remarquable, sinon les biens immenses dont il la combla. Il commença par retirer des mains du duc de Bourbon qui l'avoit achetée, la terre de Meignelais, dont madame de Villequier portoit le nom, et qu'il falloit bien, à quelque prix que ce fût, remettre dans la famille d'une maîtresse de roi. Ensuite, il lui fit présent des îles d'Oleron, de Mayenne et d'Arvert, avec une pension exorbitante pour le temps, et dont elle jouit même après sa mort. Elle eut autant de crédit qu'Agnès, et moins de prudence; elle pilla le trésor, disposa des emplois et des bénéfices avec plus d'impolitique, et après la mort de Charles VII, fuyant les soupçons de Louis XI, elle se retira en Bretagne, où elle devint comme à la cour de France, souveraine du *souverain*.

Ni femme, ni maîtresse, ni aucunes facultés

humaines, si monstrueuses qu'elles fussent, ne pouvoient lutter contre le caractère profondément atroce de Louis XI. Frédégonde même auroit echoué ; il n'est donc pas étonnant que les femmes aient été nulles sous l'empire de ce despote, le plus effrayant qui ait régné sur la France : mais le règne de son fils ramène sur la scène une régente que nous ne devons pas oublier. C'étoit la dame de Beaujeu, fille aînée de Louis, à laquelle en 1483, il laissa la puissance royale pendant la minorité de son fils. Charlotte de Savoye sa femme, malheureuse et méprisée tout le temps de sa vie, auroit pu réclamer les droits que l'usage et la servilité des corps administratifs avoient, pour ainsi dire consacrés en faveur des mères de nos rois. Mais cette femme, que l'éclat du trône n'avoit point corrompue, parce qu'elle n'en avoit jamais joui, qui n'avoit trouvé que des privations dans ces postes où ses pareilles s'étoient rassasiées d'or et de jouissances, au sein du luxe et des vices, n'étoit susceptible d'aucune ambition. Le malheur l'avoit atteinte, il l'avoit instruite, et le repos de la vie privée lui étoit plus cher que cette puissance criminelle que n'ambitionnent d'acquérir et de conserver que des méchans ou des imbécilles. Elle ne voulut point la disputer à sa fille; et sa retraite volontaire suivit la retraite forcée où Louis XI l'avoit tenue dans la pauvreté depuis son avènement à la couronne.

Anne de Beaujeu étoit d'un caractère différent. Si Louis XI avoit pu aimer, sans doute il lui auroit accordé quelque sentiment. Elle avoit presque toujours vécu à sa cour; elle y avoit puisé l'ivresse du rang suprême, c'en fut assez pour ne pas rejeter l'occasion de l'exercer, au moins pour quelque temps. Imprégnée de tous les vices monarchiques, artificieuse, dissimulée, vindicative, plus instruite et plus éclairée que son père, elle promettoit d'être digne de régner. Cependant les ducs d'Orléans et de Bourbon, le premier, frère, et l'autre, oncle de Charles VIII, entreprirent de l'emporter sur elle; elle dissimula profondément avec eux, avec la foible portion de l'état qui prenoit part aux affaires, et même avec le peuple, réduit aux derniers excès de la misère et de l'avilissement; Au lieu de repousser avec hauteur les prétentions de ses deux adversaires, elle les combla de bienfaits et leur donna les premières charges de l'état. Si elle ne vint point à bout par là de satisfaire leur ambition, elle s'entoura au moins de cette opinion si méprisée par les

despotes de tout genre, lorsqu'ils se croient les plus forts, et caressée par eux jusqu'à la bassesse, quand ils éprouvent des revers. Les deux princes, ne pouvant vaincre leurs ennemis à force ouverte, imaginèrent de demander à grands cris l'assemblée des états généraux. Anne de Beaujeu frémit à cette proposition : « On n'envisageoit dès lors ces gran-
» des assemblées (dit l'historien *Garnier*,
» aussi vil que ses prédécesseurs *Villaret* et
» *Vély*) que comme le contre-poids de l'au-
» torité royale, et l'on croyoit qu'il étoit dan-
» gereux d'accoutumer le peuple à disputer
» avec *son maître*. » L'exacte vérité est que la seule apparence d'une assemblée d'hommes, élus par le peuple et pour le peuple, a toujours fait trembler les despotes ; mais qu'alors ces assemblées sans principes, sans lumières sans force, et pour tout dire en un mot, sans intention, ne mettoient aucun frein à la tyrannie, n'empêchoient point les mœurs de se corrompre, la justice de se vendre, la raison de s'égarer, et la vertu de s'anéantir. Je dirai plus : tant que l'esprit humain n'aura pas fait un pas de plus vers la sublimité de la raison naturelle, c'est en vain qu'on attend de grands biens d'aucune assemblée pareille. Elle sera du moins plus utile que dans les

siècles passés, me dira-t-on ; d'accord : mais tandis qu'elle sera influencée par tout autre que le souverain ; tant que l'or pourra couler d'une main vénale, dans la main d'une portion vénale de ses individus, les loix qu'elle vous présentera ne seront que des illusions morales, des fantômes politiques, substitués à la réalité des loix naturelles. Ces loix factices ne sont pas celles que demanderoit un peuple parfaitement instruit, une nation libre et majeure ; elle voudroit avoir un corps d'institutions de morale et de politique universelles, réfléchies et méditées par un grand nombre d'HOMMES, et non par cinq ou six *enfans* (1) ; elle verroit qu'on l'a trompée par

―――――――――――――――――――

(1) Nos jeunes Lycurgues de 1789, 90 et 91, nos petits législateurs, Barnave, Duport, Charles et Alexandre Lameth, Démeuniers, Chapelier, qui, réunis dans leurs *petits* comités, croient rassembler en eux seuls les lumières de toute la nation, croient aussi que les hommes *font* des loix, et qu'ils sont, eux, appelés à *faire* des loix. *Faire* des loix ! quelle absurdité ! esprits ignorans et bornés ! apprenez donc à remonter aux causes premières, avant de juger des effets, et sur-tout avant d'en diriger la marche. Le cultivateur qui ensemence le champ qui vous nourrit a-t-il *fait* le grain de bled ? Le vigneron qui plante le cep, *fera*-t-il le fruit qui doit fournir la boisson qu'il vous prépare. Ils reçoivent de la

de fausses apparences, qu'on a violé ses droits, qu'on a désordonné ses idées, et que dès-lors

---

nature ces matières premières que ne façonne point la main insuffisante des mortels ; il ont par degrés appris à leur donner la culture ; d'abord leur intelligence bornée ne put tirer qu'un parti grossier des doux fruits de la terre ; elle ne se perfectionna que par degrés ; eh ! qui sait si l'on ne peut atteindre à un plus haut degré ? N'en est-il pas ainsi des facultés métaphysiques de l'homme ? Les loix des sociétés ne sont-elles pas fondées sur ces mêmes principes éternels qui régissent l'univers matériel, et dont l'immutabilité empêche la dissolution de tous les élémens qui composent cet univers ? Ceux qui ont dévoilé ce que nous connoissons du système du monde, ont-ils *fait* le monde ? Ceux qui ont dévoilé ce que nous connoissons des loix naturelles qui régissent l'homme, ont ils *fait* l'homme ? Toutes les loix, dans l'acception la plus indéfinie du mot, ne sont-elles pas, pour nous, préexistantes dans la nature de toutes les choses animées, ou inanimées, comme l'étoient dans le sein de la terre les métaux que le hasard nous a fait découvrir. Les hommes peuvent-ils jamais faire autre chose que l'application des loix éternelles dont leurs besoins sociaux leur ont fait sentir la nécessité ? Si l'on avoit dit aux législateurs de Rome, de Sparte et d'Athènes qu'ils faisoient des loix, ils auroient demandé si l'on croyoit qu'ils eussent *fait* la nature, pour avoir découvert et appliqué les principes de la nature. Ce n'est pas ici le lieu de développer ces idées ; mais dans le grand nombre d'absurdités qu'a

des législateurs perfides se sont flattés d'avoir acquis un droit de propriété sur les personnes et les opinions. Elle le verroit, elle ne le souffriroit pas ; elle sauroit couper le mal dans sa racine et détruire, jusque dans leur source fangeuse, ces institutions d'une politique arbitraire, inventées par l'égoïsme d'un législateur despote, et respectées par l'égoïsme de plusieurs tyrans coalisés, et vendus au premier.

De semblables raisonnemens étoient fort au-dessus du peuple français en 1483 ; mais

---

fait naître l'idée absurde de *faire* les loix, une des plus fortes sans doute est celle de nos sublimes écoliers. *Les assemblées à venir*, disent-ils, *ne peuvent être constituantes ; elles ne peuvent ni changer, ni ajouter à la constitution.* C'est-à-dire, de par la puissance surnaturelle de l'assemblée nationale des Français en 1791 ; il est défendu à l'esprit humain de passer les bornes posées par elle : et se trouvât-il dans la législature prochaine des Solon, des Lycurgue, des Platon, des Locke, des Rousseau, il ne pourront, dans la recherche de la vérité, aller au-delà du point où se sont arrêtés le gentil Barnave et le gentil Duport. Tel est cependant à la lettre le sens ridicule du raisonnement de ces perroquets qui ont un peu lu, et jamais réfléchi ; qui *font* des loix, et sont encore à savoir que les loix existent avant les hommes, et que sans leur existence éternelle les hommes n'existeroient pas.

peut-être Anne de Beaujeu pouvoit-elle comprendre de quelle conséquence étoient les états généraux ; et si ce fut un crime en elle d'en empêcher d'abord le rassemblement, c'en fut un de plus de contribuer à les rendre inutiles. Ce qui peut faire croire qu'elle en sentoit parfaitement le danger pour une autorité qu'elle ne regardoit pas comme légitime, ce fut les moyens qu'elle employa pour se soustraire à leur influence ? Elle fit, d'elle-même, en faveur du peuple, tout ce que le peuple auroit pu exiger d'eux ; elle le soulagea de la foule d'impôts désastreux dont Louis XI l'avoit écrasé ; elle rendit la liberté à tous les accusés qui languissoient dans les fers, victimes des soupçons du tyran. Un mot, un geste, un regard, la communication d'une pensée, avoient été punis par les arrestations arbitraires. Si l'art de l'imprimerie avoit été découvert alors, ah ! comme Louis XI se seroit complu à en étouffer les progrès ! heureux s'il avoit pû même en écraser le perfide inventeur ! Qu'il auroit épargné de soins à tous les despotes qui devoient lui succéder ! Anne de Beaujeu ne se contenta pas d'ouvrir les portes des cachots ; elle mit à la place des innocens qu'elle rendit à la lumière les vils suppots de la tyrannie de son père, et les livrant à la rigueur des juges, elle prévint habilement les demandes que les états n'auroient pas manqué de lui faire; elle alla même jusqu'à restituer les biens confisqués aux factieux (de tous temps les ennemis du despotisme ont été des factieux); elle s'environna donc de l'opinion dont elle avoit besoin, pour faire présumer qu'aucune autorité politique ne feroit plus de bien que la sienne; et lorsque les états généraux s'assemblèrent en 1484, le peuple ne les croyoit déjà plus nécessaires. La puissance des parlemens, s'élevant par degrés au-dessus des assemblées d'états, parce que celles-ci ne s'étoient jamais rendues permanentes, ne tendoit jamais qu'à favoriser la puissance royale contre celle de la nation, afin de se rendre nécessaire aux rois, et ensuite à lutter contre l'autorité royale, pour éblouir le peuple, se faire regarder comme un boulevard entre lui et le trône, et se vendre plus cher à la cour. Ainsi Anne de Beaujeu, assez instruite pour juger parfaitement de la situation du royaume, commit un véritable crime national, que l'insouciance des députés aux états généraux, ne seconda que trop bien. Les orateurs firent de longs discours; citèrent emphatiquement les Grecs et les Romains, qu'ils ne connoissoient que de nom; comparèrent à

Salomon le jeune Charles, âgé de quatorze ans, et presque réduit à l'imbécillité par la tyrannie de son père; annoncèrent les plus grands biens, les plus grandes prospérités; firent quelques réglemens qu'on n'observa pas; accordèrent des subsides, c'étoit là l'important; stipulèrent que le roi n'auroit pas le droit de les accroître sans le consentement des peuples; (on le promit et on ne le tint pas) déclamèrent beaucoup contre les désordres passés, et ne prirent aucune mesure pour empêcher qu'il n'en fût commis à l'avenir; indiquèrent dans tous les ordres de l'état des réformes auxquelles la régente ne fit d'attention qu'autant qu'elles ne pouvoient nuire à ses intérêts, disputèrent fortement sur leur propre salaire, et se séparèrent le 14 mars, laissant toute l'autorité entre les mains d'Anne de Beaujeu, et comblant publiquement le roi de louanges et de bénédictions, parce que le royal marmot avoit *étendu la main*, et répondu à l'orateur des états *qu'il avouoit ce qu'ils venoient de faire*.

« Ainsi se termina, dit l'historien Garnier, » cette *célèbre* assemblée qui avoit paru si » *formidable* à l'autorité royale ». Imbécille écrivain, en quoi donc as-tu vu qu'elle songât seulement à mettre un frein aux usurpations des tyrans ?. Où étoient alors les principes d'après lesquels on pouvoit briser cette monstrueuse idole ? Où étoient les idées du juste et de l'injuste, les notions des droits de l'homme, celles de ses devoirs, le sentiment de sa force ? Cette assemblée de 1484, fut, comme toutes celles qui l'ont précédée *et suivie*, un vain simulacre, une représentation théâtrale, où les députés ignorans d'une nation sans force et sans vigueur, vinrent au sein de la capitale, jouer devant des hommes nuls, un rôle d'histrions salariés pour le divertissement d'un carnaval ; et où *le roi* et la *famille royale*, placés *gratis* dans les loges d'honneur, daignèrent applaudir, par fois, à la farce indécente, du sacrifice de vingt millions d'hommes. Nation insouciante et irréfléchie, c'est ainsi qu'on vous a toujours trompée ! c'est ainsi qu'avec du pain et des *spectacles* on vous a toujours enchaînée, avilie, dégradée ! c'est ainsi qu'avec des pantomimes, des couleurs variées, des aigrettes, des cordons, des souris flatteurs, on vous a courbée devant un homme ! c'est alors que les satellites de cet homme ont marché insolemment sur votre tête ! Ah ! lorsque le sénat, vengeant la dignité romaine humiliée par un instant d'erreur, délivra sa patrie des violateurs impies de toutes les loix, il ne composa point avec eux ; il les bannit de ses murs, il les envoya porter au loin la vapeur empoisonnée de leurs présens et de leurs caresses ; assez grand pour s'en garantir lui-même, loin d'user les forces de Rome par une lutte pénible de trois années, il la rendit libre tout-à-coup, et ne lui enseigna qu'ensuite les loix par lesquelles elle devoit demeurer libre. Mais le sénat romain étoit composé d'hommes : Rome étoit peuplée par des hommes, et nous ne fumes jamais que de foibles enfans.

Anne de Beaujeu ne l'ignoroit pas ; elle savoit qu'en laissant passer le pemier feu, et cédant à l'impétuosité naturelle aux hommes de peu de sens, on ne tardoit pas à les voir, fatigués d'eux-mêmes, s'endormir dans le sein d'un calme apparent. Sans cette connoissance du caractère français, elle, qui n'avoit aucun titre à la régence que le caprice d'un père haï et méprisé, se seroit-elle flattée de le conserver ? se seroit-elle flattée que des hommes réfléchis crussent la main d'une femme, capable de soutenir l'empire menacé d'une dissolution prochaine ? auroit-elle cru l'emporter sur les princes proches parens du jeune roi ? auroit-elle enfin cru pouvoir demeurer maîtresse du gouvernement, lorsque Charles VIII, majeur par les loix établies et reçues, n'avoit besoin que d'un conseil de régence dans lequel une femme n'auroit point été admise ? Ce fut donc en elle un crime politique de profiter de la connoissance qu'elle avoit acquise du caractère français; elle auroit dû au contraire le diriger vers un meilleur état de choses; mais caresser un peuple pour l'asservir ! améliorer son sort pour acquérir seul le droit de le rendre pire ! s'en faire applaudir, aduler, pour augmenter ensuite le poids de ses chaînes, c'est une œuvre de ténèbres qui n'appartient qu'à des tyrans, et qui voue à l'exécration des siècles présens et futurs, tout individu ou toute collection d'individus qui s'en rend coupable !

On ne tarda pas à s'appercevoir qu'Anne de Beaujeu n'avoit contenu son ressentiment contre les princes et sur-tout contre le duc d'Orléans, que pour se procurer les moyens de lui donner un libre essor. On dit que plus d'une cause avoit allumé en elle contre ce prince un courroux qui, dans les femmes, se calme rarement. On dit que, sensible à sa jeunesse et à sa bonne mine, elle lui avoit montré des dispositions très-favorables, et que le duc d'Orléans avoit dédaigné l'offre de ces faveurs vénales. Madame de Beaujeu, à qui

qui les passe-temps des courtisannes n'étoient pas étrangers, avoit eu, pour le poëte Martial d'Auvergne, des bontés fort particulières. Il passoit pour l'auteur d'un *Manifeste* ou *Proclamation*, qu'elle avoit fait publier avant les états, et où elle avoit, ainsi que de coutume, développé les plus sublimes comme les plus fausses intentions, relativement au bonheur du peuple. Ce pauvre homme avoit à peine consommé ce chef-d'œuvre de la politique usée des tyrans, que le changement de sa patrone frappa ses regards surpris; et non content de s'être fié à un goût passager, il fut assez fou pour se désespérer d'en avoir été dupe, et pour se jeter par la fenêtre : sans doute le duc d'Orléans ne voulut point courir les mêmes risques, et ce fut un crime irrémissible. La vindicative fille de Louis XI fit bientôt succéder à sa faveur première les dédains et les affronts personnels. Le duc ne lui épargna pas les marques de mépris; et un jour qu'il jouoit à la paume avec le roi, la princesse ayant pris le parti de Charles VIII, le duc d'Orléans, piqué d'une préférence injuste, se servit d'une expression grossière et dont le sens n'étoit nullement équivoque. Après une semblable violence, il sentit qu'il n'avoit qu'un seul parti à prendre, quitta la cour et se retira auprès du duc d'Alençon. La guerre s'alluma, et l'on vit encore périr des hommes, parce que madame de Beaujeu étoit galante, et le duc d'Orléans indifférent.

Mais ce prince éprouva qu'elle étoit, dans ces premiers momens, plus puissante et plus habile que lui. D'abord elle lui fit faire des propositions. Le duc savoit trop bien qu'il ne devoit pas se fier à sa parole; il refusa, prit les armes, et se vit enfin obligé de se rendre et de demander lui-même, comme une grace, son pardon et son rappel à la cour. Anne lui dicta impérieusement des conditions auxquelles il fallut se soumettre; elle agissoit comme son père en maitre absolu, et nul n'osoit lui résister, parce qu'elle s'étoit rendue toute-puissante sur l'esprit du jeune roi, dont elle ne partageoit encore l'amitié avec personne. Le duc, obligé de se conformer aux circonstances, ne tarda pas à se rendre redoutable à cette femme hardie. Les intrigues qui régnoient dans le duché de Bretagne, soumis au joug d'un prince imbécille, et d'un ministre prévaricateur, reveillèrent l'ambition du duc d'Orléans; il sollicita Landais de venir à son secours; il imagina que cet audacieux favori payeroit, de la main de l'héritière de Bretagne, l'appui qu'il lui préteroit; et quoique marié à la sœur d'Anne de Beaujeu, cette femme étoit si disgraciée de la nature, qu'il espéroit faire dissoudre facilement un mariage mal assorti. Ce n'étoient pas là les vues de la régente. Procurer un établissement semblable à un des princes, n'étoit pas une politique digne de la fille de Louis XI; d'ailleurs, elle vouloit ménager cette alliance à son frère, et l'on peut dire qu'elle entendit parfaitement le secret abominable de la science diplomatique; qu'elle sut mieux que personne sur le trône mettre en feu deux ou trois empires, pour faire réussir une intrigue de cabinet. Les prétendans à la succession du duc de Bretagne, Anglais, Allemands, Français, furent tous déconcertés dans leurs projets; elle trouva le secret de régner jusques à la cour du vieux duc; et quoique Charles VIII même, parvenu à l'âge de dix-sept ans, se lassât de son joug et parût souvent importuné de son despotisme, elle sut conserver, malgré lui même, cette autorité qu'il ne pouvoit ni supporter, ni réprimer. Elle se vengea cruellement de Philippe de Commines, qui s'étoit opposé à ses volontés. Cet historien de Louis XI, le seul homme de sa cour qui eût osé être, à ses yeux, honnête et vrai, le seul qui eût échappé aux atroces persécutions des plus odieux tyrans de la France, fut enfermé, par ordre de sa fille, au château de Loches, et resta huit mois dans une des cages de fer, que le cardinal de la Balue y avoit inventées, pour *le bon plaisir* de Louis XI, *son maître*. Le duc d'Orléans fut long-temps aussi son prisonnier; et pendant qu'elle exerçoit à son gré cette ardente passion pour la vengeance, qu'elle attisoit le feu de la guerre étrangère, elle imposoit les peuples, et n'épargnoit pas le trésor public; enfin elle réussit à tous ses projets, par tous les moyens criminels connus aux tyrans. Elle vint à bout de marier son frère avec Anne de Brétagne, et de rompre indignement ses engagemens avec Marguerite d'Autriche : ce mariage ne fut pas même tout à fait l'époque de sa chute. Malgré la hauteur et la fierté de cette princesse, lorsque Charles VIII s'engagea dans les guerres d'Italie, elle trouva quelque temps encore le moyen de lutter avec elle et d'être de nouveau régente sous le nom de son mari, à qui le roi avoit confié l'administration. Elle mourut en 1522, ayant amassé de très-riches trésors, fait beaucoup de mal public et particulier, recueilli beaucoup d'éloges de la part des sangsues publiques qui l'aidoient à dévorer l'état, des poëtes à qui elle payoit bien d'assez méchans vers, et des plats historiens de son temps qui ne vivoient, comme du nôtre, que du produit de leurs bassesses.

La célèbre Anne de Bretagne, tant vantée par les mêmes écrivains, porta sur le trône de France une humeur hautaine, un caractère impérieux et vindicatif. Élevée en princesse, en fille de *souverain*, elle en eut tous les vices, hors un seul; elle ne fut point débauchée : elle n'avoit eu que le temps d'annoncer ce qu'elle devoit être avant la mort de Charles VIII. Dominée, en quelque sorte, par le génie de madame de Beaujeu, elle lui avoit fait sentir seulement qu'elle ne plioit qu'avec difficulté ; mais l'âge de la sœur du roi, et l'habitude de se faire obéir, avoient intimidé la jeune personne, qui n'avoit point encore de créature à la cour, et qui fut presque toujours éloignée de son mari, emporté par la folle ambition de conquérir des pays qu'il ne pouvoit garder, de commander à des hommes dont il ne connoissoit pas le génie, et par cette gloire exécrable si long-temps attachée à l'effusion du sang humain. Anne de Bretagne ne put développer entiérement son caractère, qu'après la mort de ce prince. Le seul acte de despotisme qu'elle se permit, fut d'éloigner de la cour ce même duc d'Orléans, qui fut depuis Louis XII, son second mari. Elle avoit eu un fils de Charles VIII ; ce fils mourut âgé de trois ans, et sa mère en conçut un excessif chagrin. Charles, au contraire, dont l'esprit étoit foible et petit, avoit déjà conçu de la jalousie contre cet enfant ; il le vit mourir avec joie ; et sous prétexte de distraire la reine, non content de se livrer sans réserve à tous les plaisirs de la cour, il en fit naître de nouveaux, au milieu desquels le duc d'Orléans montra tant de gaieté, qu'Anne en fut choquée : ce sentiment n'auroit pas été blâmable dans une mère ; elle étoit en droit de soupçonner le duc d'Orléans de sentir trop vivement que cette mort l'approchoit du trône d'un degré ; mais ce qui devint vraiment coupable dans une reine, fut la volonté impérative de l'éloigner de la cour dans un temps où les mécontentemens des princes devenoient toujours l'origine des guerres civiles, de le calomnier aux yeux du roi, et de lui faire croire que le duc agissoit contre ses intérêts dans le gouvernement de Normandie. Le duc fut obligé de se retirer à Blois, subjugué pour la seconde fois par le caractère d'une femme. Mais alors il avoit acquis de l'âge et de l'expérience ; il se voyoit en effet héritier présomptif de la couronne. Charles étoit valétudinaire ; il eut la prudence de demeurer paisible et de ne rien entreprendre de contraire à ses intérêts. La mort de Charles le mit en sa place en 1497, et le sort d'Anne de Bretagne changea en même temps que le sien. Les clauses du contrat de réunion l'obligeoient à épouser le successeur de Charles ; mais ce successeur étoit marié ; ce successeur étoit offensé ; et si Louis XII eût été assez raisonnable pour croire que sans l'addition de la Bretagne il avoit assez d'hommes et de pays à gouverner, ou bien si, d'après la noble coutume des rois, il avoit cru par la force des armes pouvoir annuller un contrat et violer ses sermens, de reine de France, Anne devenoit simplement duchesse de Bretagne, ou bien peut-être elle devenoit souveraine fugitive et déchue de ses titres et de ses possessions ; mais Louis XII, frappé de la manie des conquêtes du Milanès, ne pouvoit concevoir le dessein d'aller chercher des états au-delà des monts, et celui d'abandonner une portion de terres annexées à la France. Il fit rompre son mariage avec Jeanne de France, qui ne lui avoit donné jamais aucun sujet de mécontentement, qui même avoit empêché de tout son pouvoir les suites cruelles de la vengeance d'Anne de Beaujeu, non sans être elle-même exposée à des disgraces personnelles : il allégua le frivole prétexte de la non consommation du mariage ; il en fit prononcer la nullité par le pape Alexandre Borgia, le plus infâme de ceux qui ont porté la thiare, et offrit sa main à la duchesse Anne, qui avoit été fort tranquille spectatrice de l'outrage préparé à Jeanne, sa belle-sœur, après vingt-quatre ans de mariage ; qui profita de sa dépouille, sans honte et sans scrupule, et donna sa main au roi le 8 janvier 1499, à Nantes, où elle s'étoit retirée depuis la mort de Charles VIII. Pour un prince qui a prétendu donner l'exemple d'une fidélité sans tache à sa parole et à ses sermens, c'étoit mal débuter. Passons sur les extravagances qui remplissent les pages de l'histoire de ce roi si sage, sur les crimes ordinaires aux meilleurs d'entre ces ennemis nés de notre existence ; ne parlons que de sa femme. Avide autant qu'ambitieuse, elle n'oublia jamais ses intérêts. On a exalté ses vertus conjugales, on a loué les soins qu'elle prit de Louis XII dans sa maladie de Blois, en 1505. Quelle pitié ! ces soins étoient-ils personnels ? ne se bornoient-ils pas à considérer dans une molle inactivité les peines que se donnoient les autres ; à passer quelques heures du jour auprès du malade, et à questionner sur son état des médecins attentifs à cacher les vérités qui peuvent déplaire à ces demi-dieux, auxquels à peine on ose faire entrevoir qu'ils sont assujettis à la loi commune (1) ? Ce n'est pas dans ces conditions hors de la nature, qu'on trouve ces soins assidus et touchans, ces peines continues et personnelles, dont la constance atteste l'inquiétude et l'anxiété d'un cœur vraiment pénétré. Aussi lorsqu'Anne de Bretagne s'attiroit les louanges des courtisans, peut-être parce que dans cette circonstance il n'y avoit ni bal, ni jeu chez elle, elle faisoit charger sur la Loire quatre grands bateaux de tout ce que le trésor de la couronne avoit de plus précieux, de tous les meubles et les bijoux du plus grand prix, tous effets qui ne lui appartenoient à aucun titre. Que cette femme étoit attachée à son époux ! combien elle étoit absorbée par de

―――――――――――――

(1) Henri VIII, roi d'Angleterre, avoit fait un statut par lequel il étoit défendu, sous peine de la vie, de *prévoir* la mort du roi. Lorsqu'il fut proche de sa fin, personne n'osoit lui annoncer qu'il étoit temps de s'y préparer, et ce fut un acte de courage de la part d'Anthony, son médecin, de lui dire cette vérité.

tendres inquiétudes sur sa maladie ! Le maréchal de Gié, qui déjà n'avoit pas eu le don de lui plaire, à titre d'ancien serviteur de Charles VIII et de Louis XII, crut devoir empêcher cette spoliation; il fit arrêter les bateaux entre Saumur et Nantes; et certainement si le roi étoit mort, il auroit rendu à l'état un grand service, en conservant des richesses nationales, qui ont été regardées comme telles, même par les plus despotes et les plus prodigues de nos rois : mais ce fut un crime irrémissible aux yeux de celle qui avoit commis le vol. Sa haine et sa vengeance ne connurent point de bornes : elle persécuta Louis XII avec opiniâtreté, jusqu'à ce qu'elle en eût obtenu d'abord l'exil de son favori, jusqu'à le menacer de retourner en Bretagne, s'il ne la délivroit de lui. Louis XII, *le père du peuple*, étoit l'enfant soumis de sa femme; il y consentit; et Gié se crut encore heureux de n'éprouver qu'un exil. Il se retira dans une terre près d'Angers; mais en l'éloignant du roi, Anne avoit cru se mieux ménager les moyens de le perdre; elle qui étoit coupable de vol, et dans un moment qui en agravoit encore la bassesse, osa bien accuser le maréchal du crime de péculat et de lèse-majesté: il fut arrêté, conduit en criminel d'état, d'Orléans à Chartres, de Chartres à Dreux, de Dreux à Paris, où le procureur-général du parlement conclut à la mort, sur une procédure dictée par la reine, et bâtie sur d'absurdes dépositions. Louis XII gémissoit de la dureté de sa femme, et *n'osoit* lui résister; car nos rois, *despotes* envers leurs *sujets*, ont toujours été les plus imbécilles des maris. La reine voyant que le parlement de Paris n'osoit suivre les odieuses conclusions du procureur-général, fit renvoyer l'accusé par-devant celui de Toulouse, qu'elle regardoit comme plus sévère; cependant elle ne put obtenir, même à cette cour adulatrice et fanatique, un arrêt de mort contre le malheureux Gié; mais il y fut dépouillé de tous ses emplois, suspendu du grade de maréchal de France pour cinq ans, et banni de la cour pendant ces cinq années. Elle avoit été chercher des consultations contre lui jusqu'en Italie; elle avoit porté la haine jusqu'à faire tous les frais de la procédure, montant, en 1506, à la somme de trente et une mille livres. Non contente de cet arrêt arbitraire, un autre ordre aussi arbitraire condamna l'accusé à la prison. Il fut transféré encore à Dreux, où, par un raffinement de vengeance digne du caractère particulier des femmes méchantes, elle le fit garder par les témoins vendus qui avoient déposé contre lui, et qui l'accabloient d'outrages. On rapporte que cet infortuné, dont la barbe blanche avoit crû dans les cachots, s'en couvroit le visage, lorsque ces monstres poussoient à l'extrémité leurs insultantes railleries (1).

---

(1) Le vil d'Argentré, panégyriste impie de cette femme cruelle, prétend que le peuple applaudissoit à cet acte barbare ; un autre chroniqueur, son écho, ajoute cette plate réflexion. « *Que ne dit point le peu-* » *ple contre les malheureux, pour peu qu'il soit ap-* » *plaudi* »? Non, messieurs les valets de cour, non, ce n'est point ce que vous appelez *le peuple* qui se réjouit du malheur, qui insulte aux malheureux. *Le peuple* est bon, sensible, humain, généreux : si quelquefois il souffre son propre malheur et celui des autres, c'est parce qu'il ne connoit pas toujours les moyens qu'il a d'en punir les auteurs. Il a toujours le sens droit assez pour juger vos *maîtres* et vous ; s'il se trompe un moment dans quelques circonstances, c'est lorsqu'il est égaré par *vous* ; mais alors ne prenez pas son silence ni pour adhésion, ni pour approbation : il est plus prudent que vous ne le croyez ; il attend de vous avoir démêlés pour prononcer votre arrêt en pleine connoissance de cause.

Quant à ceux que vous prétendez qui outragent au malheur, c'est vous-mêmes, vous qui en justifiez les auteurs ; vous qui encensez leur puissance, vous tous

« Ce n'étoit là, disent les auteurs, qu'un » particulier sacrifié à la vengeance d'une » grande reine ». Comme si ce n'en étoit pas assez ! Un seul crime de cette nature, commis par une citoyenne, la rendroit l'objet de l'horreur de sa famille et de tous ceux qui la connoîtroient. Mais les historiens veulent que les têtes couronnées nagent au milieu des forfaits, et immolent des milliers de victimes ! Il ne faut pas s'étonner s'ils ont écrit l'histoire avec tant de satisfaction, et s'ils ne sont embarrassés que de l'abondance des crimes qu'ils ont eu à recueillir. Anne en a fourni d'autres à ses flatteurs. Après la bataille de Ravennes, Louis étoit, en 1512, maître de Rome et du pape Jules II. Anne, la dévote Anne trahissant à la fois et la France et

---

qui cherchez à l'affermir lorsqu'elle chancelle, à la relever lorsque sa chute est presque consommée ; vous qui méritez d'en devenir la victime, et de trouver des plumes plus vraies que la vôtre, qui fassent aussi placarder les murailles de papier bleu, et annoncer, non pas comme vous et vos pareils, des calomnies contre le peuple et contre ses défenseurs, mais les dures vérités qui caractérisent, par exemple, un Dandré, et consorts. C'étoit ainsi que la fameuse colonne d'Athènes apprenoit aux peuples le nom des traîtres, et les vouoit au mépris public.

son mari, arracha à ce foible prince un traité scandaleux avec le pontife romain, et lui fit honteusement abandonner et ses alliés d'Italie qui l'avoient secouru d'hommes et d'argent, et l'objet pour lequel on avoit sacrifié la vie et les biens d'une foule de Français, et levé sur tous des taxes onéreuses. Elle étoit tellement d'intelligence avec le pape, que la Bretagne avoit été exceptée seule de l'interdit lancé en 1510 contre le royaume.

La couronne de France n'étoit pas assez brillante pour elle; elle regrettoit depuis long-temps son premier mariage projeté avec Maximilien, archiduc d'Autriche, et depuis empereur; aussi fit-elle les plus grands efforts pour empêcher le mariage de Claude, sa fille aînée, avec François, comte d'Angoulême, depuis François I. Elle avoit juré en elle-même de la donner à Charles d'Autriche, petit fils de Maximilien, afin de lui donner aussi la Bretagne qu'elle regrettoit d'avoir alliée à la France; si Louis XII l'emporta sur ce seul point, elle fut au moins inexorable sur la célébration du mariage qui ne se fit point tant qu'elle vécut; et dans le contrat, elle fit insérer la clause ridicule que, si elle avoit un fils, elle pourroit lui donner le duché de Bretagne, *si bon lui sembloit.*

Le désir du faste sur sa personne et dans sa maison fut port' en elle jusqu'à la folie. On auroit dit à la cour qu'il y avoit deux souverains. Elle fut la première de nos reines qui s'entoura de gardes attachés à elle seule; elle établit en outre, pour elle seule, une bande de cent gentilshommes bretons, qui la suivoient par-tout plus servilement que des valets. C'étoit, vraiment, pour *l'antique noblesse bretonne*, une fonction bien auguste que de garder l'anti-chambre d'une femme; et en général nos *chevaliers* français ont joué jusqu'ici un rôle bien flatteur lorsque, confondus avec les valets-de-pied et les coureurs de nos augustes monarques, ils ont, comme ceux-ci, exercé auprès d'eux les fonctions les plus serviles et les plus dégoûtantes.

Anne, avare, ambitieuse, vindicative, cruelle, avoit encore le défaut social d'être pédante. Aussi mal élevée que le sont ordinairement les princesses, elle se piquoit d'aimer les lettres, et de savoir les langues. Comme elle donnoit des audiences, car elle auroit été bien fâchée de ne pas jouer le rôle de roi, elle avoit la manie de mêler, dans ses entretiens avec les étrangers, quelques mots de leurs langues, afin de leur faire soupçonner qu'elle en étoit instruite. Un jour, Grignaux, un homme de la cour, auquel elle s'adressoit souvent lorsqu'elle avoit une pareille scène de pédanterie à donner au public, lui apprit quelques mots espagnols d'une signification obscène. Elle devoit gravement les débiter le lendemain à un ambassadeur d'Espagne. Grignaux cependant en avertit le roi qui, après en avoir ri, en prévint sa femme, et peu s'en fallut que cette plaisanterie ne valût à Grignaux un châtiment semblable à celui du malheureux Gié.

Elle mourut âgée de trente-sept ans, à Blois, le 2 janvier 1514. Louis XII la regretta beaucoup; et certes, on ne peut attribuer ces regrets qu'à l'imbécillité maritale dont j'ai parlé plus haut : car je ne vois pas de plus détestable caractère de *femme mariée*, que celui d'Anne de Bretagne. Je ne parle pas des crimes publics et particuliers que sa fatale puissance lui fit commettre; je m'occupe seulement du sort d'un homme de quelque sens, attaché à un être doué de tous les défauts capables de rendre à charge la vie sociale, et j'en conclus que, s'il est impossible de réformer l'éducation de cette classe royale dont on souffre encore l'existence, et qui sera toujours

jours hors de la nature, il faut au moins se hâter de réformer l'éducation nationale, et de former, s'il est possible, des citoyennes qui, à leur tour, pourront nous donner des citoyens.

Marie d'Angleterre, sœur de Henri VIII, monta sur le trône de France dans la même année ; exemple frappant de la différence qu'établit dans le cœur des hommes une éducation plus ou moins mauvaise. Marie, quoique fille de roi, dans un état où les femmes ne sont pas exclues du trône, n'avoit pas été adulée, parce qu'elle avoit des frères destinés à porter la couronne. Henri VII, son père, prince avare et même parcimonieux, avoit dédaigné le sexe de sa fille, et ne l'avoit point entourée de la pompe de la cour. La jeune personne s'étoit formée presque seule, et les dédommagemens qu'elle avoit cherchés dans la solitude, lui avoient appris à penser, ce que ne peuvent savoir les rois. Elle avoit de bonne heure fait choix d'un jeune instituteur, ami de son frère, et qui devint son favori, du moment qu'il monta sur le trône. Charles de Suffolck avoit plus fait que d'apprendre à penser à la princesse, il étoit devenu l'objet des premiers sentimens de son cœur, et Marie, vraiment éclairée, vraiment

P

tendre, se vit sacrifiée à l'ambition de son frère avec de véritables regrets. Elle obéit cependant, et vint régner en France, mais elle n'y oublia point son amant; elle n'eut le temps de faire ni bien ni mal à la cour de Louis XII, qui mourut en janvier 1515, et la laissa jouir de sa liberté. En cédant le trône à la femme de François I, elle ne voulut point courir le risque de remonter sur quelque autre, et ne quitta point la France que le nouveau roi n'eût obtenu, pour elle, de Henri VII, son frère, la permission d'épouser Suffolck. Elle partit avec ce nom qu'elle préféroit à une couronne, vécut en citoyenne, maîtresse de faire du bien, et sur-tout de ne point faire de mal. Sa postérité fut malheureuse, pour s'être approchée de ce trône qu'elle avoit su dédaigner.

François I, qui n'eut d'autre qualité que la bravoure, mais qui eut tous les vices des rois les plus détestables, nous ramène à une régente non moins détestable que lui, Louise de Savoye, sa mère, duchesse d'Angoulême; miserable prostituée, avare, ambitieuse, vindicative, fausse, cruelle, emportée, telle fut la mère de ce prince, qu'on appela *le restaurateur des lettres*. (Ce titre de restaurateur a toujours été donné fort à propos.) Anne de

Bretagne avoit détesté cette femme trop semblable à elle à de certains égards; et sur la fin de la vie de la reine, cette haine avoit augmenté en proportion des espérances de Louise de Savoye, dont le fils devoit être l'héritier de la couronne, lorsqu'Anne avoit perdu tous ses enfans mâles. La résistance que cette dernière apporta au mariage de sa fille avec François I, avoit pour cause sa haine pour Louise, autant que le désir de placer sa fille sur le trône impérial. Elle avoit même inspiré à Louis XII une sorte d'éloignement pour François I, dont l'humeur galante et prodigue l'alarmoit. Ce fut même ce mécontentement qu'elle avoit fomenté avec soin qui détermina Louis à se remarier, dans l'espoir d'avoir un fils. François I, encore plus étourdi qu'ambitieux, auroit risqué de se donner à lui-même un roi dont il auroit été père, si Marie n'avoit pas eu dans le cœur une passion qui la préservoit des empressemens de ce prince; et la duchesse d'Angoulême, qui ne connoissoit ni la situation du cœur de la princesse, ni la puissance d'un amour innocent, observa son fils avec un soin extrême. Enfin le jeune et imprudent François devint roi, et partant pour l'Italie dès la même année, laissa la régence dans les mains de sa mère. Cette qualité sans doute auroit dû regarder Claude sa femme; mais ce qu'avoit prédit Anne de Bretagne sur le sort de sa fille ne se confirmoit que trop, et Claude, toujours asservie aux caprices et à la hauteur de sa belle-mère, ne fut pas même heureuse avec son mari, aussi soumis à Louise de Savoye, que l'avoit autrefois été le pieux Louis IX à l'impérieuse Blanche. Au reste, cette nullité à laquelle ont été réduites quelques-unes de nos reines, et que des citoyennes auroient droit de trouver injuste et insupportable, a sauvé aux premières la funeste puissance de faire du mal, et les a dérobées à la haine de leur siècle et du nôtre. Claude fut asservie, elle auroit voulu dominer. Elle est morte regrettée au moins de ceux qui la servoient; Louise de Savoye est encore haïe et méprisée.

Les premiers choix qu'elle fit faire à l'imprudent François I, furent désastreux pour l'état. Le duc de Bourbon, qui depuis long-temps lui avoit inspiré une passion fort vive, à laquelle cependant il ne répondoit pas, obtint la charge de connétable, et l'infâme Duprat, premier président du parlement de Paris, l'office de chancelier *ou ministre de la justice*, poste dangereux, dans lequel on n'a point encore vu d'hommes intègres.

Duprat ne balança point entre la gloire de remplir son devoir, et l'infamie de violer ce qu'il y avoit dans le royaume de loix établies pour remplir les coffres d'un jeune étourdi, et d'une vieille avare. L'un en vouloit pour le dépenser sans mesure, tantôt à faire la guerre, tantôt à faire l'amour. L'autre vouloit thésauriser pour elle, et accroître ses possessions particulières. Duprat, qui voyoit bien qu'elle régneroit au moins conjointement avec son fils, songea, pour se maintenir, à les satisfaire tous deux. C'est à lui et aux deux tyrans ses maîtres qu'on a dû la sublime invention de la vénalité des charges de judicature ; idée qui nous a valu pendant deux cent soixante-quinze années l'avantage de remettre nos vies, notre honneur, notre liberté, nos biens à la merci d'une troupe de juges ignorans, bornés, avides, joueurs, débauchés, en un mot, à des hommes qui, ayant acheté leur existence, étoient toujours occupés des moyens de la vendre. O sublime institution royale ! comment ont-ils consenti à te détruire, ou comment, revenus de leur *délire de raison*, ne t'ont-ils pas recréée ? (1)

---

(1) Ce n'est pas qu'avant cette époque, les parlemens ne se fussent montrés souvent les esclaves des rois;

Il n'y avoit pas, dans la nouvelle création des charges que proposa le chancelier Duprat, et qui cependant augmenta considérablement le corps parlementaire, de quoi suffire aux besoins ou plutôt aux désirs de François I et de sa mère. Louise de Savoye exigea une augmentation de tailles, François n'y vit rien d'impossible ; le peuple étoit fait pour payer, et lui pour recevoir : le complaisant Duprat leur dit qu'on pouvoit se passer de l'octroi des états généraux ; et en effet on imposa la nation, et la nation paya. Le parlement fit des remontrances ; on crut qu'il vouloit remplir sa mission de défenseur du peu-

---

ce n'est pas que la non-vénalité des charges eût donné jusqu'alors des juges parfaitement intègres et justes ; ils étoient au choix du roi, leurs places étoient à vie, deux points capitaux qui ne pouvoient que servir perpétuellement d'entraves à la probité et à la vertu. Mais lorsqu'on y eut joint encore la vénalité d'une charge dont il falloit remplacer le capital et grossir les intérêts, ce fut alors qu'on vit régner toute la perversité humaine dans cette classe de fonctionnaires publics, la plus importante de l'organisation civile. L'or seul dicta tous les jugemens particuliers ; l'or devint la balance du bonheur public ; et le salut de l'état eut son taux fixé comme les actions à la bourse, selon la hausse ou la baisse des désirs d'un roi ou d'une femme.

ple : il se fit applaudir ; et quel étoit l'unique sentiment dont il étoit animé ? Le regret de voir introduire dans son sein une foule d'hommes qui alloient diviser en plus petites portions les trésors, dont la vénalité des charges ouvroit une source intarissable. François I rejeta les remontrances sur cet objet, sur celui de l'accroissement de lataille, et sur l'immense autorité qu'il abandonnoit à sa mère, en lui confiant la régence.

Ce n'étoit point encore assez pour une seule année ; Louise de Savoye et son fidèle Duprat engagèrent François à l'abolition de la pragmatique et à l'établissement du concordat. Que de richesses la cour de Rome n'a-t elle pas acquises par l'imbécillité de ce honteux traité ! Apparemment que Louise fut magnifiquement récompensée de l'avoir fait conclure ; et que lui importoient en ce cas les dilapidations qui devoient s'ensuivre ?

Après ces opérations, dont la moins onéreuse auroit dû couter la tête à Duprat, et valoir la déposition à un roi, si les Français avoient été des hommes, François I quitta ses états, et courut en Italie, jaloux d'acquérir, comme ses deux augustes prédécesseurs, le titre de *héros*, en faisant massacrer des hommes. Au moins Louis XII en faisant des conquêtes inutiles, fastueuses, en les faisant au prix du sang précieux des peuples, avoit bien traité les vaincus; soit justice ou politique, il avoit été fidèle à ses engagemens : les places fortes, remplies de garnisons françaises, étoient bien entretenues, les troupes bien payées, la discipline y étoit conservée, les Italiens n'avoient point à se plaindre. Mais tandis que François combattoit à Marignan, tandis qu'on y admiroit en lui le courage d'un brigand, une autre sorte de brigandage s'exerçoit par les mains de sa mère. Cette misérable femme s'entendoit avec les trésoriers, ceux-ci avec les officiers généraux ; non-seulement il n'y eut plus d'exactitude dans les paiemens, mais on retrancha souvent même sur les sommes qui devoient être payées sans retard. Les troupes se mutinèrent, commirent des désordres; les Italiens opprimés par cette force armée, s'en vengèrent d'abord par des assassinats, ensuite se révoltèrent. Le général Lautrec devoit recevoir trois cent mille écus pour le paiement et l'entretien des places et des troupes : quoique Samblançay, surintendant des finances, se fût engagé à les fournir, ce fut en vain que Lautrec les demanda ; ce fut en vain qu'il peignit d'une manière énergique et touchante non-seulement les besoins pressans où se trouvoit son armée, mais encore l'affreuse détresse où elle se trouva réduite. La désertion, la misère, les assassinats lui en firent perdre l'élite ; avec elle, il perdit le Milanès. Ce n'est pas cette conquête que regrettent les philosophes amis de la paix et de l'humanité ; ce n'est pas de voir passer sous la domination d'un homme plutôt que d'un autre des peuples destinés à languir sous le joug despotique de l'un ou de l'autre, mais le sang qui coula, les crimes qui se commirent, deux vastes et riches portions du monde qui furent ravagées, et toujours pour satisfaire l'ambition, la vanité, la rapace avarice d'un seul individu. Et des peuples éclairés veulent encore conserver dans leur sein le germe de tant d'iniquités ! ils veulent classer dans la société des êtres raisonnables et civilisés, les brutes ou les antropophages ! au lieu de purger leur sol des brigands qui l'infestent, ils veulent composer avec eux, et leur faire leur part. Insensés ! la part du voleur est la dépouille entière des voyageurs, et sa sûreté consiste à leur ôter la vie ; voilà l'unique traité entre eux.

Depuis 1515 jusqu'en 1522 l'administration des finances les conduisoit à un épuisement total ; non contente de l'augmentation des tailles, la duchesse d'Angoulême, qui sembloit s'être établie régente perpétuelle, avoit cédé, vendu ou aliéné une partie des domaines ; la quotité des impôts étoit portée à trois millions six cent mille liv., le double de ce qui s'étoit perçu sous Louis XII et Charles VIII ; et cependant les places fortes françaises n'avoient point été réparées, les garnisons manquant de tout s'étoient dissipées, il étoit dû même aux troupes des sommes considérables ; tous les revenus de l'état se dissipoient dans des traités ruineux, et dans les dons énormes accordés aux favoris, aux courtisannes, à leurs valets, et au faste d'une cour voluptueuse. Anne de Bretagne avoit la première imaginé d'attirer auprès d'elle ce que jusqu'à la mort de Louis XIV, on avoit fort improprement nommé les *filles d'honneur* de la reine et des princesses. C'étoient dans l'origine de jeunes demoiselles pauvres, qui, sous le prétexte d'embellir la cour et de chercher des établissemens, ne cherchoient, le plus souvent, que des amans et des intrigues. François I, n'étant pas encore satisfait de ce coup-d'œil dont sa mère avoit soin d'étaler les charmes pour distraire davantage son esprit léger et inattentif, attira les femmes de la ville et même de la province, dont la jeunesse et la beauté pouvoient lui fournir d'agréables divertissemens. De ce moment, les femmes les moins riches voulurent toutes paroître à la cour ; les maris prudens voulurent en vain les retenir ou dans leurs terres ou dans leurs maisons ; lorsqu'elles ne pouvoient obtenir d'y être conduites, elles faisoient parvenir au roi même des plaintes ou de la jalousie ou de la parcimonie de leurs époux. Le galant monarque manifestoit ses désirs ; c'étoient des ordres, et le père de famille étoit obligé de sacrifier sa fortune pour vendre ensuite son repos et son bonheur ; car l'épouse adroite savoit bien trouver des moyens de soutenir sa dépense et de briller dans le faste et l'éclat. Le trésor public avoit trois maisons à soutenir, celle de la reine, la moins brillante, et celle où François I daignoit le moins se faire voir ; celle de Louise de Savoye, qui étoit véritablement la cour, et celle de Marguerite, duchesse d'Alençon, sœur de François I. Samblançay, surintendant des finances, et le moins corrompu des ministres, avoit souvent fait à la mère du roi des représentations inutiles sur le faste, les dépenses superflues, les voyages perpétuels, les dons insensés, les pensions énormes, les graces irréfléchies, les emprunts à la ville, la création des rentes perpétuelles ; tout cela ne faisoit qu'alimenter un moment l'avidité des pillards, sans apporter aucun remède aux maux réels. La classe stérile des rentiers s'accroissoit, l'entretien des armées, quoique mal payées, épuisoit toutes les ressources; Duprat s'avisa d'ordonner à toutes les classes de l'état de porter leur argenterie à la monnoie : chacun fut taxé à tant de marcs, et cet acte despotique dont on voyoit le premier exemple, ce *vol public* de la bourse de chaque particulier, n'éprouva aucune contradiction. On recourut encore à la vénalité des offices de judicature, et l'on augmenta le parlement de Paris d'une quatrième chambre, afin d'avoir de l'argent, sans que *le ministre de la justice* s'avisât de réfléchir que c'étoit augmenter la foule des juges oisifs et ignorans, que d'attacher à l'exercice des mêmes fonctions une trop grande quantité de fonctionnaires. Le parlement fit des remontrances ; elles furent repoussées avec hauteur : Duprat prétendit que le parlement devoit à la nation l'exemple de l'obéissance. Le parlement savoit bien le contraire; cependant après de grands efforts, le parlement obéit. On ne sait pas au milieu de ces désordres quel est le sentiment qui domine ceux qui se chargent du soin de les retracer, ou la pitié ou l'indignation pour un peuple sorti des bornes de son ancienne stupidité, et qui se livre lâchement au joug que lui imposent trois individus. On ne sait si l'on doit blâmer bien sévérement les corps parlementaires, de n'avoir pas porté la résistance jusqu'au point de s'immoler seuls pour une nation endormie dans les fers, et pour ainsi dire, orgueilleuse de sa nullité. Mais, comme le mal n'en est pas moins un mal, parce que celui qui l'endure veut bien le souffrir, Louise de Savoye, François I, Duprat n'en ont pas moins mérité la rigueur de la loi, comme perturbateurs et violateurs de la foi et du repos public, comme assassins de plusieurs nations, et destructeurs de celle qui les avoit vus naître.

Le misérable Samblançay paya cher l'imprudence d'avoir conservé un poste où il ne pouvoit faire aucun bien; Lautrec revint d'Italie, après la ruine de notre armée et la perte du Milanès. L'imbécille monarque ignoroit la cause des maux que nous avions soufferts; il demanda fièrement au général compte de sa conduite : Lautrec ne lui dissimula pas la vérité. François premier accusa Samblançay de négligence dans l'expédition des sommes nécessaires; le surintendant les avoit remises à la duchesse d'Angoulême : François premier fit des reproches à sa mère ; Louise de Savoie avoua d'abord qu'en effet il lui avoit été compté quatre cent mille écus, mais qu'ils provenoient de ses biens propres, et n'avoient rien de commun avec les affaires de l'état : le surintendant assura le contraire. On nomma des commissaires pour examiner les faits ; Samblançay produit une quittance motivée de la duchesse : on l'accuse de faux et de péculat. Duprat fait d'abord suspendre la procédure, pour avoir le temps de nommer une commission à son choix, et Samblançay est condamné au gibet à la place de la duchesse d'Angoulême.

Le véritable crime de ce ministre fut d'avoir livré une somme aussi considérable à la duchesse, qu'il devoit bien connoître ; d'avoir caché au roi la remise de cette somme ; d'avoir sacrifié l'armée d'Italie à la crainte d'offenser une femme et de perdre sa place : mais ce ne fut point là le motif de sa condamnation. Louise fut un monstre d'avarice et de cruauté ; François premier en fut un autre de souffrir la mort infâme d'un vieillard qui, dans un poste exercé sous trois rois, n'avoit pas fait plus de mal qu'un autre, et qu'il avoit depuis son enfance appelé son père. Accordez à vos rois le droit monstrueux de faire grace, c'est-à-dire, de se placer au-dessus des loix, ils n'en useront jamais qu'en faveur des plus grands scélérats ; ce sont leurs pairs.

Il étoit dit que ce seroit en Italie que Louise causeroit toujours la ruine de l'état. Le connétable de Bourbon venoit de perdre sa femme en 1621 : elle étoit héritière de biens immenses. A quarante-cinq ans, madame d'Angoulême, qui depuis long-temps voyoit le connétable avec des yeux très-favorables, et à laquelle en outre sa fortune n'étoit pas indifférente, lui proposa sa main. Bourbon n'avoit pas trente ans. Qu'on juge si une femme usée par les plaisirs de toute espèce pouvoit être un objet fort intéressant ! Il la refusa : quel affront pour une femme dévorée de toutes les passions de son sexe ! Elle jura de s'en venger. Si ce n'avoit pas été la mère d'un roi, cette vengeance auroit été obscure : elle se seroit bornée, sans doute, à un courroux de société. Si elle avoit été jusqu'au crime, la loi en auroit fait justice ; mais il fallut sacrifier la France entière, parce qu'un jeune homme avoit refusé la main d'une vieille et dégoûtante coquette.

Duprat et Poyet, qui fut depuis chancelier, ne manquèrent pas de se réunir pour sacrifier encore le connétable au ressentiment de leur maîtresse. D'abord elle essaya si les affronts pourroient lui ramener un homme dont la fierté se blessoit facilement. Au camp de Mézière et à Valenciennes, elle le fit priver arbitrairement des honneurs dus à la place de connétable, et les fit accorder au duc d'Alençon, en qualité de premier prince du sang. Ce n'étoit pas une chose d'usage. Ce grand titre de *prince* disparoissoit dans les camps devant la première des dignités militaires. Quelqu'un que la duchesse avoit mis dans le secret, remarquant combien Bourbon étoit sensible à cette innovation, lui indiqua le moyen de recouvrer ses prérogatives et de plus grandes encore. Le connétable répondit que le roi, suivant en cela l'impulsion d'une femme qui n'avoit pas plus *d'équité que de pudeur*, il ne pouvoit lui en savoir mauvais gré. Ce propos, que les historiens traitent *d'insolent*, et qui est simplement celui d'un homme d'honneur, tenu devant témoins par un homme d'un caractère froid et réservé, fit comprendre à Louise de Savoye qu'elle n'avoit plus qu'à se venger; c'étoit un trait digne d'elle que d'enlever au connétable les grands biens dont il étoit possesseur, et que son avidité lui rendoit

doit aussi chers que la personne de Bourbon. Elle se prétendit héritière de Suzanne de Bourbon, et sa demande, mal fondée, portoit cependant avec elle un caractère de probabilité suffisant pour un avocat tel que Poyet, un ministre tel que Duprat, et pour des juges qui venoient d'acheter leurs charges. Comme le hasard pouvoit cependant la faire succomber, et qu'il falloit au moins que sa jalouse rage fût satisfaite, Duprat imagina de faire encore réclamer la succession de Suzanne, par le domaine du roi, et deux avocats célèbres par leurs talens et leur improbité, parurent dans l'arène ; Poyet, avocat de la duchesse, et Lizet, avocat du roi ; Montholon, avocat du connétable, avoit également du mérite pour le temps, et il y joignit dans cette occasion un grand courage, en luttant à la fois sur une cause juste, contre un roi et contre Louise de Savoye. Malgré les efforts de Poyet, l'autorité de Duprat, les ordres impératifs de madame d'Angoulême, l'inertie apparente de François premier, malgré le bon droit du connétable, le parlement de Paris n'osa publiquement adjuger les biens en litige à la mère du roi, mais il en ordonna le sequestre, par provision, au profit du domaine. Louise fut contente. Le connétable, obligé à la restitution, demeura réduit à la plus simple fortune ; privation insupportable sans doute à un homme élevé dans toutes les chimères du rang et des richesses. S'il avoit eu assez de lumières, assez de philosophie et de probité pour se guérir du délire de la grandeur, abandonner la cour, aller vivre paisiblement dans une campagne avec des hommes, il auroit réellement puni la duchesse d'Angoulême et François premier ; mais la manière dont il se vengea prouve qu'il tenoit de près à la race réprouvée dont il étoit en ce moment la victime. Sa désertion fut un crime, non pas tel que l'ont jugé des esprits vulgaires, parce qu'il trahit *son maître*, mais parce qu'il trahit sa nation, parce qu'il conduisit contre elle des troupes ennemies, parce qu'il versa de sa main le sang de ses concitoyens, parce qu'enfin il se montra l'ennemi des Français autant que s'il eût été leur roi.

La reine Claude n'existoit plus en 1524 ; elle avoit terminé son ennuyeuse carrière, victime de l'indifférence de son mari, des hauteurs de sa belle-mère et du mépris des frivoles courtisans, dont l'imbécille servage suit toujours l'impulsion du *maître*, et ne caresse ou ne dédaigne que d'après lui. François premier laissa la régence à sa coupable mère, en 1525, et passa dans le Milanès, où la bataille de Pavie fut l'ouvrage du connétable de Bourbon, du sort de l'armée, de l'imprudence du roi et de l'avantage qu'auront toujours des peuples qui combattent chez eux. Louise de Savoye ne se trouva pas médiocrement embarrassée, lorsqu'elle apprit que son fils étoit prisonnier de Charles-Quint. La consternation répandue dans Paris ajouta encore à la sienne ; la douleur y étoit peinte sur tous les visages. Les vils historiens prétendent que la captivité d'un *roi chéri, admiré de toute l'Europe*, étoit la cause de cette *tristesse accablante*. Accoutumés à considérer toute la nation dans le seul être qui la dévaste, ils ne voyent pas que chaque famille qui avoit à déplorer la mort d'un père, d'un frère, d'un fils, d'un ami, ne pouvoit qu'offrir l'image du désespoir ; et si la captivité du soi-disant héros pouvoit y ajouter un degré, c'est qu'on devoit présumer quels trésors on alloit demander pour sa délivrance. On accusoit la duchesse d'Angoulême de ce nouveau désastre ; on se rappeloit la violence de ses passions, son avarice, son amour de la vengeance, mais on n'avoit ni le sens, ni la fermeté d'abandonner dans les fers un insensé qui, en s'y précipitant lui-même, avoit en outre fait périr des milliers de citoyens plus utiles que lui. Que les Français auroient paru grands, s'ils avoient dit à l'empereur : Vous avez ambitionné la fausse gloire de tenir un roi dans vos chaînes, eh bien! gardez le ; la nation n'a nul besoin de lui, sa mère peut le délivrer en qualité de citoyen ; mais il n'a pas mérité de nous que nos veuves et nos orphelins augmentent leur misère pour ramener dans leur sein la cause de tant de maux. Mais comment se seroit-on élevé alors à ce degré de morale ? nous sommes encore si fort au-dessous !

Aussi le délire de la délivrance du roi s'empara de tous les esprits ; et quoique la duchesse d'Angoulême fût en horreur, on respecta ce roi jusque dans la personne et dans l'autorité de sa mère : on convoqua à Lyon une assemblée, non pas d'états généraux, mais une sorte d'assemblée de notables des trois ordres. On ne peut nier que le duc de Vendôme ne se comportât alors avec beaucoup d'habileté. Puisque l'objet unique étoit la délivrance du roi, il falloit de l'union pour l'opérer, et ce n'étoit pas le moment d'ôter la régence à madame d'Angoulême ; aussi se garda-t-il bien de la prendre, quoiqu'elle lui eût été offerte, et quoiqu'il eût personnellement à se plaindre d'elle. Ce fut donc elle qui commença les négociations; et comme elle n'avoit ni réflexion, ni générosité, elle ne consulta le duc de Vendôme que pour la forme, agit comme à l'ordinaire selon son caprice, maltraita le parlement, qui ne se croyoit pas obligé de souscrire en aveugle à toutes ses volontés, et dépensa beaucoup en frais et en démarches, dont on auroit évité la plus grande partie, si on avoit su les combiner. Enfin le roi fut racheté, et ce fut plutôt parce que les puissances de l'Europe craignoient l'agrandissement de la maison d'Autriche, que par les égards prétendus que la duchesse d'Angoulême n'étoit pas capable de s'attirer. Mais un spectacle vraiment révoltant dans la situation terrible où étoient les affaires de France, ce fut la pompe ridicule qu'elle mit au voyage de Bayonne, lorsqu'elle alla au-devant du captif : elle conduisoit avec elle les deux enfans qu'on donnoit en otage de leur père ; un sentiment de crainte et de douleur auroit empoisonné dans l'ame d'une citoyenne le plaisir de revoir son fils; mais Louise de Savoye craignant que le malheur n'eût engagé ce prince à réfléchir sur ses causes et ses effets, voulut, dès son arrivée, le distraire par la jouissance des plaisirs auxquels il étoit enclin, et dont il avoit été privé quelque temps. Elle conduisit à sa suite les plus belles femmes de la cour, entre autres, cette mademoiselle d'Heilly, depuis duchesse d'Étampes, qui s'empara de son cœur, et sut fixer son humeur légère.

Par ce moyen odieux, Louise de Savoye conserva l'autorité, quoique le terme de la régence fût expiré ; elle employa tout ce que la nature lui avoit donné de talens en intrigues, pour retirer les jeunes princes des mains de l'empereur. François premier n'étoit-il pas bien méprisable d'abandonner de pareils intérêts à la conduite d'une femme ? Le sort des provinces du royaume et celui de ses fils le touchoit-il si peu qu'il ne pût abandonner un moment son sérail et sa chasse ? Ne devoit-il pas au moins confier de si importantes négociations à des hommes habiles dans les secrets de la diplomatie ? Cette science infernale, véritable science des despotes, qu'on ose encore citer et reconnoître dans un pays prétendu libre, gouvernoit alors toute les nations de l'Europe. Appartenoit-il à des femmes de s'en mêler ? Aussi le traité de Cambray, qu'on appela la paix des dames, fut-il très-onéreux à la France et déshonorant pour le roi : on le vit lâchement abandonner ses alliés d'Italie, les sacrifier à la haine de l'empereur ; on le vit dissimuler avec bassesse des projets sur lesquels les envoyés de ces mêmes princes lui demandoient des éclaircissemens ; enfin, fuir leur abord, lorsqu'il fut rendu public, et laisser à Charles Quint le triomphe d'avoir rendu son alliance si méprisable qu'aucun prince de l'Europe n'auroit plus daigné la demander ni l'accepter. On le vit plus lâchement encore protester contre ce même traité dans toutes les cours du royaume où il fut enregistré, comme si ces actes furtifs avoient pu annuller la honte de violer publiquement ses promesses. Éléonor d'Autriche, sœur de Charles-Quint, fut le lien de cette paix : elle passa en France, et y donna la main à François premier. Les deux fils furent rendus à leur père ; mais combien en coûta-t-il ! et à quelle misère le peuple fut-il réduit (1) ! Les sommes que nous coû-

---

(1) On sait bien qu'il en coûta deux millions d'écus d'or pour la rançon des princes ; mais sait-on ce que Louise de Savoye, et son cher Duprat se partagèrent pendant le cours des négociations ? et sait-on la part qu'ils eurent même à la somme capitale, lorsque le traité est tout à l'avantage de l'empereur ?

tent les folies et les crimes des rois, sont le secret des cabinets, et ce secret est la honte des nations.

Le traité de Cambray fut conclu le 25 août 1529, et la duchesse mourut en 1532, âgée de cinquante-quatre ans. Cette classe d'êtres dégénérés qui occupent les trônes, sont plongés dans un tel délire, qu'ils croient que la nature entière s'occupe à régler ou à prédire leurs destins. Pendant sa maladie, elle vit une nuit sa chambre extrêmement éclairée ; croyant d'abord que les femmes qui la servoient faisoient un trop grand feu, elle les en reprit ; mais ayant appris que c'étoit une comète, et l'ayant apperçue elle-même, « ce » signe, dit-elle, ne paroît pas ordinairement » pour des personnes ordinaires ; il m'an- » nonce la mort, il faut s'y préparer ». Quelle extravagance ! et doit-on s'étonner, après cela, qu'ils se croient tout permis ? Elle avoit fait quelque bien aux poëtes et aux gens de lettres, pour en être louée avant et après sa mort ; aussi le fut-elle, malgré tous les vices dont elle étoit douée, malgré tous les crimes publics dont elle étoit coupable. Concussions, péculat, injustices, vengeances criminelles, attentats à la liberté et à la propriété des citoyens, intolérance, fausseté, libertinage, avarice sordide, ambition démesurée, tel est le tableau de son caractère et de sa vie, et elle gouverna la France pendant dix-sept ans.

A mesure que la cour de France devenoit plus galante, les maîtresses commençoient à y jouer le rôle de reines et de régentes ; les mœurs se corrompoient davantage, le luxe prenoit un accroissement prodigieux. Tout n'est qu'apparence et frivolité par-tout où les femmes donnent ce qu'on appelle le ton. On observe que la duchesse d'Etampes fut la première qui entreprit de gouverner l'état. Les autres s'étoient bornées à leur rôle de courtisannes ; et en cela on peut dire qu'elles donnoient aux reines un exemple dont celles-ci auroient dû profiter. Avant madame d'Etampes, François premier avoit eu successivement plusieurs femmes, entre autres, la célèbre comtesse de Château-Briant, qui paya cher l'erreur fatale où l'avoit entraînée l'hommage du prince adultère. Elle fut cruellement assassinée par son mari, et ce crime ne fut point puni par l'indigne roi, dont elle fut oubliée aussi-tôt qu'il ne la vit plus. Une autre femme, nommée la *belle Feronnière*, enlevée par force à son époux qui l'aimoit, et dont il étoit aimé, fut encore la victime de l'emportement d'un homme jaloux et offensé. Ne pouvant lutter contre la force, il parut souffrir son malheur avec patience ; mais il alla chercher dans des lieux horribles un mal qu'il communiqua à sa femme, qui, à son tour, en fit sentir les atteintes au ravisseur, et si fortement que jamais il ne put en guérir. Le poëte *Dollet* passoit pour fils de François premier, et d'une fille appelée *Curcare* : François le regardoit comme tel, quoiqu'il ne l'avouât pas. Dollet eut le malheur d'adopter quelqu'une des hérésies qui occupoient en ce moment toute l'Europe, et François premier le laissa brûler en 1547. Nous laissons à penser quel étoit en effet cet homme qu'on a loué, et qui peut-être a été un de nos rois les plus cruels et les plus absolus.

Mademoiselle d'Heilly, *fille d'honneur* de Louise de Savoye, s'étant livrée à lui, fut bientôt mariée, et gratifiée du titre de duchesse d'Etampes : elle parvint au plus haut degré de faveur et de crédit ; elle devint le canal de toutes les graces, et, comme on peut le croire, elle n'oublia pas sa famille dans la distribution qu'elle en fit. Cette famille étoit nombreuse ; son père avoit eu trente enfans de trois différentes femmes ; il y en avoit à peu près la moitié de vivans, qu'il fallut placer et doter aux dépens de l'état : il fallut lui bâtir des hôtels, lui acheter des terres, lui meubler des châteaux, lui entretenir une maison brillante, enrichir en outre ses créatures et ses favoris; car la maîtresse d'un homme usé comme François premier se dédommage en secret des sacrifices honteux et pénibles qu'elle fait à son avarice. Bientôt ce ne fut point assez; il fallut qu'à son tour elle bouleversât le royaume, comme auroient pu faire une reine ou une régente : sa jalousie éclata contre Diane de Poitiers, duchesse de Valentinois, maîtresse du dauphin; et pour éviter que son parti ne l'emportât à la cour, elle se hâta de s'en former un autre, et se tourna du côté du duc d'Orléans, frère du dauphin. Elle fit donner à son favori les plus brillans emplois; elle s'opposa de tout son pouvoir au progrès des armes françaises contre l'empereur. Son avidité la rangea même du parti de Charles-Quint; d'abord elle conseilla au roi de le faire arrêter à Paris, de lui faire annuller le traité de Madrid, et de le contraindre à consommer l'investiture du duché de Milan. François premier, qui n'avoit qu'une générosité de parade, l'employa en cette occasion où elle n'étoit nullement nécessaire. Quel mal moral y avoit-il à se rendre maître d'un brigand accoutumé lui-même à violer la foi des sermens, à user de représailles envers lui, à en exiger l'accomplissement d'un traité solennel et l'annihilation d'un acte que François avoit accepté dans les fers, et que la nation n'avoit pas consenti? Si ce prince avoit eu véritablement de la vertu, il auroit distingué ce qui blessoit la vertu ou ce qui s'accordoit avec elle ; mais lorsqu'on se fait un exercice de convention, ou plutôt de décoration, d'une pratique vertueuse, il est bien rare qu'on ne l'applique pas mal à propos; car l'esprit ne conduit pas le cœur. Il se piqua donc d'une fausse générosité, sacrifia l'intérêt national à son fantôme de gloire personnelle, et se fit un mérite d'avertir l'empereur des conseils que lui donnoit la duchesse d'Etampes. Eh ! qui sait si François, en faisant cette confidence à Charles-Quint, n'avoit pas le dessein d'attirer sur sa maîtresse ou les égards ou les bienfaits de son rival? Ce manége n'est que trop digne de la bassesse du *rang suprême;* mais ne prononçons point sur un sentiment intérieur que nous ne pouvons garantir. Les rois nous dispensent de scruter leurs cœurs ; la corruption nous en est assez démontrée par leurs actions.

Quoi qu'il en soit, Charles, bien averti, sut

ménager la duchesse, lui faire des présens si considérables et avec tant de délicatesse apparente, que cette femme ne balança pas à former avec lui des liaisons contre la France. N'étoit-ce pas faire un crime de diviser les deux princes, lorsque de l'ensemble de leurs opérations devoit résulter le sort de la France, le salut des troupes et la fortune des peuples ? Elle qui avoit conseillé l'arrestation de l'empereur, ne permit plus qu'on profitât des occasions favorables d'humilier ce prince. Les propositions des Gantois, en 1539, ne furent point acceptées ; l'occasion du voyage d'Afrique, si favorable à des desseins vraiment politiques, fut négligée ; enfin la guerre fut déclarée le 4 juillet 1541. Il paroît prouvé par les mémoires du temps que la duchesse, fidelle à ses engagemens avec l'empereur, trahissoit tous les projets de la cour de France, que même elle avoit communiqué à ce prince les chiffres des généraux et des ministres, et qu'en un mot elle fut une des principales causes des désastres de la guerre. Elle avoit un agent qui la servoit à la cour de Charles-Quint, c'étoit le comte de Bossie ; et il est prouvé que cet homme, qu'on croit avoir même obtenu d'elle des faveurs très-particulières, vendit plus d'une fois la France à *sa majesté* impériale, entre autres, lors de la prise d'Epernay. Il est certain que Charles fut parfaitement instruit du moment où il falloit attaquer cette ville remplie de provisions pour les subsistances de l'armée. Cette perte, funeste pour l'état, fut suivie de la perte de Château-Thierry, également pourvue de farines et de bleds, et livrée par la même trahison. Les troupes impériales vinrent faire des courses jusqu'à Meaux. Paris en fut si épouvanté, que les habitans ne pensèrent qu'à se sauver, comme s'ils n'eussent eu *ni emplois, ni dignités, ni biens, ni maisons, ni roi, ni patrie* (1).

On admira beaucoup la générosité du souverain, qui, *tout malade qu'il étoit*, se fit transporter à Paris pour y *remettre la paix*. Cet acte de vertu étoit vraiment héroïque; mais il auroit fallu commencer par ne pas

---

(1) On reconnoît à ce langage les lâches adorateurs du gouvernement despotique ou monarchique, ce qui est la même chose. Les *emplois* et les *dignités*, qu'étoient-ils au prix de la vie que ces malheureuses victimes vouloient conserver? Les maisons ne devoient-elles pas, dans cet excès de danger, être abandonnées au pillage. Le *roi* n'étoit-il pas le premier ennemi de la chose publique? Et quant à la *patrie*, que signifie ce mot dans les états despotiques?

laisser continuellement à des femmes le maniment des affaires ; ne pas donner sa confiance à d'indignes ministres vendus à ces mêmes femmes, et en admettant même l'absurde supposition que Dieu, dans sa sagesse, avoit fait une classe d'hommes appelés *princes* et *rois*, ne pas se persuader qu'il les eût faits pour manger impunément les autres hommes. Cette philosophie, bien qu'excessivement bornée, eût cependant mieux valu que le prétendu héroïsme de venir se montrer lorsque tout étoit perdu, et de croire que la présence d'un seul être alloit réparer le mal qu'il avoit fait. Les hasards qui sauvèrent la France sont connus. De nouveaux traités onéreux, et même déshonorans dans le régime d'alors, éloignèrent Charles-Quint. La mort du duc d'Orléans, empoisonné, dit-on, par Diane de Poitiers, annulla quelques-unes des clauses qui avoient lié l'empereur ; et le roi, qui approchoit de sa fin, qui avoit à regretter son fils qu'il avoit beaucoup aimé, et à réfléchir sur tous les crimes de sa vie, s'amusoit follement à faire soutenir en champ clos l'honneur de sa maîtresse, qu'on accusoit de ne lui être pas fidelle. Cet insensé *chevalier français* mourut enfin, et avec lui cessa le règne de la duchesse d'Etampes, non moins débordée, non moins criminelle que toutes les reines et courtisannes que nous avons vues passer sous nos yeux.

Français ! vous avez pu frémir plus d'une fois, en voyant retracer les horreurs dont vos reines se sont souillées ! vous avez dû verser des pleurs sur le sort de vos pères ; leur sang répandu par ces furies a dû crier vengeance au fond de vos cœurs : eh bien ! vous n'avez pas encore vu les plus détestables. Catherine de Médicis va paroître, et après elle.... Lisez et jugez. Mais qui croyez-vous avoir à juger ? ces femmes perfides, corrompues, abruties ? Non ; vous-mêmes. Lisez encore une fois ; et en fermant le livre, dites si vous êtes libres, si vous êtes dignes de l'être.

N'oublions pas de rappeler que la fin du règne désastreux que nous venons de parcourir, fut souillée par l'horrible massacre des Vaudois ; que du lit des courtisannes, François premier signa l'ordre de faire passer au fil de l'épée, pour *cause de religion*, des hommes, des femmes, des enfans ; que les parlementaires de Toulouse, les prêtres et les soldats se disputèrent l'affreux honneur d'exécuter cet ordre sanguinaire avec une barbarie atroce, et de tremper leurs mains dans le sang de ces hommes simples, de ces paisibles

bles cultivateurs qui adoroient Dieu en ne faisant point de mal, en chérissant leurs semblables, en observant les loix de l'humanité et celles de la nature. Le crime fut si grand, il fut accompagné de circonstances si épouvantables, que François premier, tout roi qu'il étoit, en eut des remords, et qu'en mourant il ordonna à son fils d'en poursuivre et d'en punir les exécrables auteurs. Eh bien! c'étoit par lui qu'il falloit commencer; au lieu d'une pompe funèbre, monument de flatterie et d'esclavage, il falloit porter ses restes dans les déserts autrefois si fertiles des malheureux Vaudois, et sur un rocher aride, graver ces mots terribles : *François premier, assassin de plusieurs milliers d'hommes.*

Henri II, son fils, capable d'imiter en tout point un si odieux modèle, monta sur le trône en 1547; avec lui, l'on vit régner à la cour tous les vices et tous les crimes. Une femme sans pudeur en fut bannie, la duchesse d'Etampes disparut : elle fut remplacée par deux autres, la reine et Diane de Poitiers, duchesse de Valentinois. Cette reine étoit Catherine de Médicis : elle est nommée, elle est dépeinte. Diane cependant maîtrisoit son génie, et ne lui laissoit à exercer que son penchant à la débauche. Diane, à quarante

R

ans, flétrie et usée par ce même penchant, s'y livroit encore avec fureur. L'empire avec lequel elle gouvernoit le féroce Henri II, âgé de vingt-neuf ans, paroît encore incompréhensible. Elle étoit maîtresse des affaires du royaume ; et le prince idolâtre craignoit si fort qu'on ignorât l'excès de sa stupidité, que dans les tournois, dans les ameublemens, sur les frontispices des bâtimens, il faisoit placer le croissant, l'arc et les flèches que cette *chaste déesse* avoit choisis pour attributs. « L'âge, dit Mézeray, qui avoit les
» brillans de la jeunesse dans ses yeux, allu-
» moit plus fort les flammes de la lubricité
» dans son cœur ; elle étoit injuste, violente
» et altière envers ceux qui lui déplaisoient.
» Le roi l'aimoit, parce qu'elle étoit ardente
» en amour, et ce tempérament la portoit
» à chercher, avec beaucoup d'autres, le
» comble du plaisir ».
Elle avoit débuté, dans la carrière du crime, par empoisonner le duc d'Orléans. Dès que son amant fut roi, elle s'empara de tout, nomma les ministres, les ambassadeurs, vendit les graces, les charges, disposa des finances et de la justice; elle régna enfin. Le chancelier Olivier fut disgracié ; il n'étoit point assez esclave : ne pouvant le déposséder,

elle donna les sceaux à Bertrandi, duquel elle avoit acheté la complaisance; elle obtint dans l'administration des finances des droits particuliers, chose que n'ont encore osé faire nos reines les plus hardies. Henri lui fit bâtir le château d'Anet (1). Ses richesses devinrent

---

(1) Que des poëtes à gages aient du vivant de Diane et de Henri II, flatté, adulé jusqu'à la plus excessive lâcheté cette femme impure, on est accoutumé à cet avilissement de la part des gens de lettres; mais que Voltaire, dont le génie brillant et hardi a fait luire le flambeau de la vérité au milieu des erreurs du fanatisme, et terrassé ce monstre jusqu'alors invincible; que ce même homme qui, en ce sens, a préparé la révolution française, qui, manquée chez nous, n'en servira pas moins d'exemple aux autres nations; que cet homme, supérieur aux préjugés, que des prêtres menteurs avoient mis à la place des plus sublimes vérités, n'ait pu s'élever au dessus des rois, et ait avili à leurs pieds ce génie que nous admirons; c'est une chose qu'on a peine à croire, et qui fait honte à l'humanité ! Rappelons ici ces vers du neuvième chant de la Henriade. (Il parle de l'amour).

Il vois les murs d'Anet bâtis aux bords de l'Eure;
Lui-même en ordonna la superbe structure:
Par ses adroites mains avec art enlacés,
Les chiffres de *Diane* y sont encore tracés;
Sur sa tombe, en passant, les plaisirs et les graces
Répandirent les fleurs qui naissoient sur ses traces.

immenses, et son crédit s'en accrut avec la facilité de prodiguer les biens de l'état et de s'environner de créatures.

Une grande vérité que j'ai déjà rappelée plus haut se prouve dans toutes les circonstances où l'on voit les femmes en action,

---

C'est ainsi que le poison de la louange enivre ceux ou celles qui succèdent à des monstres ainsi déifiés. Une femme vicieuse, et placée de manière à faire de grands maux à l'humanité, jette les yeux sur la Henriade; l'auteur de Mahomet s'est prostitué sur le tombeau de Diane de Poitiers, d'Elisabeth, de Henri IV. Celui qui a dévoilé combien d'hommes ont péri pour la religion des fanatiques, a célébré des conquêtes, et voulut qu'on versât des flots de sang pour un roi. Celle qui lit d'aussi pernicieux ouvrages, doit se flatter qu'on la louera aussi quoi qu'elle fasse. Ah ! si Voltaire n'avoit pas fait Brutus...... et comment a-t-il fait Brutus, et s'est-il montré toujours esclave des rois et dans ses actions et dans ses ouvrages ? Il leur a donné des leçons, vont me dire ses sectateurs. Je demande si c'étoit aux rois ou aux nations qu'il falloit apprendre leur métier. Quand il a voulu détruire le fanatisme, a-t-il donné aux prêtres de stériles maximes ? Non, il a su montrer aux hommes à briser le sceptre de la superstition; il devoit leur enseigner à détruire celui de la royauté. Voltaire étoit courtisan, riche, ambitieux de gloire et d'honneurs; il a été l'ami des grands. Rousseau fut pauvre, désintéressé, malheureux ; il fut philosophe et ami de l'humanité.

c'est que l'exercice de toute espèce de pouvoir, joint à la vie sensuelle, et souvent luxurieuse à laquelle elles se livrent, les rend cruelles et féroces; et une observation non moins importante, c'est que l'habitude du vice les rend presque toujours superstitieuses. Dans un siècle où le fanatisme régnoit avec un empire absolu, toutes les courtisannes se montrèrent barbares et intolérantes. Diane ne contribua pas peu à nourrir dans l'ame de Henri la férocité qui lui étoit naturelle. La confiscation des biens des infortunés qui périssoient tous les jours dans les bûchers, ne servoit pas d'un léger aliment au zèle des persécuteurs, et Diane n'étoit pas la dernière à partager ces horribles dépouilles. Elle persécuta *Marot* avec acharnement; elle voulut voir l'interrogatoire du *tailleur du roi;* elle fut témoin de son supplice, et ce ne fut pas le seul bûcher dans lequel elle vit jeter des victimes.

Allamand, président de la chambre des comptes, étoit à la tête des plus grandes affaires de finance; et pendant vingt-cinq ans, la protection de Diane, le mit en droit d'exercer les brigandages les plus odieux, sur-tout dans la partie des gabelles : à la fin, on se lassa de ce fléau, et le perlement de Paris crut devoir y mettre ordre. Dumenil, procureur du roi, conclut contre lui à la corde, et à de fortes restitutions. Les pièces du procès ayant compromis la duchesse de Valentinois, il conclut incidemment contre elle à une pareille restitution des sommes qu'elle avoit reçues à titre de dons et de gratifications, entre autres, d'une somme de quinze cents écus, et d'une autre de soixante-seize mille liv. On juge bien que les loix ne furent point écoutées, et que les conclusions ne furent pas suivies. Allamand paya une amende ; il poursuivit le cours de ses concussions ; Diane continua ses brigandages jusqu'à ce qu'enfin la mort de Henri II lui fit céder la place à Catherine de Médicis ; et ce fut au château d'Anet qu'elle termina une vie souillée de crimes, de vices et de vols monstrueux.

Médicis avoit été amenée en France en 1533 ; c'étoit le 28 octobre qu'elle avoit épousé Henri II. Les fêtes de ce fatal mariage durèrent trente-quatre jours. Sa profonde dissimulation fut mise à l'épreuve dès l'instant de son arrivée. Elle comprit qu'elle ne pouvoit vaincre deux femmes puissantes, et qu'elle perdroit à jamais tout crédit à la cour, si elle osoit lutter ouvertement avec elles ; elle sut être à la fois l'amie de la duchesse d'Etampes et de la duchesse de Valentinois. Comment une femme si jeune peut-elle concilier des intérêts aussi opposés, et n'être pas un monstre de perfidie et de duplicité ? Les satyriques du temps nous apprennent qu'elle se dédommageoit des froideurs de Henri II dans cette cour de jeunes femmes qu'elle s'étoit formée lorsqu'elle n'étoit encore que dauphine, et qu'on avoit nommée *la petite bande*; c'étoit en effet une bande fort joyeuse que celle de ces *petites dames*; et leurs amusemens variés, la chasse, les courses à cheval, les danses, les festins, les parties secrètes dans les maisons de Chambord, de Fontainebleau, de Madrid, contrastoient d'une manière vraiment remarquable avec les bûchers, les roues et les gibets, où chaque jour voyoit expirer de malheureux protestans. On ne sait pas comment il se fit que, pendant dix ans, Médicis fut stérile. Ou elle étoit fort prudente dans le vice, ou ceux qui l'entouroient étoient malheureux. On attribuoit à Henri II le défaut d'héritiers; on prétendoit qu'il y avoit en lui un vice de conformation; sans doute on parvint ou à détruire ce vice, ou à lui persuader qu'il n'existoit plus, ou bien enfin à le convaincre que l'intérêt de la nation exigeoit qu'il eût des successeurs. L'adroite dauphine eut la liberté de devenir enceinte, et en 1543, elle mit au monde François II, qui régna un an après la mort de Henri II. Diane de Poitiers avoit démêlé le caractère de Médicis. Henri disoit, en parlant d'elle: *On ne connoît pas le caractère de ma femme, c'est une brouillone; qu'on lui donne entrée au gouvernement, elle gâtera tout.* Elle obtint cependant les honneurs du couronnement en 1549; elle fit une entrée magnifique, et procura aux Parisiens, pour leur argent, le plaisir de voir une farce très-coûteuse, et le début d'une comédienne qui devoit leur faire dans la suite verser des pleurs et du sang. Cette scène n'avoit été sollicitée par elle que pour obtenir la régence. Mère de trois enfans, car elle s'étoit hâtée d'en avoir, elle avoit cru, en se montrant au public, forcer son mari à la commettre au soin du gouvernement, pendant son expédition d'Allemagne. Elle réussit, fut nommée régente en 1552, et ne négligea rien pour lever des taxes suffisantes à l'entretien de l'armée; elle fit continuer les persécutions contre les hérétiques, tandis qu'au dehors le fer des ennemis moissonnoit autant d'hommes que les bourreaux en faisoient périr au sein de la France.

Henri II eut lieu d'être satisfait d'elle à son retour ; elle lui avoit fourni de l'or, elle avoit fait couler le sang. Que d'attraits pour le cœur d'un roi ! Ce monstre fut cependant averti que le parlement, fatigué de punir, avoit suspendu les châtimens qui, révoltant les esprits, donnoient de nouvelles forces à ce qu'on appeloit erreur ; il frémit de rage, vint tenir une *séance royale*, permit qu'on délibérât devant lui, et voulut connoître, pour les perdre, ceux qui défendoient la liberté des opinions. Au sortir de cette séance, il s'écria « qu'il vouloit voir brûler Anne Dubourg à ses yeux ». Non, tu ne le verras pas, la mort t'attend, elle t'appelle, elle va délivrer la France de tes forfaits : mais, hélas ! elle n'est point un châtiment de tes crimes ; ce n'est point la loi qui frappe ta tête coupable, et les hommes ne sont point vengés.

Devenue parfaitement libre de développer son caractère odieux, Médicis se montra telle qu'elle étoit lorsque Henri ne fut plus. L'année 1559 n'étoit pas écoulée, que la discorde régnoit à la cour ; les princes étoient outragés et humiliés ; le connétable de Montmorency forcé à la retraite ; les Guises élevés jusqu'aux marches du trône ; et la redoutable Catherine, secondée par l'infernal génie de cette maison, achevant de corrompre les mœurs, d'anéantir la justice, et de saper les fondemens des loix, régnoit immédiatement au-dessus des Guises, dont les mains allumoient les flambeaux avec lesquels elle embrasoit l'état.

Elle érigea, presque aussi-tôt après son avènement, une nouvelle chambre du parlement, semblable au tribunal de l'inquisition; on la nomma *chambre ardente*, parce qu'elle faisoit brûler sans rémission, ni commutation, tous les malheureux accusés d'hérésie. Des juges, qui, sur des actions et des délits réels, ont peine à distinguer l'innocent du coupable, osèrent, sur la foi des délateurs, juger de la conscience des hommes. Le président Minard et l'inquisiteur Démocharès alloient chercher les coupables dans le sein des maisons, jusqu'au fond des caves; afin d'irriter l'esprit crédule du peuple, ils supposèrent que les protestans avoient mêlé à leurs cérémonies religieuses des outrages à la pureté des mœurs : le chancelier Olivier voulut interroger lui-même les délateurs, et ne put les convaincre d'imposture dans leurs dépositions contre l'avocat *Trouillac* et sa famille. Un de ces hommes, vendus au despotisme, avoit dit qu'une des filles de cet honnête bourgeois lui étoit tombée en partage dans une orgie nocturne. Les filles d'honneur de la reine, irritées de l'outrage qu'on faisoit à leur sexe, s'emparèrent de l'espion, et lui faisant des questions d'autant plus singulières qu'elles n'étoient pas dictées par les formes juridiques, il se déconcerta devant elles. Olivier voulut en vain profiter de cet étrange hasard, l'erreur étoit accréditée, elle ne fut point détruite ; bientôt le supplice d'Anne Dubourg, les désordres commis dans cette maison du faubourg St. Antoine, qu'on appeloit *la petite Genéve*, par le conseiller Bragelonne et ses satellites, le pillage de toutes les maisons de Paris marquées sur la liste des inquisiteurs, la fuite des habitans, les outrages qu'essuyoient les femmes, les cris des enfans abandonnés qui, du seuil de leurs habitations, à peine couverts des vêtemens qu'on leur avoit laissés, demandoient aux passans leurs parens et du pain, sans qu'aucun voisin osât les retirer dans la peur d'attirer sur soi le même fléau : tels furent les exploits qui signalèrent l'érection de la chambre ardente, les premiers momens du règne de Médicis, et le ministère du cardinal de Lorraine.

L'excès du malheur contraint à la résistance ; les protestans irrités formèrent un parti considérable par leur nombre et par la valeur de leurs chefs : malheureusement ils n'étoient pas secondés par la nation. Il n'y avoit point de nation; il n'y avoit qu'un peuple esclave et superstitieux. Si la conspiration d'Amboise fut dirigée contre les Guises, ou contre Médicis et ses fils, c'est un point qu'on n'a pu éclaircir. Quoi qu'il en soit, les conjurés furent découverts, livrés au supplice; et après l'exécution des coupables, la ville d'Amboise vit massacrer, en un seul jour, tous ceux qui étoient ou accusés ou soupçonnés d'avoir eu part à la conspiration. L'horreur de cette affreuse journée fut accrue le lendemain par le spectacle qu'offrit, aux premiers rayons du soleil, la Loire ensanglantée, roulant avec ses flots les corps des malheureuses victimes immolées la veille. L'infâme Médicis, accompagnée du roi, des princes ses frères, et des femmes de la cour, jouissoit de ce spectacle du haut d'une galerie, élevée devant le château d'Amboise. La seule Anne d'Est, duchesse de Guise, versant des larmes à la vue des potences, des bûchers et des bourreaux, demanda la permission de se retirer; elle étoit cependant catholique, mais humaine : c'étoit la seule femme de la cour qui eut l'ame de son sexe. Le chancelier Olivier, las de parler d'humanité sans être entendu, couvert du sang des malheureux qu'on le forçoit de condamner, accablé de leurs reproches, et du remords de n'avoir pas défendu les loix du royaume contre les premières entreprises du cardinal de Lorraine, ne put survivre à tant de crimes, et mourut de douleur (1).

La conjuration étoit dissipée; mais il restoit aux Guises et à Médicis une impression

---

(1) Olivier fut vraiment à plaindre, quoique ministre d'un roi ; il ne fut que foible, et maîtrisé par le pouvoir tyrannique. Castelnau, l'un des plus vertueux des protestans, interrogé par lui sur divers points de la religion, lui rappela qu'auparavant, à sa terre de Leuville, il l'avoit vu penser comme lui. « Comment se peut-il faire, ajouta-t-il, que l'un de nous ait tellement changé d'opinion que nous ne puissions plus nous entendre? Alors vous étiez dans la disgrace, et vous parliez vrai. Malheureux esclave de la faveur, pourquoi faut-il que, pour complaire à des hommes qui vous méprisent, vous trahissiez Dieu et votre conscience »? Le même Castelnau, écoutant lire la sentence qui le condamnoit comme criminel de lèse-majesté, s'écria que « si c'en étoit un d'avoir pris les armes contre les Guises, il n'y avoit qu'à les déclarer rois. Les bons Français qui demeureront après moi, dit-il, prendront garde qu'ils ne prennent cette qualité; quant à moi, la mort me délivre de cette crainte ». C'étoit, en 1560, un crime de *lèse-majesté* de prendre les armes contre les Guises.

de terreur dont ils crurent se délivrer par des menaces, et des troupes prêtes à marcher. Catherine ne pouvoit penser à des guerres étrangères, ni à de nouvelles conquêtes; ses crimes avoient épuisé la France d'hommes et d'argent. Le cardinal de Lorraine cherchoit à faire un accommodement avec Elisabeth, reine d'Angleterre; et en traitant avec elle, il sentit plus d'une fois qu'il avoit affaire à un tyran plus habile que lui. Les affaires de France occupoient son attention; elle avoit à la fois le désir de secourir les protestans, d'entretenir le feu des guerres intestines qui ravageoient le royaume, de s'introduire dans les provinces maritimes, de rentrer dans Calais, ou de s'emparer enfin de quelque place qui lui donnât un libre accès en France. Elisabeth et Médicis avoient toutes deux la même maxime, *diviser pour régner*. Elisabeth ne la mit jamais en usage qu'au dehors; Cathérine, divisant tout autour d'elle, fut encore plus atroce que la reine d'Angleterre.

Charles IX régnoit depuis 1651. Médicis avoit été accusée de la mort de François II, son fils aîné; on ne l'en a jamais justifiée que par des conjectures et des présomptions : on ne l'a pas non plus convaincue. François étoit foible, valétudinaire; à la vérité, sa vie entière promettoit une longue enfance, pendant laquelle elle devoit se flatter de gouverner toujours. Mais sa femme étoit belle, d'un caractère doux et humain, c'étoit Marie Stuard; elle avoit en horreur le rang et les persécutions; elle pouvoit faire ombrage à la furieuse Catherine : et pourquoi un crime lui eût-il coûté, s'il fût un seul moment où elle le crût nécessaire à ses intérêts ? Le roi d'Espagne avoit envoyé des secours à la maison de Lorraine; Médicis avoit été déclarée régente, pendant la minorité de ce prince, âgé de dix ans. En 1562, il y avoit, en France, quatorze armées toutes opposées les unes aux autres, dans lesquelles on voyoit combattre les fils contre leurs pères, les frères contre les frères, les amis contre les amis ; vieillards, femmes, enfans, renfermés dans l'intérieur des villes, n'osoient lever les mains au ciel pour demander la victoire ; tel parti qu'elle favorisât, elle devoit coûter des pleurs, et souiller leur nom. Ici un père attendoit qu'un fils audacieux vînt, la tête de son frère à la main, recueillir un sanglant héritage ; là une femme au désespoir s'imaginoit déjà recevoir, attendoit l'affreuse nouvelle que son mari lui avoit été enlevé par un fils parricide, qui alloit porter la flamme et la mort au milieu des foyers paternels ; une autre trembloit que le fanatisme, armant son époux et ses fils mêmes contre elle, ne la forçât de fuir devant ceux dont l'amour et la nature auroient dû faire ses défenseurs. L'enfant massacré sur le sein de sa mère, imploroit en vain la pitié de ses parens. Les vainqueurs mêmes, dans ces horribles combats, les vainqueurs, souillés du sang de leurs proches et de leurs concitoyens, trouvoient, au sein de leurs familles, la mort qu'ils venoient de donner. Plus de parens, plus d'amis, la nature étoit muette, l'amitié détruite, tous les liens brisés : l'humanité inconnue, et son nom même oublié ! On voyoit accourir de tous côtés des hommes de toutes les nations, conduits par l'esprit de rapine, qui, indifférens pour les deux partis, venoient servir l'un ou l'autre, et seconder la fureur des malheureux Français. Le pillage, la désolation, les villes ravagées, brûlées, le sang coulant de toutes parts, telles étoient les œuvres de la régente.

Le prince de Condé ne luttoit que foiblement contre elle ; il avoit besoin de secours, il la connoissoit implacable ; il ne vouloit pas tomber entre ses mains, il se détermine à demander

mander du service à Elisabeth ; il offre de lui remettre le Havre, comme place de sûreté; elle promet des garnisons pour Dieppe et Rouen, des secours pécuniaires : il y consent, et les historiens osent le blâmer. Le duc de Guise avoit, disent-ils, défendu la France après la bataille de St. Quentin, chassé les Espagnols et le duc de Savoye, empêché le débarquement des troupes. Mais quel dommage auroient pu causer les succès passagers de ces troupes ennemies, en comparaison des massacres d'Amboise, de Vassy, de Gaillac, et toutes les horreurs qui les suivirent et les précédèrent ? La déroute générale, la plus sanglante, la plus complète, auroit-elle jamais eu de suites plus funestes que ne le fut l'horrible scène du 24 août 1572 ? En vain l'on prétend que le prince de Condé, Coligny, Châtillon, réduits au désespoir par la tyrannie, appeloient à leur secours les ennemis de l'état. La philosophie n'admet plus ces outrageantes distinctions : ce n'est plus d'après ces démarcations barbares qu'on doit juger les actions présentes et passées. Les ennemis de l'état, étoient-ce les Anglais ; non, c'étoient la régente, ses ministres, ses favoris, ses esclaves, les prêtres fanatiques, les magistrats et la nation elle-même que son aveuglement et sa lâcheté rendoient sa propre ennemie : les chefs protestans se sentoient assez généreux pour traiter les Anglais en alliés, tant qu'eux-mêmes auroient agi comme tels, et assez forts pour les repousser, s'ils avoient voulu devenir usurpateurs. Eh ! quelle usurpation encore ! Tyran pour tyran, ne valoit-il pas mieux subir dans ce moment le joug d'Elisabeth que celui de Médicis ? Elisabeth étoit reine ; à ce titre, aujourd'hui, son nom me paroît exécrable ; à ce titre, elle a mérité l'animadversion des hommes libres ; à ce titre, Brutus en auroit délivré le monde entier ; mais dans les genres d'animaux féroces il est des espèces plus carnacières les unes que les autres ; et il en est qui se jettent sur la proie sans que la faim les presse : telle étoit Médicis.

Si, dans un siècle d'abrutissement, la mémoire de Condé a reçu quelque tache, ce ne sont point les clameurs des Guises qui la lui ont imprimée, c'est le peu de succès qu'il obtint, ce dont la parcimonie d'Elisabeth fut la principale cause. Si la bataille de Dreux lui avoit été favorable, s'il étoit rentré dans Paris triomphant, et armé pour le salut de l'état d'une juste vengeance contre la tyrannie et le fanatisme ; si les loix des nations avoient jugé Médicis et son fils, Condé auroit passé pour un grand homme ; et, se fût-il placé sur le trône, les peuples auroient béni son usurpation.

Le succès de l'armée royale ne fut pas complet ; Coligny reprit les places de Normandie ; la reine d'Angleterre envoya de nouveaux secours en argent, et procura des levées en Allemagne. Chaque jour voyoit naître de nouvelles scènes, où chaque parti ayant tantôt des avantages, et tantôt le dessous ; la rage éclatoit également de part et d'autre ; mais si les protestans étoient cruels, à qui en étoit la faute ? Que demandoient-ils ? La paix et le libre exercice de leur religion. Que repondoit-on à de justes demandes ? Médicis publioit des édits par lesquels il étoit libre à chacun de leur courir sus par-tout où on les rencontreroit, et de les massacrer sans distinction et sans pitié. Eh ! quel est l'homme assez patient pour supporter de pareilles horreurs, et ne pas devenir cruel, quand il est aux mains avec de barbares ennemis ? Guise enfin fut assassiné ; on accusa l'amiral Coligny ; s'il avoit ordonné ce meurtre, il auroit employé la seule voie qui existât alors de détruire les méchans ; mais ce qui persuade qu'en effet cet assassinat ne fut point son ouvrage, c'est qu'il le nia, en ajoutant avec une noble véracité qu'il le désiroit depuis long-temps, et qu'il croyoit dans sa conscience que c'étoit un bien pour l'état. Médicis perdoit un appui ; mais elle en étoit déjà fatiguée : son genie altier craignoit d'en être dominé. Jalouse des crimes qu'elle lui voyoit commettre ; elle auroit voulu les ordonner tous ; elle ne souffroit qu'impatiemment d'en partager et l'invention et l'exécution. Aussitôt après sa mort, elle conçut un nouveau moyen de vaincre les protestans. Ils devenoient peu à peu les plus forts ; elle leur proposa la paix, et les insensés l'acceptèrent sans autres conditions qu'un traité signé par leur ennemie, et enregistré par des parlemens, ou vendus, ou impuissans. Les conditions en étoient même trop avantageuses pour devoir les tromper ; et cependant ils le furent. Le traité fut conclu à Amboise le 19 mars 1563; et son effet le plus prompt fut d'ôter au prince de Condé tous les alliés qu'il s'étoit fait, et entre autres, Elisabeth qui, trompée dans toutes ses espérances, ne put savoir que très-mauvais gré au prince de Condé de ce qu'elle devoit appeler foiblesse de sa part, et de ce qui vraiment en méritoit le nom. La prudence humaine ne doit jamais permettre d'accomodement entre des ennemis forcenés comme l'étoient les fanatiques et les protestans, comme le sont les rois et les nations, comme le seront toujours les esclaves des rois et les hommes libres. Quel est le traité capable de lier le crime et la vertu, la grandeur et la bassesse ?

Tous les règnes de nos reines se ressemblent par des caractères généraux ; ou régentes, ou femmes des rois, elles ont toujours multiplié autour d'eux l'attrait des plaisirs corrupteurs ; elles ont plongé dans la mollesse les ames qu'elles vouloient asservir, et les ont abruties pour les rendre violentes et cruelles. Médicis, qui tenoit de son pays des idées plus variées de débauche, et un temperament plus emporté que les Français, passa aussi en inventions de cette nature toutes celles qui avoient employé cet odieux moyen, et donna l'exemple à celles qui l'ont suivie. Ses fils furent donc toujours, et toujours par ses soins, entourés d'objets lascifs ; elle les transforma tout à fait en brutes : ils

S 3

n'eurent plus rien de la nature de l'homme ; et à cette époque les êtres chastes sont involontairement forcés de jeter un voile sur les mœurs effrayantes d'une cour plus dissolue peut-être que celle de Rome esclave, peut-être plus encore que celle de Louis XVI.

Charles IX, en 1666, arrivé à l'âge de majorité, se proposa, par le conseil de sa mère, de faire un voyage dans les provinces de France ; Médicis avoit réussi à diviser les protestans de leurs alliés : déjà les traités étoient violés en plusieurs points, déjà les protestans murmuroient ; mais leur imprudence les avoit affoiblis, et la reine formoit le détestable projet de leur ruine entière. Les préparatifs du voyage annoncent un enchaînement de fêtes et de plaisirs ; la paix semble en être l'unique but ; tous les divertissemens auxquels on paroît se livrer, persuadent au peuple imbécille que ses *maîtres* ne veulent lui inspirer que joie et sécurité : mais Médicis a d'autres vues, et sans pouvoir les démêler, elles alarment les protestans. Le prince de Condé ne suivit point la cour, il demeura dans son gouvernement de Picardie ; et pendant l'absence du roi, les chefs des deux partis, ne cessèrent de s'offenser mutuellement par des affronts et des querelles ; dans les différentes villes où ce prince s'arrêtoit, il arrivoit chaque jour des courriers d'Espagne, de Savoye, de Rome et d'Allemagne ; leurs missions étoient secrètes, le royaume étoit en pleine paix : quel étoit le but de ces fréquentes ambassades dans un voyage de plaisir ? On publioit qu'il n'y en avoit d'autre que l'entrevue de Bayonne avec la reine d'Espagne ; mais on venoit de découvrir une conspiration formée contre Jeanne d'Albret, reine de Navarre, et son fils Henri : on devoit les enlever, et les remettre aux mains de Philippe, roi d'Espagne. Les protestans qui accompagnoient la cour, et qui étoient environnés d'objets propres à exciter des soupçons violens, ne purent pénétrer la profondeur du mystère que Médicis employa dans le séjour de Bayonne. Les fêtes, les tournois, les danses, le délire d'une joie apparente, une troupe de jeunes princes et de ménades ivres de vin et de débauche, déroboient à la vue des plus inquiets observateurs les desseins ténébreux de Médicis. Toute sa conduite a prouvé que ce fut là qu'on forma le projet d'assassiner tout le parti calviniste, et que pendant sept ans elle travailla sans relâche à faire éclore la nuit de la S. Barthélemi. Au départ de la reine d'Espagne, Charles IX vint à Nérac, où résidoit Jeanne d'Albret ; cette princesse y avoit détruit l'exercice de la religion catholique : il le rétablit avec violence, et engagea la reine à l'accompagner dans la capitale. Jeanne y consentit par l'impuissance d'y résister. Il l'accabloit de caresses ; mais pendant la route, il lui montroit, d'un œil farouche, les traces du sang des citoyens morts dans la dernière guerre civile, les monastères et les églises renversés les croix et les statues des saints mutilées, enfin tous les désordres commis par son parti. Jeanne d'Albret, prisonnière au milieu de cette cour qu'elle détestoit, tournoit de tristes regards vers son fils, dont l'intérêt la forçoit au silence ; mais les caresses et les protestations du roi ne lui inspiroient ni confiance ni sécurité.

Quelque fût le plan qu'on avoit adopté à Bayonne, on avoit besoin d'un génie aussi profond dans le mal que Médicis l'avoit reçu de la nature, pour opérer la réussite des moyens nécessaires. Cette réussite dépendoit, non pas de la combinaison des événemens passés, non de celle des événemens présens, mais de ceux qu'on feroit naître. Que de dissimulation et d'intrigues il falloit mettre en usage ! que de ressorts il falloit faire jouer ! que d'êtres à séduire ou à tromper ! que de têtes à sacrifier ! de crimes à commettre ! d'argent à répandre, et par conséquent à lever ! de correspondances à établir ! d'espions à soudoyer ! Quarante êtres, doués de l'esprit le plus malfaisant, auroient dû suffire à peine pour diriger tant d'attentats; une seule femme crut pouvoir s'en charger, et elle réussit.

L'artifice étoit nécessaire dans l'état où étoient les provinces de France, agitées par les soupçons, troublées par les craintes, par le souvenir des maux passés, et par la défiance ordinaire aux malheureux. Médicis avoit tant de fois trompé les calvinistes, et tant de fois même déjoué les espérances des catholiques, que rien ne pouvoit lui rendre la confiance des premiers, et qu'il falloit de grands attentats pour en inspirer aux autres. Charles IX, quoique élevé par elle, quoique docile et soumis, la gênoit quelquefois par ses emportemens. Le fanatisme et la tyrannie luttoient dans son ame féroce contre toute espèce de dissimulation ; la résistance enflammoit ses passions, et souvent il laissoit échapper des secrets importans. Les protestans avoient engagé les princes d'Allemagne à lui faire demander l'exécution des traités, la liberté de conscience, sans acception de temps, de lieux et de personnes. Le roi, frémissant de colère, fut à peine capable d'en réprimer le transport : il repoussa durement de si justes propositions ; et Médicis, sentant bien quel tort l'imprudence de son fils pouvoit lui faire, chercha du moins à calmer l'esprit des ambassadeurs, par des honneurs et des présens. Cependant elle avoit tout lieu de craindre que ses projets ne fussent pénétrés : on faisoit imprimer des livres contre elle ; on publioit des maximes tendantes à autoriser le *régicide* (1).

---

(1) On a eu raison de classer le meurtre des rois dans une autre rang que l'assassinat ; le mot *homicide* ne pouvoit les regarder. Je voudrois, tant qu'il existera des rois, qu'on eût soin de conserver ce mot, *regicide*. Au premier examen, lorsque nous voyons qu'on a inventé un mot, comme s'ils étoient d'une espèce différente de la nôtre, nous croyons qu'on a voulu les placer dans une région supérieure. En effet, nos pères ignorans et superstitieux ont pu avoir cette pensée ; mais nous, à qui une longue expérience n'a pas enseigné à détruire la royauté, quoiqu'elle nous ait appris à juger les rois, conservons avec eux le mot *régicide*, c'est comme si on disoit *lionicide*, *tigricide*, etc.

Un jour, en allant à la messe, elle trouva sous ses pas une lettre, par laquelle on l'avertissoit que si elle ne permettoit pas l'exercice de la religion réformée, elle éprouveroit le sort du président Minard et du duc de Guise (1). On l'exhortoit à craindre la colère de Dieu, et *le désespoir des hommes*. Le prince de Condé, remarquant son extrême assiduité au service de la religion catholique, son exactitude affectée à en observer toutes les pratiques, sa vigilance à les faire également observer aux femmes de la cour, aux officiers de sa maison, et à couvrir ainsi de ce voile sacré leurs débauches et les siennes ; voyant que le crédit du cardinal de Lorraine s'accroissoit de jour en jour ; qu'en différentes occasions les catholiques insultoient impunément les protestans, il jugea, ainsi que l'amiral, qu'il étoit prudent de prendre des précautions pour l'avenir. Théodore de Bèze avoit remplacé Calvin à la tête des églises protestantes de Genève ; il donnoit aux Français des avis de tout ce qui se préparoit contre eux ; des armemens du duc d'Albe, monstre dévoué dans les Pays-Bas à toutes

---

(1) Le président Minard fut tué d'un coup de fusil.

les fureurs du roi d'Espagne; il demandoit des secours au prince de Condé, dans le cas où le duc viendroit assiéger Genève. Le prince lui envoya un corps de protestans de la Bourgogne, du Lyonnais et du Dauphiné; et de son côté, songeant à se mettre en état de défense, il s'adressa aux princes allemands et à la reine d'Angleterre.

C'étoit là ce que vouloit Médicis. Ce n'étoit plus elle qui avoit rompu les traités; les protestans avoient conçu des défiances qu'elle n'avoit pû prévoir; ils se préparoient à prendre les armes contre *leur roi*, sans avoir été attaqués : ils étoient donc dans leur tort, et cette situation à laquelle elle les avoit amenés peu à peu, étoit capable d'intimider les princes qu'ils sollicitoient en leur faveur. Le titre de *rebelles* avoit un pouvoir surprenant dans ces temps d'ignorance des loix naturelles : on secouroit quelquefois les *opprimés*; mais le mot *rebellion* repoussoit des hommes incapables de sentir que la rebellion envers de rois n'est que la *juste défense de soi-même*.

On ne peut pas dire cependant que les prétendus rebelles n'aient pas usé d'une grande prudence dans cette nouvelle rupture entre eux et la cour. Les grands armemens du roi d'Espagne leur fournirent un prétexte de représenter à Charles IX qu'il étoit alarmant, même pour l'intérêt de la France, qu'un voisin puissant et artificieux faisant des préparatifs considérables, il étoit de la prévoyance d'un souverain de se tenir sur la défensive. Feignant d'ignorer qu'une partie des troupes espagnoles devoit passer en France, ils présentoient au roi et à sa mère un moyen de revenir à eux-mêmes ; et leur offrant pour le salut de l'état leurs services, leurs biens, et les bras de tous ceux de leur religion, ils leur fournissoient de suffisantes cautions de leur foi. Ces offres ayant été mal reçues ; la charge de connétable refusée avec hauteur au prince de Condé, il résolut enfin de ne plus garder de ménagement avec la reine. Médicis, craignant qu'il ne se hâtât de prendre un parti auquel elle n'étoit pas encore préparée, feignit un moment d'avoir réfléchi sur ses avis et ses propositions : elle assembla un conseil, y appela les principaux du parti protestant, proposa un *plan de défense pour les frontières*, mit en délibération si l'on déclareroit la guerre à l'Espagne, et poussa l'artifice jusqu'à envoyer un ambassadeur à Philippe, pour le détourner du dessein de passer en Flandre, et lui demander raison de ses préparatifs de guerre. Cet envoyé, dont les instructions avoient été publiques dans le conseil, fut précédé par un moine, chargé d'instruire en secret le roi d'Espagne du motif de cette comédie. L'ambassadeur n'étoit point dans la confidence ; il arrive, explique le sujet de sa mission ; Philippe le reçoit avec beaucoup de hauteur, lui parle des mécontentemens qu'il a reçus de la France, refuse de lui dévoiler ses motifs, et remplit son rôle avec tant d'intelligence à la fois et de bassesse, que le pape Pie V, ne pénétrant pas un pareil mystère, se hâta d'envoyer un nonce à la cour de France, pour empêcher la rupture qui lui paroissoit près d'éclater entre les deux couronnes, et dont les suites lui sembloient opposées au grand projet de ruiner dans toute l'Europe le parti des protestans (1).

---

(1) Le plan de défense des frontières, préparé dans le cabinet de Médicis, ressembloit assez aux superbes projets de notre fameux comité militaire, composé pour la plupart de *Césars* imberbes, apprentis dans l'art de la guerre, et qui n'ont encore vu que des feux d'artifice et des bombes de carton. Il y avoit même ce rapport de plus, que si notre comité vouloit que la France fût mise en état de défense du côté par où elle peut être atta-

Le prince de Condé fut au moment de croire à cette farce insultante ; l'amiral, plus éclairé par l'expérience, lui dévoila l'intrigue à peu près telle qu'elle avoit été conçue, et tous deux se préparèrent à l'attaque. La révolte éclata le 28 septembre 1567. Les ordres donnés secrétement à Genève et dans les villes protestantes de France furent si bien exécutés, qu'il y eut tout à coup cinquante villes prises, et qu'à la tête d'un corps de cavalerie considérable, le prince, l'amiral et leurs amis s'avancèrent jusqu'à Rozay, petite ville proche de Meaux. Castelnau en ayant donné avis à la reine, empêcha malheureusement Condé de

---

quée, il *voudroit* aussi, en sa qualité de souverain, que son plan fût inviolable et suivi. Comme Médicis, il a proposé ce qu'il ne veut point exécuter ; comme elle, il se croiroit infaillible s'il lui prenoit envie de fortifier nos places frontières. Mais la ridicule ambassade auprès de Philippe est vraiment le modèle du manifeste envoyé au mois de mai dernier par le sieur Montmorin à toutes les cours étrangères. Ce fut un trait digne de Médicis, et plus d'un des alliés de Louis XVI auroit pu en être la dupe, et trembler qu'enfin *égaré par des idés populaires*, *ce prince* fût rentré dans la route de la raison. Sans doute des courriers expédiés en secret leur ont épargné cet excès d'erreur, et nous seuls avons un moment donné dans ce piége.

se rendre maître de Charles IX, alors à Monceaux, gardé par très-peu de monde. Médicis avoit dédaigné les conseils du farouche Montluc, d'autant plus lâche d'être l'esclave des rois et des prêtres, et l'ennemi des hommes, qu'il avoit des lumières, des talens, et qu'il n'étoit rien moins que dévot. Elle se trouva surprise, et c'étoit dans ces occasions seules où elle étoit sujette à la frayeur. Elle demanda des avis à tous ceux qui l'environnoient; le premier fut d'appeler les Suisses au secours du roi ; le chancelier de l'Hôpital offrit seul un conseil généreux. « Renvoyons,
» dit-il, ces troupes étrangères, et rassurons
» les calvinistes, qui, gagnés par cette con-
» descendance, poseront les armes. M. le
» chancelier, répliqua la reine, voulez-vous
» promettre qu'ils n'auront d'autre but que
» de servir le roi ? Oui, madame, répon-
» dit l'Hôpital, si l'on m'assure qu'on ne les
» veuille pas tromper ».. C'étoit exiger de Catherine ce que la nature avoit mis hors de son pouvoir. L'avis d'environner le roi de lances et d'épées prévalut. C'est au milieu des armes que les tyrans se croient en sûreté ; il faut des gardes et des forteresses à ceux qui veulent faire le mal, qui le font, et qui craignent

gnent le châtiment. Tandis que le roi revenoit à Paris, le prince de Condé parut vers Meaux avec ses troupes ; il vit ou crut voir qu'il n'étoit point assez fort, et se retira. Charles IX profita de ce moment pour tirer de fort loin quelques coups de carabine, et l'on publia que ce *prince courageux* avoit voulu engager l'action. Dès ce moment, les opérations des protestans perdirent tout leur effet ; la bataille de Saint-Denis fut désastreuse, et le dernier parti qui leur resta fut de se replier sur les frontières, et d'y attendre le secours que leur amenoit le prince Casimir. Une armée sans habits, sans paie, sans bagage, obligée de chercher un abri dans les lieux écartés, d'arracher du pain et des vivres au paysan surpris, accablée de fatigue et de toutes les intempéries d'une saison rigoureuse, étoit soutenue par la confiance qu'elle avoit dans une cause qu'elle croyoit juste. L'armée royale bien payée, bien nourrie, logée dans les grandes villes, marchoit sans ordre et sans vigueur, méprisant l'autorité d'un enfant, du duc d'Anjou qui la commandoit, qui étoit fils de Médicis, et qui conduisoit ses soldats contre leurs frères et leurs amis. Cette armée, quoique florissante en apparence, n'auroit pas donné le spectacle

T

attendrissant qu'offrit la jonction de l'armée protestante et de celle du prince Casimir. Après une longue attente, cette armée paroît; la joie se répand parmi les soldats; les chefs seuls paroissent consternés; les troupes étrangères croyoient toucher cent mille écus en joignant leurs alliés; il n'y en avoit pas deux mille dans la caisse. Le prince de Condé et les autres capitaines représentent aux officiers leurs besoins et leur embarras : ceux-ci haranguent leurs soldats; chacun, à l'envi, livre ce qu'il a conservé de plus précieux : cette armée sans paie en soudoie une autre; on forme une somme de quatre-vingt-dix mille livres; les étrangers se montrent aussi généreux que les Français; ils se contentent de ce prêt modique, et le prince de Condé revenant sur ses pas, rentre en France en janvier 1568. C'est dans les momens où favorisé par les circonstances, le crime règne et répand au loin la terreur et la désolation; c'est lorsque les êtres foibles, rampant à ses pieds, semblent vouloir se dérober à son action, lorsque les instrumens de sa fatale puissance lèvent seuls une tête hardie, qu'on voit éclater aussi les plus grands traits de courage. Il semble que la nature outragée réunisse toutes ses forces au sein de quelques êtres privilégiés, et qu'elle veuille consoler l'humanité par le tableau imposant de la vertu combattant seule pour elle-même.

Condé ne put jouir long-temps de l'avantage qu'il s'étoit procuré en conservant les troupes de Casimir. Médicis avoit profité de son absence; elle avoit préparé des moyens infaillibles de séduction. Aucune des soldatesques européennes n'est moins à l'épreuve de l'or que les Allemands; aucune ne paroît plus éloignée de toute énergie et de tout sentiment de dignité. Les dons de la reine opérèrent une désertion nombreuse : elle fit circuler en même-temps une fausse copie des propositions faites au prince de Condé, et prétendûment refusées par lui : on y promettoit aux calvinistes la liberté de conscience. Les Allemands trouvèrent injuste de se battre pour des hommes qui avoient eux-mêmes refusé les conditions qu'ils désiroient; ils se retirèrent; les places conquises furent rendues, et les chefs obligés de signer, le 26 mars, un nouveau traité qu'ils savoient bien qu'on alloit violer comme les autres. Les parlemens eux-mêmes, ces prétendus pacificateurs, ces barrières entre le *trône et les sujets*, contribuoient à ébranler ces traités douteux, et leurs enrégistremens étoient en quelque sorte des déclarations de guerre ; ils y désapprouvoient la doctrine protestante, et déclaroient que l'arrangement pris par l'édit ne pouvoit durer que jusqu'au moment où le royaume seroit réuni sous une même croyance. Personne n'ignore que le parlement de Paris n'enregistra l'édit de 1560, que sous la réserve d'un arrêt secret, par lequel on pouvoit l'interpréter, lorsque l'exécution en seroit réclamée ; personne n'ignore combien les registres de ces grands corps contiennent de monumens de bassesse, d'ignorance et de mauvaise foi ; et c'est ce dédale d'erreurs et d'horreurs qu'on voudroit ramasser dans les traces fangeuses du despotisme.

Avant la fin de l'année, le triomphe de Médicis sembloit assuré : on ne ménageoit plus les calvinistes ; les chaires retentissoient contre eux des plus grossières injures ; dans les temples où l'on osoit encore adorer Dieu avec des mains teintes de sang, on publioit que la foi n'étoit pas due aux hérétiques ; que la paix leur laissoit la facilité de reprendre des forces, qu'il falloit la rompre et ne leur faire aucun quartier, que le massacre étoit une action pieuse, juste et utile. L'effet de ces discours étoit, à coup sûr, des émeutes publiques, après lesquelles les malheureux protestans offensés étoient encore punis comme séditieux, ou des assassinats dont ils ne pouvoient obtenir justice. Malheur, dans Paris ou dans les provinces, à ceux qu'on savoit conserver ou seulement avoir eu des liaisons avec les chefs des protestans; le poignard, le poison, le supplice lent du cachot les détruisoient, et avec eux les inquiétudes qu'ils pouvoient causer. En trois mois, il périt plus de dix mille personnes par ces moyens détestables. Implacable fanatisme! monstre qui, même en expirant, viens encore de faire couler du sang à Nimes, à Montauban et ailleurs! quand donc seras-tu effacé de dessus la terre avec tout ce que tu as érigé et tout ce qui te prête encore un appui (1)?

---

(1) Il n'est pas sûr que le fanatisme n'ait pas quelque part à l'espèce de contre-révolution que l'on vient d'éprouver à Paris, la ville de France le moins digne de la liberté, la plus courbée sous le joug de l'intérêt personnel, la plus ensevelie dans le luxe et la mollesse, la plus corrompue par l'influence maligne de la cour. Le fanatisme n'ose se montrer à découvert, il est vrai; mais soyons sûrs qu'il habitera toujours auprès de ce trône que viennent de relever des hommes coupables éblouis par un indigne salaire. Soyons sûrs que lorsque d'énormes prérogatives, soutenues par d'énormes

Les armes reprises de part et d'autre, les défaites de Jarnac et de Montcontour, l'assassinat du prince de Condé, la perte de plusieurs autres chefs protestans, le découragement des troupes, les intrigues perpétuelles de Médicis, tout la conduisoit à la

———————

richesses auront mis un roi en état de lever contre la nation l'étendard de la rebellion, ce sera au nom de Dieu qu'il s'écriera : Peuple, rentrez sous le joug que vous avoient imposé *mes ancêtres*. Ce sera au nom de Dieu que des prêtres fanatiques prêcheront une obéissance servile au peuple étonné, surpris et vaincu. Ce sera au nom de Dieu que les hommes libres tomberont sous le glaive ; que tous les amis de l'humanité périront sans défense, et qu'il ne restera que le souvenir de cette révolution si bien commencée, si mal soutenue, et anéantie au moment où elle alloit s'achever. Funeste présage ! me dira-t-on ? il n'est malheureusement que trop fondé. Calculons la guerre déclarée aux amis de la vérité, aux patriotes, aux hommes libres, leur incarcération ; l'erreur dans laquelle on a jeté quelque portion des provinces, pour avoir le temps de consommer la trahison méditée par l'assemblée nationale ; d'exercer impunément la perversité des tribunaux ; d'ériger au nom de la loi profanée un pouvoir supérieur à toutes les loix, et de former une legislature, corrompue d'avance, et incapable de remédier à nos maux. Calculons tout ce qui s'est écoulé depuis le 17 juillet dernier, et osons croire que la liberté peut renaître, sans un miracle nouveau de cette providence qui nous avoit si bien dirigés.

consommation de son grand projet. Le mauvais succès du siége de Saint-Jean-d'Angély seul pouvoit sauver encore les calvinistes ; ils se défendoient avec courage ; ils devoient recevoir des secours puissans des Pays-Bas et de l'Allemagne : la reine fit publier et dans les Pays-Bas et en Allemagne, que la paix étoit faite et ratifiée entre eux et la cour. Les princes et les chefs suspendoient les levées d'hommes ; le moment du secours fut manqué, et lorsqu'on fut éclairci de cette infernale ruse, il n'étoit plus temps. Pressés de toutes parts, malheureux par-tout, jamais secondés par le peuple, et toujours surpris par les artifices de la reine, ils consentirent enfin à la paix du 15 août 1569. Le roi, la reine-mère, les princes, le conseil, les grands du royaume, Jeanne d'Albret, Coligny, ou en personne ou par leurs fondés de pouvoirs, la jurèrent solennellement à Saint-Germain-en-Laye. On en fit passer la nouvelle à la Rochelle, et le jeune Téligny la porta vers l'armée protestante, où elle fut également reçue et jurée. Les conditions en étoient avantageuses ; le sceau le plus réel sembloit être le mariage projeté du jeune Henri, roi de Navarre, avec Marguerite, sœur du roi. Le duc de Guise avoit prétendu à la main de cette princesse ; mais Charles IX, trop orgueilleux pour y consentir, et trop épris de ses projets de vengeance pour y renoncer, ordonna un jour au bâtard d'Angoulême, son frère, de tuer le duc de Guise. La reine, informée de cet ordre, en fit avertir le duc, qui se hâta d'épouser Catherine de Clèves, veuve du prince de Croy.

Tout paroissoit rentré dans l'ordre ; la profonde dissimulation de Catherine, parfaitement secondée par son fils, rassuroit de plus en plus les crédules protestans. Comment pouvoient-ils imaginer cependant que des ennemis acharnés à leur perte, des hommes assez lâches pour que tous les moyens leur eussent paru bons et faciles, pussent, au moment où ils avoient sur eux les plus grands avantages, leur donner tout ce qu'ils avoient inutilement demandé les armes à la main, le libre exercice de leur religion, excepté à la cour, le droit à toutes les places et charges de l'état, la restitution de tous les biens confisqués, et enfin quatre villes de sûreté à leur choix, et dans lesquelles ils eurent le droit de placer des gouverneurs et des garnisons à leurs ordres ? Il est vrai, et c'est un fait à remarquer, qu'elles ne leur furent accordées qu'aux conditions que les princes de Béarn et de Condé firent serment de les remettre dans deux ans. Pourquoi ce temps de *deux ans*, qui fut précisément l'époque de la Saint-Barthélemy ? C'est que Médicis savoit bien qu'il lui falloit ce temps encore pour ménager les circonstances favorables, et accomplir les odieux sermens qui s'étoient faits à Bayonne, entre elle et son odieuse fille, que les historiens et les fades romanciers ont cherché à nous rendre si intéressante, et que peut-être on n'a jamais considérée sous le point de vue révoltant de négociatrice d'un traité sanguinaire.

Les calvinistes auroient ils dû s'en rapporter à la foi de tant d'êtres perfides ? Ils auroient succombé sous le poids de la guerre, dira-t-on : eh bien ! ils seroient morts en défendant leur foi, leur liberté ; ils auroient péri volontairement ; ils n'auroient pas été massacrés sous le fer des bourreaux. Ces courageux ennemis des Romains, qui brûlèrent leur ville et s'ensevelirent sous ses ruines, plutôt que de se rendre, ont laissé à leur postérité un glorieux exemple de ce que peut sur l'homme une juste idée de sa dignité.

Médicis eut à peine vu régner autour d'elle cette sécurité qu'elle n'aimoit pas, mais qui lui étoit nécessaire, qu'elle en profita pour marier son fils : elle lui fit épouser Elisabeth d'Autriche, fille de l'empereur; le mariage fut célébré à Spire, le 22 octobre 1570, et consommé le 26 novembre de la même année. La pompe la plus insultante régna dans la fête : les étoffes de prix, les broderies les plus riches, les tissus d'or et d'argent disputoient d'éclat avec les diamans et les pierres précieuses; les vases et les meubles brilloient, ainsi que les habits, par la rareté de la matière et des ornemens précieux. Les Allemands, éblouis d'une magnificence à laquelle ils ne s'attendoient pas après de si longues années de désastres, s'écrioient que le royaume étoit *inépuisable*. Ils n'observoient pas le contraste de cette richesse apparente avec la pauvreté des campagnes; ils ne comparoient pas l'éclat de ces richesses factices avec la nullité des richesses réelles de l'agriculture et du commerce. La gaîté, ou plutôt la joie ivre et insensée des imbécilles habitans des cours, cachoit à leurs yeux la douleur concentrée des villes, les visages flétris de ceux à qui tant de malheurs et de pertes récentes n'avoient laissé que des pleurs à répandre. Ils n'entendoient pas les cris douloureux des veuves redemander à Médicis le père de leurs tristes enfans ; les vieillards, courbés sous le

poids de l'âge et de la misère, lui dire d'une voix éteinte : « Barbare ! tes ordres sangui-
» naires ont moissonné ceux dont la main de-
» voit nous fermer les yeux ». Les infortunés se déroboient aux regards, ou gardoient un morne silence : c'est ainsi qu'un éclat trompeur cache souvent des plaies profondes et envenimées ; c'est ainsi qu'on est abusé par le calme des monarchies, et qu'on y croit heureux celui que la peur rend immobile, et qui porte au fond de l'ame le poison lent de la douleur.

Quel étoit, on le répète encore, l'aveuglement des protestans, lorsqu'ils n'osoient soupçonner la foi de Médicis, et qu'à cette fête ils voyoient des tableaux représentans Charles sous la figure de Jupiter, et sa mère, avec les attributs de Junon, foudroyant les huguenots sous l'image des Titans ; lorsque ces peintures étoient couronnées de distiques, dont l'idée étoit parfaitement liée aux projets qu'on méditoit ; lorsqu'enfin cette mal-adresse inconcevable sembloit être un effet de cet esprit de vertige et d'aveuglement dont les tyrans sont quelquefois frappés ? Les ambassadeurs des princes ligués à Ausbourg parurent moins persuadés de la probité du roi ; ils l'exhortèrent, dans leurs complimens de félicitation, à entretenir la paix avec les religionnaires, et à les traiter *avec bonté*. Avec bonté! Des hommes, des milliers d'hommes implorer *la bonté* d'un pygmée, qu'un souffle auroit anéanti! Quelle honte! et qui pourroit dire que tant de lâcheté ne mérite pas le salaire qu'elle obtient des rois, les fers et la mort?

Quelle que soit la dissimulation des femmes, leur organisation physique les portant à une fréquente irritabilité, les rend presque toujours impatientes d'arriver au but qu'elles se proposent; de cette impatience naît le défaut naturel de profondeur dans les idées et de calcul dans les moyens. Médicis même laissoit quelquefois échapper à sa politique adroite des imprudences qui auroient dû éclairer ses ennemis. Telle fut l'exposition de ces tableaux, monumens de haine et de vengeance; telle fut encore l'imprudence d'augmenter les garnisons des villes voisines de celles où les protestans en avoient placé eux-mêmes d'après le traité: c'étoit un acte capable de les éclairer; aussi furent-ils sur le point de l'être. Les principaux chefs se retirèrent à la Rochelle, et ne se séparèrent point, comme ils l'avoient annoncé: ils augmentèrent à leur tour leurs garnisons; et lorsqu'on les interrogea sur cet acte de méfiance, ils répondirent qu'ils avoient pris les mêmes précautions que le roi ; qu'ils étoient obligés de se rassembler, pour faire sur leurs biens la répartition de leurs dettes ; que d'ailleurs ils ne pouvoient habiter la cour, où les Guises obsédoient sans cesse la personne du roi. Médicis sentit son imprudence, et se hâta de la réparer. Il n'est pas sûr que le projet du mariage de Henri de Navarre et de Marguerite, sœur de Charles, fût sincère. Charles avoit pu la refuser au duc de Guise, sans avoir le dessein de la marier au roi de Navarre ; mais alors on sentit qu'il falloit presser la conclusion de cet hymen, ou qu'on alloit effrayer les protestans. Jeanne d'Albret en reçut les propositions positives avec peu de joie, et ne s'engagea encore à rien. Les deux partis dominans sembloient n'être occupés que de mariage. L'amiral de Coligny venoit d'épouser mademoiselle d'Entremont, malgré les persécutions du duc de Savoie, dont elle étoit sujette, et qui, ne pouvant arrêter sa personne, s'empara de ses biens. Coligny venoit en même temps de marier sa fille au jeune Téligny, gentilhomme sans fortune, mais homme de bien. Le prince de Condé alloit donner la main à Marie de Clèves, sœur du duc de Guise, et Médicis faisoit à la reine d'Angleterre des propositions en faveur du duc d'Anjou, son fils bien aimé.

Coligny, trompé par Charles IX et Médicis, craignoit la pétulance de ses calvinistes, dont quelques-uns avoient une foi moins aveugle que lui. Il auroit voulu d'ailleurs punir le roi d'Espagne des horreurs qu'il commettoit dans les Pays-Bas; et secondant le courage des héroïques Bataves, cueillir à la fin de sa carrière quelques-uns des lauriers que promet la liberté. Ces provinces épuisées cherchoient, dans ce moment, à se jeter sous la protection d'une puissance assez forte pour les secourir. L'Angleterre étoit vivement sollicitée par le prince d'Orange, et l'on prévoyoit bien que la politique Elisabeth ne laisseroit pas échapper cette occasion d'aggrandir son influence sur les états d'Europe. Coligny crut que la France devoit disputer cet avantage à cette princesse, et se venger des troubles que Philippe avoit excités dans son sein. Louis de Nassau, frère du prince d'Orange, passa en France chargé de faire des propositions au conseil. Médicis et son fils le reçurent avec toute la dissimulation dont ils étoient capables, et comme le but principal étoit de ramener l'amiral à la cour, Charles feignit de ne vouloir répondre à Nassau, qu'après avoir conféré d'un objet aussi important avec un vieillard dont l'expérience pouvoit seule guider sa jeunesse.

L'amour-propre, le véhicule de toutes nos actions, devient souvent un de nos plus grands ennemis : l'amiral ne tint pas à l'artificieuse marque de confiance d'un roi; malgré les pleurs de sa fille, les prières de son gendre, les inquiétudes de sa femme, les terreurs de ses amis, il voulut impérativement venir trouver ce *jeune prince*, dont un souris perfide l'avoit plongé dans un fatal délire. Il n'écouta, ni avis ni conseil ; et lorsque Charles alla vers la fin de l'été à Blois pour y chercher Jeanne d'Albret et son fils, il trouva le crédule vieillard avec eux. « *Je vous tiens*, enfin, lui dit-il, avec une joie perfide, *je vous tiens, et vous ne me quitterez pas quand vous le voudrez* ». On lui entendit répéter plus d'une fois sans pouvoir se déguiser : « *Oui, ce jour est le plus beau de ma vie* ». Arrivée à Paris, Médicis courut se jeter, pour ainsi dire, dans les bras du vieillard, l'accabla de caresses, de marques de distinction, d'estime, de faveur particulière, enfin de ces témoignages menteurs dont les rois sont prodigues lorsqu'ils veulent séduire et tromper, et par lesquels se sont laissés enivrer des hommes qui auroient dû être assez grands pour les fuir ou les anéantir. La reine de Navarre avoit à opposer au mariage de son fils avec Marguerite, des obstacles qui devoient lui paroître insurmontables ; la différence de religion, et toutes les formalités d'une célébration que cette différence rendoit presque impraticable. Les caresses de Médicis, et la complaisance de son fils qui sembloit tout applanir, la surprenoient et ne l'éblouissoient pas. Jeanne d'Albret avoit beaucoup des vices du rang suprême ; eh ! qui peut échapper à la contagion de cet état contre nature ? Mais elle avoit tant souffert par les circonstances, et par une lutte pénible et continuelle avec des tyrans supérieurs en force, qu'elle avoit moins perdu qu'un autre de l'essence de l'humanité. Elle avoit de l'esprit, de la pénétration, et si elle avoit été citoyenne d'un pays libre, elle auroit pu avoir des vertus. Médicis se sentoit intimidée en sa présence ; son silence observateur, qui alloit glacer jusque dans ses replis cette ame criminelle, ne lui inspiroit cependant que plus de fureur ; et ce fut sans doute la contrainte qu'elle lui imposoit, qui décida sa perte.

L'amiral se flattoit que la guerre avec l'Espagne étoit résolue ; Charles, étudiant avec soin la marche que lui dictoit sa mère, avoit si adroitement coloré ses desseins, que tous deux étoient parvenus à tromper même les catholiques, qui murmuroient presque tout haut de ce changement de scène. Ils désapprouvoient le mariage du prince de Béarn ; ils croyoient voir déjà les calvinistes triomphans; et l'erreur dans laquelle on les jetoit, passa jusque chez l'étranger. Le roi d'Espagne s'en inquiéta ; le pape envoya une ambassade, et menaça de ne point accorder de dispenses. « *Oh ! que ne m'est-il permis de m'expliquer*, dit un jour Charles au légat qui le pressoit vivement ? *Encore un peu de temps*, ajouta-t-il, *et le saint père saura combien cette alliance est utile à la religion, et combien j'y suis fidèle* ». Médicis enfin vainquit tous les obstacles, et le mariage se conclut. *Si les noces se font à Paris*, disoit le père du duc de Sully, *les livrées en seront vermeilles*. Jeanne d'Albret avoit été faire un voyage dans ses états ; on sembloit n'attendre qu'elle pour la célébration ; elle arrive à Paris à la fin de mai 1572. Médicis étoit lasse d'endurer le tourment de sa présence, de craindre sa pénétration : le 9 juin, l'infortunée n'étoit plus, un poison subtil avoit délivré d'elle et la mére et le fils. Que penser de Henri son fils déjà en âge de se marier, déjà guerrier, déjà roi, et déjà capable de fouler aux pieds la cendre de sa mère ? C'étoit pourtant cet Henri IV, ce roi, l'idole des aveugles Français, ce dont il est si étonnant qu'ils se soient détrompés sans faire un pas, un seul pas de plus.

Rien ne fut capable d'éclairer l'amiral ; ni la mort de Jeanne d'Albret, ni les armemens subits qu'on faisoit vers la Rochelle, ni les emprunts, enfin aucune des apparences de trahison qui se multiplioient autour de lui. Tous les avis qu'on lui donna furent superflus, il ne les recevoit plus qu'avec colère, et enfin, il revint de son château de Chatillon, dans lequel il avoit passé quelques jours, pour assister aux nôces brillantes du roi de Navarre. Quelques historiens prétendent que Charles IX, vaincu par la bonne foi de Coligny et des religionnaires dont il étoit environné, avoit de bonne foi lui-même accepté les plans de guerre contre l'Espagne, et qu'il cherchoit à secouer l'autorité de sa mère. Il est très-vrai que Médicis, touchant presqu'au terme de ses travaux, feignit de se défier de l'amitié que son fils témoignoit à l'amiral ; il est vrai que les Guises et leurs adhérens murmuroient fort haut, et publioient que le roi, séduit, alloit abandonner les intérêts de la religion catholique, et immoler ses *fidèles serviteurs* au ressentiment invétéré des calvinistes. Ils se plaignoient des hauteurs, des menaces, des insultes qu'ils recevoient, disoient-ils, journellement de ces hommes dangereux. Médicis, versant des larmes amères, faisoit courir le bruit qu'elle alloit quitter la cour. Elle la quitta en effet; et Charles, remplissant à son tour le rôle qu'on lui avoit donné, va la trouver, se plaint de sa fuite, et la conjure de lui en expliquer la cause. On la dissimule d'abord, on feint de ne l'instruire qu'à regret, et on lui dévoile enfin un prétendu complot des religionnaires et de l'amiral pour s'emparer de sa personne, et immoler tous les catholiques. Cette feinte découverte sert de prétexte suffisant pour faire promptement rappeler les catholiques épars, les Guise, Nemours, Nevers, d'Elbœuf, Montpensier, avec toute leur suite de nobles scélérats, mendiant des crimes et du pain, sur les traces de ces antiques *soutiens du trône*. Les historiens prétendent justifier Charles IX, et nous faire croire à la réalité de cettte scène : et quelles sont les sources où ils puisent leurs imbécilles assertions ? Les mémoires de ces assassins qui entrèrent au conseil, où le jour du massacre fut désigné, et n'en sortirent que pour commettre cet exécrable attentat (1); Tavannes, Retz, Villeroy,

___

(1) Il n'y a plus de jugement fixe à porter aujourd'hui sur les ouvrages qu'on a lus autrefois et qu'on regardoit comme estimables. *Anquetil* a passé pour un écrivain intègre et libre; on a cru voir de sa part un grand courage à dévoiler, dans *l'esprit de la ligue*, les trames odieuses de ces temps déplorables. Et cependant on y trouve un tel respect pour la royauté, une attention si minutieuse à écarter de la personne de Charles IX le soupçon de barbarie et de duplicité, à rejeter toute la haine sur sa mère et ses conseillers, qu'on est forcé de dire qu'un tel auteur est plus méprisable d'avoir caché la vérité, parce qu'il étoit capable de la voir, et qu'il mentiroit s'il disoit qu'il ne l'a point vue, plus méprisable encore, en ce que rien ne l'empêchoit de la dire. Il étoit prêtre, et il a bien osé combattre le fanatisme! Il étoit homme, et il n'a osé accuser un roi! S'il n'avoit pu le faire sans compromettre sa vie ou sa liberté, on lui pardonneroit; mais lorsqu'il a écrit, le domaine de l'histoire appartenoit à tous, et la mémoire de Charles IX étoit aussi odieuse que celle de Néron et de Caligula. Quel est donc le motif qui l'a fait souiller ainsi sa plume et sa conscience? Seroit-on forcé de le placer au rang des auteurs mercenaires qu'un intérêt secret a guidés? Oui, Anquetil a montré du courage en blâmant rigoureusement les catholiques. Mais en 1783, le fanatisme ne persécutoit plus ceux qui

Gondy, Birugues, monstres dignes d'être les soldats d'un roi : que dis-je ! ce n'est point assez, ils étoient dignes d'être rois eux-mêmes. Et c'est donc sur leur foi qu'on ose nous présenter Charles IX comme séduit, entraîné, trompé, tandis que toutes ses actions, ses démarches, ses discours nous prouvent qu'il étoit le digne élève de l'atroce Médicis. Ah ! peut-être en effet qu'élevé par une autre femme, il n'auroit été sur le trône qu'un criminel ordinaire ! Peut-être que les leçons de Médicis gravèrent plus profondément dans son ame le penchant au vice, la soif du sang, l'amour du mal ; mais à l'époque où l'on prétend le justifier, son éducation étoit consommée, son cœur gangrené contenoit, comme celui de sa mère, tous les poisons de l'enfer.

Il falloit bien un prétexte pour assassiner les protestans ; il falloit bien tenter de colorer,

---

ne faisoient que raconter les faits connus et constatés ; il ne poursuivoit plus que la liberté des opinions ; mais en 1783 la royauté avoit des bénéfices et des pensions à distribuer. Un auteur a dit : que, *si la peste avoit de l'or et des cordons à donner, elle trouveroit des hommes assez lâches pour dire qu'elle est de droit divin.*

aux yeux de la France et de l'Europe, le changement subit des caresses et des bienfaits en un massacre général ; il falloit bien rassembler des brigands faits pour exécuter un pareil complot, et l'on ne pouvoit déplacer toute la *noblesse* du royaume, sans une raison apparente de la faire mouvoir. On tente d'abord d'assassiner Coligny ; un *gentilhomme* nommé Maurevel, appelé publiquement *le tueur du roi*, déjà coupable de plusieurs assassinats, se charge de cette expédition, et la manque. Quel embarras ! Médicis, éperdue, ne sait comment prévenir les suites d'un coup aussi peu prévu. Les protestans s'alarment, on demande justice ; les tribunaux vendus informent sur toute autre chose que le délit commis. On arrête des calvinistes innocens, on les précipite dans les cachots, et l'assassin demeure en sûreté. La reine et son fils vont voir le blessé. Charles lui promet une éclatante vengeance aussi tôt qu'on aura trouvé le coupable ; l'amiral l'indique, il feint de ne point entendre, se retire en l'appelant *son père*, en lui promettant de déclarer enfin la guerre à l'Espagne, et court au conseil signer l'arrêt de la proscription générale.

Le jour en est enfin fixé, l'ordre se donne, la joie féroce de Charles peut à peine se contenir. Médicis, tremblant qu'il ne se décèle lui-même, l'exhorte à dissimuler ; on agite si l'on exceptera quelques-uns des calvinistes : « Non, s'écrie le jeune tigre, *non. Je ne veux pas qu'il en reste un seul qui puisse me le reprocher* ». La nuit du jour fatal arrive, Médicis attend avec impatience le son de la cloche ; et la présence de Marguerite, femme de Henri, l'importune. Elle lui ordonne de se retirer ; sa sœur veut en vain l'arrêter, Médicis lui reproche durement qu'elle veut donc perdre l'état ; hélas ! reprend madame de Lorraine, s'ils soupçonnent quelque chose, ils la tueront : « n'importe, réplique la barbare Médicis, il faut qu'elle sorte ».

La cloche fatale se fait entendre, elle porte une joie féroce dans l'ame de ces animaux avides de carnage. Les cris, les hurlemens, le cliquetis des armes les assure que leurs ordres sont remplis. Les protestans à demi-nus veulent courir chez l'amiral ; massacrés à sa porte, ils tombent sur le corps de celui qu'ils venoient défendre. Ceux qui approchent du Louvre, repoussés à coups de piques, reçoivent encore dans les flancs le plomb meurtrier que leur lance, du haut d'un balcon qui existe encore, la *main royale* du monstre dont ils réclament la foi : ceux qui fuient rencontrent les *gentilshommes* du duc de Guise et la milice bourgeoise. Malheureux soldats, jadis armés pour la défense de vos concitoyens, et c'est vous qui les massacrez pour l'intérêt d'un roi ! On enfonce les portes des maisons ; les jeunes hommes traînent dans les rues les vieillards, les femmes et les filles, les massacrent et les précipitent dans la Seine ; des femmes plongent leurs mains dans le sang : des enfans de dix ans écrasent des enfans au maillot. Les haines personnelles se joignent à la rage du fanatisme. Au milieu du massacre général, des catholiques expirent sous le fer des catholiques ; des héritiers abrégent les jours de leurs parens ; des gens de lettres tuent leurs émules, des amans leurs rivaux ; des fils et des filles, recevant la mort des mains qui les ont nourris, cherchent en vain la pitié dans le cœur de leurs parens. La plupart, consternés d'une rage si soudaine, se laissent égorger sans résistance ; d'autres en mourant, implorent le Dieu de clémence, au nom duquel on les moissonne impitoyablement. Ô justice éternelle ! ton nom est dans la bouche de ces monstres ! De six à sept mille maisons inondées de sang, une seule osa se défendre. Le comte de Montgomery et une

Catherine de Médicis, a la cruauté de conduire Charles IX à Montfaucon, contempler le corps sanglant de Coligni.

centaine de ses amis, logés un peu loin du Louvre, furent avertis assez à propos, pour s'enfuir à moitié nus jusqu'en Normandie. Le marquis de Biron, ayant fait pointer le canon de l'arsenal sur les catholiques, donna le loisir à quelques malheureux de se retirer dans cet asile. Le massacre dura trois jours, et, tandis que les meurtriers couverts de sang et de poussière, cherchoient encore des victimes dans les lieux les plus secrets, Médicis, Charles et la cour se promenoient dans la ville, dans de lestes et galans équipages, suivis d'un brillant cortége d'hommes richement vêtus, et de femmes couronnées de fleurs et de pierreries, à qui cet horrible spectacle de cadavres et de blessés presque nus, et luttant encore contre les horreurs de la mort, ne fournissoient que des observations obscènes, accompagnées de gestes lascifs, d'éclats de rire, et de termes capables de faire rougir même dans les derniers degrés de la bassesse et de la corruption. Ce n'étoit pas encore assez ; Médicis voulut voir de ses yeux le cadavre défiguré de l'amiral de Coligny ; elle fit le voyage de Montfaucon, où on l'avoit traîné, pour jouir de ce spectacle, et repaître les regards de Charles IX de la vue de cet homme que, huit jours auparavant, il avoit nommé son père. Charles IX étoit-il trompé ? étoit-il l'esclave des volontés de sa mère ?

Cette horrible boucherie parcourut toute la France, et dura près de deux mois. Il périt quarante mille protestans. (1) Les cadavres y demeurèrent sans sépulture, les rivières furent tellement infectées, que durant long-temps leurs eaux et leurs poissons furent un objet d'horreur pour les habitans de leurs rivages. On sait qu'au milieu de ce carnage, il exista des hommes dont la vertu ne fut ébranlée, ni par la crainte, ni par les promesses des tyrans. Les gouverneurs de plusieurs villes et de plusieurs provinces, exposèrent leurs vies pour sauver celles de leurs frères; et c'étoient cependant des catholiques et des gentilshommes. Plaçons à côté d'eux le bourreau de Lyon, qui répondit aux magistrats, que ses fonctions étoient de délivrer la société des malfaiteurs qui en troubloient le

---

(1) Elle fut moins violente en Bretagne et en Bourgogne, dit Mézeray, là où il y avoit moins de protestans; moins en Languedoc et en Gascogne, où ils étoient assez forts pour se défendre; mais cette tempête fut plus cruelle à Meaux, à Troyes, à Orléans, à Lyon, à Toulouse, à Bordeaux, à Rouen, et à Angers.

repos; mais qu'il ne savoit obéir qu'à la vigilance des loix. N'oublions pas l'évêque de Lizieux, Jean Hannuyer, dont le zèle vraiment saint, ouvrit aux protestans son palais et son église, et leur fit trouver un asile aux pieds des autels, qu'il refusa de profaner. Rappelons avec respect ces traits d'humanité ; ceux en qui nous les admirons n'étoient pas faits pour vivre dans une monarchie ; leur ame, élevée à la hauteur des vertus républicaines, auroit été dans son véritable élement (1). Le

---

(1) Fénélon étoit ambassadeur en Angleterre lorsque la nouvelle de cet attentat parvint à la cour d'Elisabeth. Anéanti par la douleur et la honte, il fallut l'aller notifier à la reine. Quel fut son effroi, lorsqu'en arrivant au palais, il vit sur tous les visages des traces d'horreur ; un profond silence régnoit dans les salles : il passe au milieu d'une foule de courtisans vêtus de noir, de femmes vêtues de noir, couvertes de longs voiles noirs ; la salle d'audience étoit tendue de noir. La reine l'y attendoit vêtue de deuil, les cheveux épars, et sans aucune espèce d'ornemens. L'ambassadeur, troublé de cet appareil lugubre, n'obtint pas un salut, ni même un regard de tous ceux qu'il rencontra ; à peine lui fut-il possible de proférer un seul mot. Elisabeth lui épargna la nécessité des explications, et ce fut au sortir de cette audience qu'il osa bien écrire à Charles IX, qu'il *rougissoit de porter le nom de Français*. La leçon étoit forte, sans doute! mais combien elle au-

vicomte d'Orthès et le comte de Teudes, gouverneurs de la Provence et du Roussillon, payèrent de leur vie leur zèle pour leurs concitoyens. Ils moururent empoisonnés.

Quoiqu'on ne puisse admettre l'imbécille supposition que Charles fut plus excusable que sa mère, on ne niera pas que l'un et l'autre n'aient été frappés de terreur après l'exécution de Paris. L'incertitude des démarches de Médicis en est une preuve ; d'abord elle écrit le premier jour dans les provinces, que cet événement est le fruit de l'animosité des catholiques et des protestans, des Guise, des Condé, des Coligny; que son fils n'y a aucune part, et qu'il ne songe point à rompre les traités de paix. Dès le lendemain, elle envoie des catholiques connus porter l'ordre verbal d'exercer les mêmes horreurs. Le troisième jour, elle conduit son fils au parlement; et là, le monstre ose faire la dénonciation du complot imaginaire de l'ami-

---

roit été plus accablante encore si c'eût été dans le sénat d'un pays libre, que l'ambassadeur du tyran eût reçu un semblable accueil, si le deuil de l'humanité avoit été pris par des citoyens, et non par des courtisans qui n'agissoient encore ici que sous les ordres d'un maître !

ral et de son parti, ajoutant que ce coupable sujet vouloit exterminer la famille royale, placer sur le trône le prince de Condé, et s'en défaire ensuite pour y monter lui-même. Le président de Thou sentant l'impéritie d'une semblable démarche, ne se prêta qu'à regret à la nécessité d'en ordonner la transcription sur des registres dont l'existence devoit attester à la postérité les crimes d'une régente et d'un roi. Dans tout le cours des années précédentes, les parlemens n'avoient cédé en fureur ni aux prêtres, ni aux courtisans; ils avoient persécuté les calvinistes avec acharnement; leurs arrêtés enchérissoient encore sur les ordres qui leur étoient donnés; et quand on voit un corps de magistrats, à qui l'étude des loix devroit faire haïr la tyrannie, se porter aux plus horribles excès pour le service des tyrans; lorsqu'on lui voit instituer une procession annuelle pour célébrer l'anniversaire de la Saint-Barthélemy; lorsqu'on le voit écrire à Médicis pour l'engager à réformer de sa maison, non seulement les valets gentilshommes, mais jusqu'aux valets gagés pour les plus basses fonctions, s'ils n'étoient pas catholiques, quelle idée doit-on se faire de l'importance que ces grands corps attachoient à leur existence, sous le titre pompeux de *soutiens de la nation*? Les parlemens de province, pour la plupart, avoient signalé leur zèle frénétique d'une manière aussi effrayante. La Saint-Barthélemy fut applaudie par eux avec autant d'impudeur, et il n'y a pas longtemps que, par leur ordre, on en célébroit encore l'anniversaire dans plusieurs villes.

Le président de Thou, plus éclairé, plus humain que le reste de son infâme et vénale compagnie, devoit se retirer d'une cour vendue à Médicis; il ne le fit pas, et en cela il se rendit coupable. Il faut se persuader qu'un homme en place ne peut jamais faire le bien, s'il n'est entouré d'hommes de bien; et qu'il doit la quitter, s'il se trouve au milieu des brigands. C'est un sophisme en pareil cas, que d'attribuer la résidence au désir d'opérer le bien. Je demande si un honnête homme s'obstinoit à rester dans une caverne de voleurs, sous le prétexte qu'il veut essayer de les convertir; si, sous ce prétexte, il s'en faisoit salarier et nourrir, s'il les accompagnoit dans leurs courses, et se chargeoit du maniment de leurs trésors, et qu'ensuite il vînt à être pris par la maréchaussée, je demande si les loix ne le jugeroient pas comme complice des voleurs chez lesquels il prétendroit avoir voulu faire le bien ? De Thou et le parlement de Paris s'apprêtèrent donc à faire le supplément du 24 août, en commençant l'horrible procès à la mémoire de ces malheureux dont la mort tragique ne satisfaisoit point assez la rage de Médicis. Elle même, toute souillée de leur sang, indiqua encore d'autres victimes. Les délations recommencèrent leur cours; des témoins sans noms, sans domicile, vinrent déposer vaguement sur des faits controuvés, et contre les hommes de bien qu'on leur avoit indiqués d'avance. Ils firent, pour la plupart, des rapports absurdes, que des juges intègres auroient rejetés comme conçus dans un état d'ivresse. Ce fut sur une procédure aussi ridicule qu'odieuse, que Briqueneaut et Cavagnes furent pendus, que la mémoire de Coligny fut flétrie par un arrêt infamant, et que d'autres amis ou parens des chefs du parti périrent, ou par les derniers supplices, ou dans les cachots, pour expier, non pas le complot qu'ils avoient formé contre la cour, mais celui que la cour avoit trop bien consommé contre eux.

Tout avoit réussi à l'impie Médicis; mais les calvinistes, revenus de leur première stupeur, s'étoient fortifiés à la Rochelle, à Nîmes et à Montauban; il fallut en faire le siége, et ce fut à cette époque où l'on put juger que Charles IX étoit moins qu'elle familiarisé avec le crime. Son imagination sembloit lui retracer, d'une manière sinistre, les objets d'horreur dont il avoit été environné. Il s'éveilloit la nuit en sursaut; il croyoit voir des spectres, du sang, entendre des armes, des cris, des gémissemens; il parcouroit ses appartemens avec effroi, et sembloit ne contraindre qu'avec peine l'horreur que sa mère lui inspiroit. Ses reproches fréquens, sur-tout sur le siége de la Rochelle, purent bien déterminer Médicis à se délivrer de ce fils sous lequel elle comprit que sa régence alloit expirer. Aussi après avoir péniblement conduit l'intrigue qui donna au duc d'Anjou la couronne de Pologne, on la vit faire tous ses efforts pour le retenir à la cour; et lorsqu'enfin elle fut obligée de consentir à son éloignement, « *partez, mon fils*, lui dit-elle, *vous n'y serez pas long-temps* ». Déjà Charles se sentoit atteint de cette étrange maladie qui termina ses jours; maladie cruelle, sans doute, mais non pas assez en comparaison des châtimens qu'auroient mérité ses crimes. La paix s'étoit faite, pour la quatrième fois, entre lui et les calvinistes: mais qui pourroit calculer toutes les intrigues dont Médicis étoit sans cesse occupée

occupée à la cour pour y conserver son autorité, ne pas succomber aux mécontentemens de son fils, aux ressentimens des princes, à la haine des protestans, et se préparer une nouvelle régence sous le nom d'un prince foible, dont l'éternelle enfance lui promettoit un pouvoir absolu ? Il falloit toujours des victimes à cette ame altérée de sang, et fréquemment les supplices préparèrent ou consommèrent ses projets. Tels furent ceux de la Mole et Coconas, dont le plus grand tort étoit d'avoir été les favoris de Marguerite de Navarre et de la duchesse de Nemours, avantage qu'ils partageoient avec beaucoup d'autres, et qui les avoit malheureusement engagés à entrer dans le complot d'enlever de la cour les princes qu'on y tenoit, pour ainsi dire, prisonniers. Marguerite, dont l'esprit léger et insouciant n'a jamais montré de constance que dans la débauche, ne savoit rien dissimuler à sa mère. Son indiscret amant lui ayant confié le projet des protestans, elle courut le découvrir à Médicis, et vit périr sans regret celui qu'elle avoit cru honorer des plus hautes faveurs, bien sûre qu'elle trouveroit d'autres hommes assez lâches pour les briguer après lui.

Charles IX mourut enfin le 30 mai 1574;

fatigué de la vie, abhorrant sa mère, craignant pour sa femme et sa fille, qu'il laissoit entre ses mains ; et tourmenté par le poids et l'atrocité de ses crimes : il laissa cependant la régence dans les mains de cette furie, en attendant le retour de son frère. A peine fut-elle en possession de ce pouvoir, qu'elle se signala par la mort d'une grande victime : elle fit trancher la tête à Montgommery, celui qui, dans le tournoi de 1559, avoit tué Henri II, et qui depuis avoit porté les armes contre les catholiques. Charles IX lui avoit fait grace après la Saint-Barthélemy ; et depuis la paix de la Rochelle, il sembloit être à l'abri. Mais la farouche Médicis, qui n'avoit jamais pardonné, lui fit faire son procès, comme complice de la conjuration de l'amiral. Le parlement trouva qu'il étoit trop coupable, puisque la reine l'avoit condamné, et il expira sur un échafaud. Cette cruelle exécution, à laquelle on étoit fort éloigné de s'attendre, irrita les protestans ; et lorsque Henri III arriva, le feu de la guerre civile étoit déjà prêt à éclater ; et ce prince, plus sensible à l'éclat des fêtes qu'on lui donnoit sur sa route, paroissoit fort peu inquiet du sort de la France et du sang des hommes. Le poison défaisoit Médicis de ceux à qui elle ne pouvoit faire de procès. Damville venoit d'en sentir les atteintes; et malgré la douceur de son caractère, il avoit pris le parti de se joindre aux confédérés, et d'attendre avec eux le moment de se venger. Médicis savoit bien qu'elle n'avoit rien à craindre de son fils; aussi le reçut-elle avec joie. Ce prince regardoit les *cruautés utiles* comme justes et permises; il étoit vain, léger, inappliqué, esclave de la mollesse et des plaisirs, encore plus esclave de ses maîtresses et de ses mignons, prodigue des biens du peuple, brave au moment d'une action, lâche au fond de son palais, aimant sur-tout l'indolence et le repos, enfin propre à laisser Médicis maîtresse de renverser le royaume, si *tel étoit son plaisir.*

La fierté du cardinal de Lorraine commençoit à fatiguer cette femme; il fut empoisonné; personne ne pouvoit être auprès d'elle à l'abri de ses coups; nul n'étoit assez son ami pour ne pas avoir à redouter le fer ou le poison. Les protestans, rassemblés d'abord à Milan, ensuite à Nîmes, paroissoient être en force et disposés à tout tenter pour leur vengeance et leur liberté. La reine d'Angleterre les encourageoit par ses conseils et ses secours; les princes d'Allemagne et le prince d'Orange ne les abandonnoient pas. Médicis travailloit à réunir contre eux l'Espagne et l'Italie; et pendant ce temps, Henri III s'occupoit à des processions, ou bien passoit des journées entières à ranger, dans mille sens différens, des pierreries sur la toilette de sa nouvelle épouse, ou bien à examiner les préparatifs de son sacre, et à nourrir ses petits chiens, dont il étoit presque idolâtre, comme de ses mignons, jusqu'à les aller demander dans les maisons, ou les voler au coin des rues; ensuite à mortifier, à insulter même les femmes de la cour, et sur tout Marguerite, sa sœur, qu'il haïssoit, et le duc d'Alençon, son frère, avec lequel il se querelloit sans relâche : enfin le duc, las de la vie qu'il menoit, entra dans une conspiration contre lui. Henri, muni de quelques preuves, vouloit qu'on lui fît son procès. Médicis eut beaucoup de peine à l'en empêcher. Ce n'étoit pas qu'elle aimât le duc d'Alençon, mais il entroit dans ses plans de ne jamais abandonner un parti qui l'assuroit de régner sur l'autre, et elle se servit toujours de tous ses enfans pour faire contre-poids à l'autorité des uns des autres, et se la rendre nécessaire au milieu de leurs différends. Henri III eut à peine exhalé son premier transport, qu'il s'endormit dans son insouciance ordinaire, et le duc d'Alençon en fut quitte pour essuyer de sa part des mortifications plus fréquentes, et pour être plus en butte à l'insolence de ses favoris. Jamais on ne s'est trouvé dans une position plus cruelle que le duc : né ombrageux et méfiant, il ne pouvoit se reposer sur une mère qui avoit déjà sacrifié deux de ses fils ; il n'éprouvoit pas la plus légère incommodité qu'il ne se crût empoisonné. Ses amis étoient sans cesse aux prises avec ceux de son frère ; et à tout moment il croyoit être assassiné ; enfin il se détermina à la fuite, lorsque Médicis eut donné l'ordre d'étrangler à la Bastille les maréchaux de Montmorency et de Cossé. Ils furent sauvés par les pressantes prières de Sauvré, gouverneur de cet affreux séjour, qui demanda du temps, et eut le bonheur d'en obtenir. Cette résolution sanguinaire n'en ayant pas moins porté la terreur dans l'âme des princes, le duc et les Montmorency se dérobèrent promptement, et joignirent l'armée des confédérés. Casimir étoit prêt à entrer en France, à la tête d'un corps considérable de troupes allemandes ; le frère du maréchal de Montmorency crut l'instant favorable pour se dévouer au salut du prisonnier ; il s'avança lui-même, formant, pour ainsi dire, l'avant-garde de Casimir. Médicis lui fit dire que s'il ne s'arrêtoit pas, elle lui enverroit les têtes des prisonniers. « Qu'elle » le fasse, répondit le général, et elle ne » possède rien en France où je ne laisse des » marques éternelles de ma vengeance ». L'homme de courage est presque sûr d'intimider le méchant. Catherine interdite, prit un parti contraire; elle délivra Montmorency et Cossé; leur frère entra en France, et fut battu près de Langres, par le duc de Guise, surnommé le balafré, après cette journée dans laquelle il reçut une blessure au visage. Ce succès auroit été plus complet, si Henri III ne s'étoit, malgré Médicis même, obstiné à lui refuser des secours, ce qui fit prévoir dès-lors que le duc lui étoit suspect. Bientôt la reine, moins puissante qu'elle ne l'avoit espéré, ne vit d'autre moyen de veiller à son salut, et d'éviter les hasards d'une guerre qu'elle avoit allumée, que de faire avec les religionnaires une trêve de sept mois, par laquelle elle accorda les conditions les plus avantageuses possibles : elle s'obligea de payer l'armée de Casimir, et de donner en otage les villes de Niort, Angoulême, la Charité, Bourges, Saumur et Mézières; de payer les garnisons qu'on placeroit dans ces villes aux ordres du duc d'Alençon et du prince de Condé, et d'entretenir à ce dernier une garde de suisses, d'arquebusiers et de gendarmes. Ainsi la situation de Médicis étoit changée ; elle commençoit à porter le poids de ses crimes : haïe et méprisée des deux partis, personne n'osoit se reposer sur des promesses tant de fois violées ; personne ne pouvoit se croire auprès d'elle à l'abri du fer ou du poison : mais elle n'étoit lasse pour cela ni de crimes, ni de sang ; et plus elle se sentoit humiliée, et plus elle se débattoit, pour ainsi dire, dans la fange où elle s'étoit plongée.

La cour de Henri III étoit devenue un cloaque impur où séjournoient tous les vices, où fermentoit le levain corrompu de toutes les passions. Les femmes n'y rougissoient plus des choix les plus vils (1) ; par le plus com-

***

(1) Je n'appelle pas des choix vils, ceux que les préjugés ont long-temps placés dans la classe ridicule des rangs et des distinctions. La bassesse ne réside pas dans l'état qu'un homme peut exercer : mais il existe des différences dans l'éducation, les habitudes, les mœurs, les sentimens, et ces différences en mettront toujours une dans l'attachement d'un sexe pour l'autre ; il est impossible que nul sentiment délicat ait accès entre une femme éclairée, instruite, accoutumée au raffinement de la vie, exercée à la pratique des vertus sociales,

plet renversement de principes et d'usages, elles alloient elles-mêmes mendier l'accepta-

---

et un homme droit, honnête, juste ; mais dont l'esprit sans culture ne pourra ni recevoir ni lui communiquer les douces impressions auxquelles elle est habituée. S'il joint encore à la rusticité des habitudes grossières, elle en sera encore plus rebutée ; de sorte qu'un tel attachement ne peut être qu'un choix de pure brutalité, et c'est en cela que l'on peut dire encore que ce sont des *choix vils*. Mais il en est d'une autre espèce ; si à la meilleure éducation, au langage le plus agréable et le plus séduisant, à l'écorce la plus polie, un homme joint une ame flétrie par le vice, des goûts crapuleux, des habitudes dégoûtantes, c'est là principalement ce que j'appelle dans une femme un *choix vil*, car l'ame seule peut être avilie.

Dans les états monarchiques, presque tous les attachemens sont de cette nature ; ils entrent tous dans la première classe, le cœur n'y a jamais aucune part ; une passion absolument brutale en est l'objet, le but et le motif. La plupart même des mariages, quoique sanctionnés par la loi, ne sont qu'une profanation de la loi. Mais il y a souvent cette différence que la vilité des choix est l'ouvrage de la tyrannie des parens, qui sacrifient à l'or le bonheur de leurs enfans, et leur tracent eux-mêmes le chemin du crime en les unissant à des êtres vils, dont les défauts ou les vices les forcent trop souvent de part et d'autre à souiller la pureté des nœuds qui doivent faire la sûreté de tout les contrats qui nous lient les uns aux autres dans la vie sociale,

tion des faveurs qui n'avoient plus assez de prix pour qu'on s'empressât de les chercher. Des vices, jusqu'alors inconnus en France, avoient été apportés par l'Italienne, et n'avoient que trop bien germé autour d'elle. Il n'y avoit plus à cette cour ni politesse, ni galanterie; on n'y connoissoit que la plus crapuleuse débauche; et la grossiéreté des manières et du langage y répondoit à la brutalité des passions. Les juremens y étoient communs aux deux sexes; les conversations y rouloient toujours sur des tableaux ou des scènes dégoûtantes; les lectures y étoient obscènes comme les idées; et dans la fureur qui animoit sans cesse ces satyres et ces ménades, ils savoient souvent former et accomplir dans leurs orgies les crimes favorables à leurs intérêts ou à leur licence. Ce fut au milieu de cet amas d'infamie où se plongeoit avec délices Marguerite, femme de Henri, et digne fille de Médicis, qu'elle médita le meurtre de Duguast, favori de Henri III. Duguast avoit encouru sa haine, parce qu'il avoit souvent parlé d'elle à son frère en termes aussi peu mesurés que bien dus à son infâme conduite. Il est vrai que celle de Henri ne lui permettoit guère de censurer sa sœur, et qu'il appartenoit moins encore à Médicis de donner à son fils et à sa fille des leçons de pudeur ; mais Duguast pouvoit dire la vérité, puisqu'il le vouloit : elle est le domaine de tous. Marguerite ne pouvant parvenir à écarter le favori, trouva des assassins, et il fut poignardé dans son lit, presque sous les yeux du roi, qui ne daigna pas le venger.

Médicis cependant continuoit toujours à diviser ; la trève n'empécha point les hostilités de recommencer de part et d'autre ; les armées étrangères vinrent encore ravager la France, déjà déchirée par les mains de ses enfans. Le roi de Navarre s'évada de la cour, et forma un parti d'autant plus redoutable qu'au moins le chef en étoit estimé. Mais bientôt les Guise, fatigués des incertitudes perpétuelles où les plongeoit le caractère ambigu de Médicis, et alarmés du danger auquel les exposoit son ame cruelle dans les vengeances, formèrent le projet de faire leur sort eux-mêmes, et de se rendre assez redoutables pour faire la loi à la cour, et assez puissans pour en devenir quelque jour les arbitres. Ce n'est pas ici le lieu de développer les commencemens de cette ligue désastreuse qui fut la suite des forfaits de Médicis, et qui a produit une longue suite de crimes au milieu desquels la France ne s'est point anéantie, parce que sans doute la providence la réserve, dans un siècle ou deux, à de plus hautes destinées (1).

La suite des années de l'odieuse Médicis, nous présente toujours le même enchaînement de crimes nationaux et particuliers ; des traités perpétuels faits et rompus sans autre nécessité que celle de régner toujours et de ne donner jamais l'avantage à aucun parti ; des assassinats, des brouilleries, des débauches honteuses ; des concussions, des vols publics, des guerres continuelles, la dévastation de tout l'empire, la misère publique, tel est le tableau de sa vie entière. Enfin la ligue s'étant accrue en puissance au point de devenir formidable, Guise étant entré dans Paris,

---

(1) Oui, dans un siècle ou deux ; on a cru, on a dû croire qu'elle y devoit arriver plus tôt. On doit être détrompé. Il faut qu'il n'y ait plus en France que des hommes et du fer pour qu'elle arrive au degré de liberté qu'elle sembloit avoir atteint. Où est l'esprit de liberté ? Il est dans la classe appelée encore le peuple, parce qu'il est pauvre, actif et vigoureux. Où est l'esprit d'esclavage ? Dans les classes instruites, parce qu'elles sont riches, et efféminées. Or elles ont mis le peuple sous l'empire de l'or et du fer. Il faut du temps avant qu'il se soit ressaisi du dernier. Il y parviendra ; mais quand ?

plus en roi qu'en sujet, la journée des barricades, la fuite du roi, le sang qui coula dans ces circonstances, réveillèrent Henri III. Il se voyoit au moment d'être précipité de son trône. Sa mère temporisoit encore afin de régner, ou avec son fils, ou avec les Guise. Il sortit de son inertie, mais en véritable roi, ce fut par un crime. Il assemble les états à Blois, pour la seconde fois depuis son règne; et là, au lieu de se mettre sous la sauve-garde de la nation, de lui demander justice, et de faire juger la maison de Lorraine comme perturbatrice du repos de l'état, il se venge par un lâche assassinat; les Guise sont poignardés, et Médicis troublée de ce qu'elle appeloit un *acte de vigueur*, se voyant parvenue au terme de son pouvoir, puisqu'il avoit commis un attentat sans la consulter, tomba malade, et finit sa criminelle vie sans témoigner ni remords ni repentir, sans être épouvantée du passé, sans inquiétude sur l'avenir, elle qui prétendoit s'être rassasiée de sang pour la gloire de Dieu, et le maintien de la religion catholique!

Louise de Lorraine, femme de Henri III, ne prit pas plus de part aux affaires publiques, que la femme de Charles IX. Ces deux femmes étoient des bigotes, sans esprit et sans caractère. Encore Elisabeth d'Autriche montra-t-elle plus de sens dans ses opinions. Quoique zélée catholique, quoique Autrichienne, elle détesta le forfait de la S. Barthélemy, et l'imbécille Louise, toujours occupée à faire dans le palais de petites chapelles, de petits oratoires, ne voyoit pas sans des transports de joie les succès des Guise contre les religionnaires. Elle fut aimée d'abord avec passion, ensuite dédaignée par son mari. Elle reçut avec la même impassibilité les témoignages d'amour et ceux de mépris. Elle se consola toujours avec ses livres de dévotion, ses pélerinages et ses processions, des sales attachemens du roi, et pria Dieu toute sa vie, sans savoir et sans comprendre ce que c'étoit que Dieu, ni ses œuvres.

Mademoiselle de Château-Neuf, maîtresse de Henri, étoit d'un autre caractère; si la naissance ne l'avoit pas appelée au trône, elle étoit au moins digne d'en approcher. Antoine Duprat, petit fils du chancelier, s'étant malheureusement avisé de parler d'elle dans les termes convenables à une courtisanne, elle le rencontra un jour sur le quai de l'Ecole; elle étoit à cheval et lui à pied : elle marche droit à lui, le renverse, et de sang froid le foule aux pieds de l'animal dont elle excitoit la furie en le pressant fortement de l'éperon : elle n'étoit cependant alors que maîtresse du duc d'Anjou, car Charles IX vivoit encore. Lorsque Henri III épousa Louise de Lorraine, ce ne fut pas sans éprouver de vifs reproches de la part de mademoiselle de Château-neuf; et dans le commencement de son mariage, elle donna à la reine autant de chagrins que celle-ci étoit capable d'en prendre. Le comte de Brienne, cadet de la famille de Luxembourg, avoit aimé Louise de Lorraine; Henri III le savoit, il proposa au comte de lui donner Château-neuf en échange. Brienne ne trouva pas de proportion dans l'offre galante du roi; et ce prince ayant manifesté à cet égard une volonté très-déterminée, le jeune homme préféra la fuite au déshonneur de s'allier à une fille publique. Château-neuf prétendit lutter quelque temps contre la reine; et Médicis, à qui sa belle-fille s'en plaignoit quelquefois, ayant fait de vains efforts pour réduire cette fille ambitieuse à un respect au moins extérieur pour l'épouse légitime, perdit patience un jour qu'elle s'avisa de paroître au bal, sous les mêmes habits et la même décoration que Louise. Henri III lui-même trouva mauvais qu'elle vînt faire parade aux yeux de sa femme des prodigalités insensées dont il usoit avec elle. Elle eut ordre de ne plus paroître à la cour. Le dépit lui fit épouser un Italien; il eut le malheur de ne lui être pas fidèle, elle le poignarda de sa main. Elle épousa ensuite Philippe d'Altovitis, baron castillan, qui fut tué par ordre du grand prieur de France, peu avant la S. Barthélemy; elle fut mère d'une fille nommée Marseille d'Altovitis, parce que la ville de Marseille la tint sur les fonds de baptême.

La plus véritable passion de Henri III avoit été pour la princesse de Condé; elle en fut la victime : tant il est vrai qu'on ne peut approcher des rois, sans être ou criminel ou malheureux. D'abord, livrée malgré elle à ce prince par son propre frère, et par l'impudique reine de Navarre, elle ne parut sacrifier qu'à regret ses devoirs et son penchant à la vertu. Lorsqu'elle se fut ainsi donnée par force, elle demeura fidèle à cet amant qu'elle n'avoit pas recherché, et supporta, sans se plaindre, les justes mécontentemens de son mari. A peine Henri III fut-il monté sur le trône, qu'il forma le projet de faire rompre son mariage avec le prince, et de l'épouser : il le lui écrivit; mais la jalouse Médicis, redoutant le génie de la princesse et celui de son père, le duc de Nevers, s'occupa des moyens de parer ce coup, comme fatal à sa puissance. La princesse mourut ; on ne douta pas que ce ne fût par un crime, mais on n'a jamais su de quel main partit le poison, si ce fut Médicis, la maison de Lorraine, ou le prince de Condé lui-même, qui se hâtèrent d'immoler cette infortunée à leur sûreté ou à leur vengeance.

Il faut que Marguerite de Valois, première femme de Henri IV, ait passé mille fois toutes les bornes dans l'excès de ses débordemens, puisqu'enfin les historiens du temps, et les plus modernes n'ont osé ni la justifier, ni même l'excuser. Formée du sang italien, ses penchans furent précoces ; dès l'âge de douze ans, elle eut des liaisons avec le jeune d'Entragues, et un nommé Charry, capitaine de la garde du roi. Sa tendresse pour le duc d'Anjou même ne fut pas innocente ; et lorsque devenu roi, il se plaisoit à la mortifier, il ne se servoit que du droit que toute femme qui s'oublie accorde à l'homme auquel elle se livre. Lorsqu'elle épousa Henri IV, elle en témoigna beaucoup de joie ; et lorsque Médicis demanda aux femmes qui l'entouroient ce que pensoit sa fille de son alliance, une d'elle lui dit qu'elle avoit sujet d'en être satisfaite, puisqu'elle l'approchoit du trône, si son mari devenoit

venoit roi. Médicis conçut de l'ombrage de cette espèce de prophétie, et répondit qu'elle aimeroit mieux la voir morte mille fois, que de la voir reine de France par son mariage avec le roi de Navarre. Il paroît qu'elle n'étoit pas informée des projets sanguinaires de la S. Barthélemi; il n'étoit pas d'ailleurs de son intérêt d'y tremper contre son mari. D'après cela, on peut écrire qu'elle en fut innocente. Menacée elle-même par de farouches assassins, qui à peine conservèrent assez d'empire sur eux-mêmes pour la respecter, elle fut en proie à des frayeurs personnelles, que sans doute on lui auroit épargnées. Ce n'est pas que Henri IV ne l'en ait soupçonnée; mais il paroît que sa méfiance étoit sans fondement, et il y en avoit assez des mœurs de cette femme pour la lui rendre odieuse. Après la Mole pendu pour le projet d'enlever le duc d'Alençon, et plus encore parce qu'il étoit l'amant de Marguerite, et que le roi en étoit jaloux, elle eut successivement des intrigues avec un nommé *Bidé* et Bussy d'Amboise; Henri III ne pouvoit souffrir cette conduite, non qu'il eût le droit d'être sévère, mais les hommes ont un secret penchant à la jalousie qui les porte à ne pouvoir souffrir que d'autres jouissent après eux d'un bien même qu'ils méprisent. Aussi Marguerite eut-elle dans son frère le plus impitoyable persécuteur de ses intrigues. La Torigny, sa confidente, lui fut arrachée avec violence ; Bussy fut banni de la cour, et assassiné ensuite en 1579, on ne sait par quel ordre. Accusée ensuite par son frère d'avoir donné les mains à l'évasion de son mari, elle fut retenue dans son appartement, à la sollicitation de sa mère ; et Henri III n'osant se venger sur elle, et imaginant que la Torigny avoit pu favoriser cette intrigue, fit courir à la maison où elle demeuroit des gens chargés de la noyer dans une petite rivière voisine. Déjà cette malheureuse étoit liée sur un cheval, lorsque deux officiers, qui alloient joindre le duc d'Alençon, la délivrèrent. On peut juger que Marguerite ne garda pas le silence sur un pareil éclat, et que le duc d'Alençon s'en plaignit hautement, ainsi que le roi de Navarre. Mais ce n'étoit rien pour Marguerite que de recevoir des satisfactions ; la mort de Dugast seule put la satisfaire ; et après ce crime, elle demanda la liberté d'aller rejoindre son mari. Long-temps elle lui fut refusée ; mais comme on crut avoir besoin d'elle, on l'envoya en Flandre négocier en faveur du duc d'Alençon. Médicis et Henri III prétendoient bien profiter des avantages qu'on voudroit faire à ce prince, s'il étoit vrai que les Pays-Bas penchassent vers la France, pour se délivrer du joug espagnol. Marguerite partit donc avec l'agrément de son frère; elle montra beaucoup d'esprit dans ces négociations sans fruit, et pitoyables en elles-mêmes, lorsque l'on considère la grandeur des projets confiés à des femmes, et à quelles femmes encore ! à des courtisannes, à des prostituées, sans caractère, sans lumières, sans étude, incapables de régler seulement l'administration d'une fortune particulière. Marguerite n'y apporta que de l'esprit, de la sagacité sans jugement, et revint sans avoir rien conclu. Elle alla ensuite joindre Henri en Gascogne; elle y mena des filles dont le roi devint amoureux, et de son côté elle forma des liaisons avec Turenne et Clermont d'Amboise. Cette complaisance qu'ils avoient l'un pour l'autre dans leurs amours, n'empêcha point qu'ils ne se brouillassent pour des choses plus sérieuses. La religion en fut le sujet. Qui croiroit que Marguerite fût capable d'en soutenir les intérêts ? Malgré cela, elle le quitta en assez bonne intelligence pour revenir à Paris, où elle acheva de se brouiller avec Henri III. Un courrier que ce prince envoyoit à Joyeuse, l'un de ses mignons, alors à Rome, fut arrêté; on lui enleva une lettre de quatre pages, toute entière de la main du roi. Celui-ci en accusa sa sœur, et en présence de Médicis, il la traita comme la dernière des femmes abandonnées, et lui ordonna de quitter sa cour. A peine étoit-elle en chemin qu'il fit courir après elle, fit arrêter les femmes qui la suivoient, les fit outrager et frapper par ses gardes, et ramener à l'abbaye de Ferrières, où elles subirent devant lui même un interrogatoire scandaleux sur la conduite de la reine. Le roi de Navarre, regardant cet affront comme personnel, quels que fussent les torts de sa femme, se crut obligé d'en demander l'explication au roi; il ne se crut pas obligé de répondre, et Henri de Navarre ne crut pas que cette femme méritât qu'il allumât pour elle une autre guerre civile. Les reproches de Henri III lui avoient appris que, depuis son mariage, elle avoit eu de Jacques de Harlay de Chauvallon un fils dont la naissance avoit été tenue secrète; et ce n'étoit pas un titre à l'estime de son mari, qui d'ailleurs ne lui pardonnoit pas d'avoir mérité une scène qui la rendoit la fable de toute l'Europe.

Elle ne laissa pas d'avoir de nouvelles intrigues à Nérac, et bientôt elle quitta son mari pour se sauver à Agen, qui lui avoit été donné en dot, en alléguant un peu tard que sa conscience ne lui permettoit pas de vivre avec un hérétique. Cette pieuse femme s'y plongea de nouveau dans le plus scandaleux libertinage, et cette infamie et les extorsions de la dame Duras, son intendante, la rendirent odieuse aux habitans. Lorsque la ville fut prise par le maréchal de Matignon, elle eut à peine le temps de se sauver en croupe derrière Lignerac, un de ses favoris, et courut s'enfermer à Carlat, dans les montagnes d'Auvergne. Les habitans de cette forteresse, peu disposés en faveur de sa réputation, qui la suivoit par-tout, voulurent la livrer à Henri III : elle s'évada; mais elle ne put éviter le marquis de Canillac, qui la suivoit par ordre de ce prince, et la conduisit au château d'Usson. Là, elle eut recours à l'empire de ses charmes ; elle réussit : Canillac devint l'esclave de sa prisonnière, lui livra le fort, où elle demeura, quoique libre, dans un esclavage forcé ; mais elle sut l'adoucir par ses amusemens ordinaires. Dans sa retraite à Agen, elle avoit eu encore un fils d'un nommé *Aubiac ;* celui-ci l'ayant été trouver à Usson, fut sacrifié à la jalousie de Canillac.

Le galant Durfé eut son tour, et ce sont les rêveries de cette brillante passion qu'il nous a rendues dans son roman d Astrée. Son aventure s'y trouve enveloppée dans l'histoire de Lindamor et de Galathée. On doit convenir que les poëtes sont d'étranges menteurs; car si jamais femme a offert un contraste plus parfait avec les chastes bergères du Lignon, c'est assurément l'impudente Marguerite. Malgré cet enchaînement d'intrigues, elle eut beaucoup à souffrir dans ce château; elle y sentit l'indigence; et n'étant plainte ni secourue de personne, elle éprouva que s'il en coûte un peu pour combattre ses passions, il en coûte souvent plus cher pour s'y être livrée.

Enfin Henri IV étant monté sur le trône de France, Marguerite fut sollicitée de consentir de bonne grace à un divorce nécessaire. Elle ne le voulut jamais, tant qu'il le lui demanda en faveur de Gabrielle d'Estrées; elle ne vouloit pas, disoit-elle, céder la place à une prostituée. Certes, Gabrielle auroit pu dire, et même avec plus de raison, qu'elle occuperoit le trône aussi bien qu'une femme publique: elle consentit à ce qu'on lui demandoit, lorsqu'il fut question du mariage du roi avec Marie de Médicis; et en 1605, elle vint à Paris, et eut la bassesse de rendre hommage à la nouvelle reine et de grossir sa cour : elle assista même à la cérémonie du sacre, et tout cela, pour avoir la liberté de vivre à Paris, où son humeur libertine avoit plus de ressources pour se satisfaire. Elle acheta deux maisons, l'une dans la capitale, dans le quartier qui forme aujourd'hui la rue de l'Université, et une autre à Issy, près Paris. Elle étoit dans cette dernière, lorsqu'elle apprit l'assassinat de Henri IV : elle ne songea uniquement qu'à elle, et à la crainte que la régence ne tombât dans les mains de quelques-uns des princes avec lesquels elle n'eût pas de liaisons. Lorsqu'elle sut que Marie avoit été nommée, elle demeura tranquille, continua sa vie accoutumée, vécut avec tous les hommes qui composoient sa cour, et en particulier avec un nommé *Comine*, musicien de sa petite cour, que les autres valets appelèrent *le roi margot*. Loin de lui déplaire, c'étoit la flatter que de chanter et de publier ses plaisirs. Maynard, célèbre poëte du temps, n'avoit chez elle que ce vil emploi. Je ne sais quel est le plus méprisable, ou celui qui fait le mal, ou celui qui a la bassesse de l'encenser.

Les désordres continuels d'une vie licencieuse, commencée à douze ans, terminée à soixante-deux, l'avoient tellement épuisée, que sur les deux dernières années elle devint presque imbécille, ombrageuse, craintive, hypocondriaque, sujette à de violentes attaques de nerfs. Elle mourut en 1615, dans un état fort triste, mais sans avoir fait la plus légère réflexion sur ses vices, et sans regretter une vie perdue au sein de la débauche et de l'oisiveté. Malgré le dégoût qu'elle inspira, le profond mépris dont elle s'est couverte, quoiqu'on se dise que la malheureuse victime de la misère, qui se traîne dans l'opprobre au milieu des places publiques, pour un morceau de pain, arrosé souvent des larmes du désespoir, est moins odieuse, moins vile qu'une femme élevée par le hasard au plus haut des dignités humaines, et qui se conduit comme la plupart de nos reines, cependant il faut avouer qu'entre elles, Marguerite de Navarre se distingua par une modération peu ordinaire ; elle ne commit qu'un seul crime ; un seul assassinat fut ordonné par elle : quel excès de vertu !

Avant de montrer sur la scène tragique de nos royales ennemies une seconde Italienne et de nouvelles scènes odieuses, nous jetterons un coup-d'œil sur la vie des maîtresses régnantes de notre antique idole Henri IV. Il fut despote comme un autre, sa conquête fut un acte de despotisme ; il régna despotiquement, et les maux qu'il a faits sont peut-être plus grands que ceux qu'ont faits ses pareils, parce que les peuples eurent le malheur de l'aimer.

Madame de Sauves fut la première de ses maîtresses, dont les intrigues eurent quelque part aux affaires politiques. Elle étoit petite-fille du malheureux Samblançay, condamné à être pendu, à la place de Louise de Savoye, mère de François I, dame d'atour, c'est-à-dire, en langue française, l'une des femmes-de-chambre de la reine-mère ; elle jouissoit en cette qualité de toute la considération que les cours attachoient au titre de valets des rois. Henri se déclara en faveur de cette femme presque aussi-tôt après son mariage avec Marguerite : le duc d'Alençon la courtisoit aussi ; et après la mort de Charles IX, Médicis se servit d'elle pour brouiller ensemble ces deux princes, dont on craignoit la réunion. Elle employa donc ses talens pour l'intrigue, et sur-tout celui de la plus habile coquetterie, à tenir sans cesse les deux rivaux entre la crainte et l'espérance. Ils passèrent insensiblement de l'ombrage à une jalousie déclarée, et de cette jalousie à une haine qui ne leur permit plus de considérer aucun objet de politique ou d'ambition. Ainsi, ce n'est point assez que les nations soient victimes de l'avarice et du despotisme des rois et des princes, ce n'est pas assez que l'avidité des courtisannes les dépouille de leur subsistance, il faut encore qu'elles soient ballotées par les petites intrigues des boudoirs, et que souvent le destin d'un état, ou d'un parti dépende d'un regard ou d'un geste imposteur ! Si le roi de Navarre et le duc d'Alençon s'étoient unis étroitement d'intérêt, le dernier, qui toute sa vie pencha pour le calvinisme, auroit embrassé la cause des protestans, et l'alliance de ces deux hommes auroit porté un coup décisif en faveur de ces braves et premiers défenseurs de la liberté d'opinions. Le duc d'Alençon contraint à partir, parce qu'enfin l'intérêt de sa vie l'emporta sur l'amour du libertinage, Henri demeura seul possesseur des charmes peu intacts de la belle de Sauves; il s'applaudit du triomphe, comme si la place n'avoit pas eu plus d'un occupant, et ne quitta qu'à regret cette conquête banale, lorsqu'il y fut obligé, comme le duc, par une aussi pressante nécessité. Dans sa première jeunesse, Henri n'étoit pas constant ; l'éloignement mit fin à sa passion pour madame de Sauves : le duc d'Alençon, revenu à la cour, succéda au roi de Navarre, ou plutôt à tous ceux qui avoient rempli l'intervalle. Elle s'attacha dans la suite le duc de Guise, quoiqu'elle eût trente-six ans; et ce fut dans ses bras qu'il passa la nuit du 22 décembre 1588, époque de son assassinat. Elle mourut elle même le 30 septembre 1617.

Nous ne parlerons de la belle Fosseuse, fille d'honneur de la reine Marguerite, que pour rappeler la part qu'elle eut, par ses intrigues, à la septième guerre des calvinistes et des catholiques : le feu s'alluma uniquement parce que Henri III avoit averti Henri de Navarre que sa femme vivoit avec le vicomte de Turenne; et pour venger l'honneur passé de Marguerite, il fallut que toutes les femmes et filles qui l'entouroient engageassent leurs amans à prendre les armes. Fosseuse étoit aimée du roi, elle n'étoit point haïe de la reine; elle enflamma la colère de ce prince, et, comme il n'étoit pas le seul qui eût part à ses faveurs, il se trouva environné de jeunes insensés qui excitèrent en lui cette ardeur belliqueuse, le fléau des empires, et allumèrent le flambeau de cette guerre, appelée la *guerre des amoureux*.

Si l'on vouloit parler de toutes les maîtresses de Henri IV, on feroit un volume, et la répétition des mêmes aventures ne seroit pas fort intéressante. Passons à Gabrielle d'Estrées, presque reine et digne de l'être par beaucoup de vices et de défauts inhérens à la royauté. Née en 1575, âgée de quatorze ans, d'une rare beauté, jointe aux graces les plus séduisantes, elle avoit déjà plu lorsque Henri IV la vit. Bellegarde connoissoit ses charmes, et il étoit de caractère à y mettre un prix. Il eut l'indiscrétion de vanter un bonheur qu'on pouvoit lui envier. Henri devint curieux, il voulut voir les perfections qu'on lui avoit dépeintes en un langage passionné; il se satisfit, et Bellegarde vit bien qu'il seroit victime d'une lutte inégale entre le maître et l'esclave. Bientôt le premier ordonna de renoncer à une passion à laquelle ni lui ni Bellegarde ne pouvoient commander. Le despotisme le plus violent s'exerça dans un des objets qui devroient être le plus étrangers au despotisme; et Gabrielle, d'abord fidèle en apparence à son premier amant, ne se piqua probablement de délicatesse, qu'autant qu'elle pouvoit donner un nouveau prix aux sacrifices que Henri exigeoit d'elle. Elle porta même fort loin l'artifice pour une jeune fille de quinze ans; elle sut, aussi bien qu'une femme consommée dans le métier de la coquetterie, désespérer son royal amant, et s'assurer de sa conquête avant de lui rien accorder. Personne n'ignore les dangers que courut Henri dans le voyage de Mantes à Cœuvres, dans une circonstance où le sort de l'armée dépendoit de sa présence. C'étoit sans doute une folie à de braves gens de verser leur sang pour les intérêts d'un homme; la guerre civile, excitée pour ce fantôme absurde de l'hérédité, étoit une extravagance nationale : mais, n'importe, cette démence étoit générale; et ce n'étoit pas moins un crime à Henri IV d'exposer ses troupes pendant son absence à être massacrées par le parti ennemi, ou de s'exposer à être tué lui-même, et à ruiner tout l'espoir qu'elles avoient la bonté de placer en lui. Ne pouvant rien gagner dans sa retraite sur une fille ambitieuse, dont le projet n'étoit pas de n'être qu'une maîtresse de passade comme les autres, il prit le parti de faire venir M. d'Estrées à Mantes, sous le prétexte du service qu'il pouvoit lui rendre dans son conseil. Mais le père ne faisoit pas les mêmes calculs que sa fille; son intention n'étoit pas de trafiquer de son honneur. Bellegarde auroit pu être écouté, parce qu'on pouvoit lui donner Gabrielle en mariage; mais M. d'Estrées ne savoit pas qu'outre Bellegarde, le duc de Longueville avoit parlé d'amour, et n'avoit pas été rebuté. Il avoit même, dit-on, des lettres qu'on voulut ravoir : il demanda les siennes, et moins loyal que prévoyant dans sa restitution, à tout événement, il garda celles qui parloient le plus clairement; il vouloit avoir des armes contre le crédit auquel pouvoit parvenir la nouvelle favorite. Mais en a-t-on jamais contre les assassinats ? Gabrielle s'apperçut du larcin, et en conserva un tel ressentiment, qu'en 1595, elle le fit tuer d'un coup de mousquet à Dourlens, dans une salve d'honneur que lui faisoit la garnison.

M. d'Estrées, s'appercevant que le roi et sa fille avoient enfin une intelligence ensemble, se hâta du moins de la marier, et agréa la recherche de M. de Liancourt, dont le bien étoit convenable, mais dont le corps et l'esprit n'étoient pas propres à faire oublier à une jeune et belle fille les offres galantes d'un roi. Aussi ne se prêta-t-elle aux volontés de son père qu'avec une extrême répugnance. Le mariage se fit cependant, et Gabrielle ou résista courageusement à son époux, ou du moins le fit croire à son amant. Dès qu'une fois elle lui eut persuadé que Bellegarde et Longueville n'avoient rien obtenu, un vieux et laid mari ne paroissoit pas fait pour être plus favorisé. Henri ne tarda pas à se déclarer ouvertement ; il manda M. de Liancourt auprès de lui, avec ordre de conduire aussi sa femme ; et l'ayant une fois en son pouvoir, il l'emmena seule au siége de Chartres, avec la marquise de Villars, sa sœur, et la marquise de Sourdie, sa tante, vint la joindre afin de lui donner les leçons de monde et d'usage convenables à la première personne de la cour. Le chancelier Chiverny devint amoureux de madame de Sourdie, et par conséquent très-favorable à la passion du roi pour sa nièce. Ainsi, dans le tumulte des armes, au sein des malheurs inséparables d'une guerre civile, on voit un roi et un chancelier, méprisablement occupés d'une intrigue d'amour et des courtisannes, habiter scandaleusement ou des villes assiégées ou des camps, et donner à de jeunes soldats l'exemple de la mollesse et des voluptés. Enfin, la fortune ayant favorisé leur parti, Henri IV entra dans Paris le 22 mars 1594, et Gabrielle accoucha de son premier enfant, César, duc de Vendôme, au mois de juin suivant. A peine fut-elle parvenue à ce but secret de tous ses désirs, qu'elle forma le projet de devenir reine de France; projet d'autant plus insensé qu'il heurtoit de front tous les préjugés reçus, et qu'elle ne pouvoit s'attendre à l'emporter ni sur les usages établis, ni sur la reine Marguerite, ni sur le crédit des amis du roi. Henri IV adopta bien ses idées, et le prouva par la légitimation subséquente du fils qui lui étoit né : mais cela ne suffisoit pas; et Henri IV lui-même sentoit qu'un roi ne pouvoit franchir absolument les bornes des préjugés qui gouvernent son siècle, quoique la raison puisse les désavouer. Il importoit peu à la nation que son roi épousât une femme née dans sa caste, ou dans telle autre; entre Gabrielle ou Marie de Médicis, le choix devoit être fort indifférent à un philosophe (1). Mais les nations ne l'étoient

___

(1) On prétend que si les rois (tant que les peuples en souffriront) se marioient au moins à des femmes de leur pays, ces femmes, toujours dangereuses, auroient au moins l'avantage d'être citoyennes du pays, et de ne pas apporter les haines héréditaires et invétérées qui séparent les différentes nations. Qu'on se détrompe, et qu'on cesse de composer toujours avec les principes majeurs. Prenez quelque citoyenne que vous voudrez choisir, prenez-la même vertueuse dans le sein de sa

pas et ne le sont point encore assez pour ne pas s'éblouir par les mots pompeux d'*alliances brillantes*, de *traités avantageux*, et surtout par le spectacle des fêtes, des noces et des galas. Le couronnement de l'empereur vient encore d'attirer une foule d'étrangers, avides d'aller, d'un bout de l'Europe à l'autre, admirer à Francfort des bottes garnies d'or et de pierreries.

Jusqu'à la naissance de son fils, Gabrielle encore incertaine de son crédit avoit négligé de se faire des créatures: de ce moment, elle n'épargna rien pour se former un parti nombreux; elle fit nommer Sully, que le roi balançoit à placer à la tête des finances à cause de sa religion; elle espéroit beaucoup de sa reconnoissance; elle rompit avec le duc de Bellegarde, et résolut de ne plus donner à son amant aucun sujet d'inquiétude. Elle n'ac-

---

famille, placez-la sur un trône, environnez-la de la pompe des cours, de flatteurs, de courtisans, de valets gagés pour la trouver belle, spirituelle, juste, humaine, bienfaisante, pour exalter ses moindres actions, et vous en ferez, avant six mois, une reine aussi ennemie de l'humanité que l'Italienne la plus perfide, ou l'Autrichienne la plus hardie. C'est dans le trône qu'est le principe du mal.

Z

quit pas un tel ascendant sur l'esprit de Henri sans commettre de ces crimes politiques, inséparables de l'avidité des femmes couronnées. Sully la regarde comme le principal moteur de la guerre d'Espagne déclarée en 1595, dans un temps où il eût mieux valu laisser dans le repos la France épuisée par cinq règnes désastreux. Mais Gabrielle, du haut de sa grandeur imaginaire, regardoit les hommes comme des troupeaux, et l'or de la nation comme un instrument utile à l'élévation de son fils ; elle vouloit avoir la Franche-Comté pour César de Vendôme, et il falloit faire périr des Français pour former un apanage à cet embryon. A mesure que Sully apportoit du remède aux finances de l'état, à mesure qu'il remplisoit le trésor du prince, car c'étoit là le seul but du ministre et du roi, Gabrielle arrachoit tout ce qu'il lui étoit possible de riches établissemens et de dons précieux ; sans l'économie du ministre, elle auroit été une des maîtresses de roi les plus emportées par l'amour du luxe et des richesses : mais Sully, malgré ses querelles fréquentes avec le roi et avec elle, fut aussi inflexible qu'il le put, et ne lui laissa dissiper que des sommes beaucoup moins considérables qu'elle ne l'eût voulu. La naissance de deux autres enfans acheva d'établir son crédit sur l'esprit de Henri, au point que ce prince étoit presque résolu à la placer sur le trône. Le mariage du petit César avec la fille du duc de Mercœur, qui avoit si long-temps joué le role de souverain en Bretagne, sembloit être le présage de l'élévation de sa mère, et cet avantage accordé à un bâtard, cette fortune immense assurée à ses héritiers excitèrent les plus grands murmures parmi la noblesse; les noces qui se célébrèrent à Angers avec autant de pompe et d'éclat que si c'eût été ce qu'on appeloit autrefois un *fils de France*, et à présent *un prince royal*, accrurent encore les mécontentemens. Gabrielle y étala un faste de reine; les fêtes coûtèrent des sommes considérables, et ce fut malgré Sully, qui n'ignoroit pas les conséquences de tant de pompe inutile et dispendieuse : mais il falloit bien cependant que le ministre cédât quelque chose pour conserver le pouvoir de refuser plus souvent.

Marguerite cependant ne consentoit point à son divorce, et le pape ne prononçoit point. Presque tous les courtisans que le roi avoit chargés des négociations à la cour de Rome, s'étoient ligués avec Sully pour trahir la passion de Henri, et veiller à ses intérêts politiques. L'empire des rangs étoit tellement invétéré dans l'esprit des Français, l'autorité du monarque tenoit encore à tant de différentes circonstances, les murmures de religion étoient encore si peu appaisés, on avoit tant de soupçons sur celle de Henri, qu'un mariage si étrangement disproportionné dans les idées reçues ne pouvoit qu'entraîner des malheurs dont toute la France auroit été victime ; on croyoit d'ailleurs fermement que Gabrielle étoit calviniste en secret, et le peuple murmuroit hautement du scandale de sa vie. Elle étoit regardée comme une sangsue publique. Son faste déplaisoit, sa hauteur lui faisoit des ennemis, et son caractère dominateur la faisoit redouter. Enfin, le jeudi saint 1599, elle vint à Paris pour y faire ses pâques ; elle étoit enceinte de quatre mois : elle descendit chez le fameux partisan Zamet, italien de naissance, et riche de tous les biens qu'amassent les financiers, lorsque la misère publique sert d'alimens à leurs infâmes trafics. Là, Gabrielle ayant accepté une superbe collation préparée pour elle, et mangé des fruits magnifiques, se sentit atteinte d'un mal dévorant, à la violence duquel elle succomba la veille de pâques. Toute la France crut qu'elle avoit été empoisonnée, et personne ne douta que Zamet ne fût coupable de ce crime ; mais par qui fut-il ordonné ? C'est ce qu'on n'a pas encore pu découvrir. Henri en témoigna la plus amère douleur, et Sully seul parvint dans les premiers momens à calmer son désespoir. Il ne paroît pas cependant qu'il ait fait de recherches pour pénétrer les causes de la perte qu'il venoit de faire, et après quelque temps les charmes de mademoiselle d'Entragues le captivèrent dans de nouveaux liens.

Celle-ci étoit plus spirituelle que Gabrielle, et aussi plus méchante ; elle mit, comme la première, ses faveurs au prix de cent mille écus d'or, qui vaudroient aujourd'hui cinq cent mille francs, et d'une promesse de mariage. D'autres les avoient eues à moins. C'étoit dans le moment où il falloit faire un fonds extraordinaire de quatre millions pour le renouvellement de l'affaire des Suisses ; et l'on juge bien que Sully n'étoit pas d'avis de payer d'une somme si exorbitante l'ambition d'une coquette et celle de sa famille, encore moins de lui laisser concevoir des espérances aussi folles. Henri IV n'en donna pas moins tout ce qu'on lui demanda ; presque aussi-tôt il la conduisit à Lyon, lorsqu'il partit en 1600 pour marcher en Savoie, et poussa la folie jusqu'à lui envoyer les drapeaux pris sur l'ennemi à la journée de Charbonnières. Sully le voyoit à regret retomber dans un excès d'aveuglement que rien ne pouvoit justifier, mademoiselle d'Entragues ayant tous les défauts de Gabrielle, et aucun des charmes qui pouvoient excuser une aussi violente passion, n'étant sur-tout rien moins que fidèle; il se hata d'obtenir le consentement de Marguerite à son divorce, de le faire prononcer par le pape, et de conclure son mariage avec Marie de Médicis. Ce fut avec un violent chagrin que Henri souscrivit à cette alliance, et avec un vif dépit que mademoiselle d'Entragues la vit consommer. Elle s'emporta d'autant plus qu'elle étoit enceinte, et qu'elle avoit bâti sur sa grossesse les mêmes projets que Gabrielle d'Estrées; mais ses larmes, ses menaces, ses fureurs demeurèrent inutiles; le mariage étoit résolu : Henri la décora du titre de marquise de Verneuil. Elle eut le malheur de faire une fausse-couche, et sentit qu'il falloit prendre son parti; elle se soumit en apparence à la nécessité, afin de conserver son empire sur le cœur de Henri : elle n'y réussit que trop bien, et dans la suite elle fut cause de tous ses chagrins et de beaucoup de désordres publics.

Marie de Médicis arriva en France le 3 de

novembre 1600; elle étoit fille de François de Médicis, grand duc de Toscane, et de Jeanne d'Autriche; ce sang mêlé d'italien et d'allemand nous apporta les maux que nous ont toujours faits ces deux nations. Malgré les louanges excessives que lui donnent les historiens, et qu'ils répètent presque dans les mêmes termes à chaque règne, pour chaque femme de souverain, il paroît que cette femme n'étoit pas fort belle. Son image, dans la galerie de Rubens au Luxembourg, nous donne l'idée d'une femme assez ordinaire; elle étoit encore moins aimable, entêtée, intrigante, jalouse, fière, défiante, orgueilleuse, amie du faste et de la dépense, vindicative et absolue; si elle eut à se plaindre du procédé de Henri IV, il faut avouer qu'elle ne fit rien pour le ramener; qu'elle n'employa ni douceur, ni complaisance, ni égards; convenons aussi que, pour une femme de ce caractère il étoit difficile de soutenir la dépravation des mœurs de Henri IV, et que si le moyen de faire faire des réflexions à un mari qui s'oublie n'est pas de se rendre insupportable par des plaintes et des éclats indiscrets, le moyen de faire prendre patience à une femme n'est pas non plus de la rassasier d'outrages. Malgré l'économie de Sully, on dépensa beaucoup pour les noces de Marie, et l'or qu'on employa auroit été mieux placé, si on avoit délivré le peuple de quelques taxes onéreuses ; cependant on remarqua qu'il y eut moins d'extravagances que sous le règne précédent. Marie ne tarda point à donner des preuves de fécondité ; elle accoucha le 7 septembre 1601 du dauphin, qui fut depuis Louis XIII ; ce fut une joie très-vive pour Henri, et en cela l'on ne peut rien voir que de fort naturel : mais ce qui est déplorable pour l'esprit sage qui étudie les mœurs des nations, c'est l'ivresse des peuples lorsqu'il naît un enfant à leurs tyrans. On diroit que ce sont des enfans incapables de se conduire, et qui craignent de manquer d'un maître qui les guide.

Marie avoit reçu très-froidement la marquise de Verneuil, lorsqu'elle lui fut présentée au nombre des femmes de sa cour. La fameuse Galigaï, favorite de la reine, parvint à gagner sur l'esprit de sa maîtresse de se composer à l'égard de la marquise, si elle vouloit plaire au roi ; Galigaï avoit ses raisons ; elle vouloit être dame d'atour ; Henri ne le vouloit pas : elle imagina qu'en intéressant la marquise, elle parviendroit à son but ; elle lui promit en échange la bienveillance de la reine, et en effet elle auroit joui de quelque considération auprès de Marie, si elle eût été plus réservée. Mais son esprit malin et railleur ne ménageoit personne, et sa haine particulière contre Marie ne connoissoit point de frein; sa gaité la rendoit pour ainsi dire nécessaire à ce prince, que le sérieux et l'humeur chagrine de la reine rebutoit. S'il n'avoit eu que la foiblesse d'aimer madame de Verneuil, et qu'elle l'eût mieux mérité, il auroit été pardonnable, mais son amour pour les femmes le faisoit passer toutes les bornes de la décence; il avoit à la fois plusieurs femmes et filles de la cour, et non content de ces passe-temps un peu trop variés, il exposoit souvent sa santé chez des femmes publiques. Marie ne pouvoit supporter des désordres qui l'exposoient elle-même, et leurs querelles fréquentes avoient presque toujours pour objet quelque nouveau mécontentement de ce genre. Marie le menaçoit souvent de faire en public des affronts à celle qu'il aimoit, d'autres fois elle lui faisoit craindre pour leur vie. Lorsqu'elle vouloit obtenir quelque grace pour Léonor Galigaï, pour son amant Concini, pour la foule d'Italiens dont elle avoit inondé la cour, elle éprouvoit souvent des refus du roi, qui n'aimoit pas les

Italiens, et alors recommençoient les reproches sur les infidélités, les bouderies et des querelles si vives, que souvent la nuit Henri étoit obligé de se lever, et de passer dans un autre appartement. C'étoit un moyen d'obtenir à la fin ce que l'on demandoit.

Ce fut ainsi qu'elle parvint à marier et à doter richement cette chère Galigaï avec son Concini, et que, malgré toute sa mauvaise humeur contre la marquise de Verneuil, elle acheta cette complaisance du roi, par toutes les complaisances possibles pour la favorite, qui venoit d'accoucher presque au même temps qu'elle; et dans le même temps où elle célébroit les noces de la Galigaï, et où elle se servoit, pour en embellir les fêtes, des talens et des charmes de madame de Verneuil, elle méditoit avec la marquisse de Villars la trame la mieux ourdie pour la perdre. La marquise s'étoit flattée un moment d'être aimée du roi, c'en étoit assez pour être l'implacable ennemie de la Verneuil. Elle avoit eu l'adresse de se procurer des lettres de celle-ci, adressées au prince de Joinville depuis qu'elle étoit attachée à Henri. La reine y étoit maltraitée, le roi n'étoit pas ménagé. Le prince, plus jeune et peut-être plus aimable, y paroissoit être favorisé par le cœur, et cela n'étoit pas flatteur pour un roi aussi despote dans ses plaisirs que dans ses conseils : aussi cette nouvelle ne manqua-t-elle pas d'exciter une vive férmentation dans l'ame du roi, et de produire entre lui et madame de Verneuil des scènes fort vives. Mais elle avoit trop d'esprit pour être vaincue par de semblables ennemis ; elle se défendit assez habilement pour donner à la colère de son amant le temps de s'appaiser ; puis elle lui lui représenta la haine dont on étoit animé contre elle à la cour, et en vint à lui persuader, contre toute vraisemblance, que ces lettres avoient été falsifiées par un secrétaire du duc de Guise, qui avoit l'art d'imiter toutes sortes d'écritures. La reine fut querellée, la marquise de Villars bannie de la cour, le Prince de Joinville obligé de passer en Hongrie ; le secrétaire fut mis en prison, lui qui n'avoit peut-être pas connoissance du fait ; et la Verneuil triomphante, et contrefaisant à son tour l'amante outragée, se laissa prudemment appaiser par un don de six mille livres.

Tandis que cette femme et la reine jouoient, comme on dit trivialement, *à quitte ou double*, et qu'elles étoient l'une ou l'autre continuellement bien ou mal avec le roi, la marquise préparoit de grands chagrins à Henri. La conspiration du comte de Soissons, dans laquelle entrèrent M. d'Entragues son père, le comte d'Auvergne son frere, le duc de Biron, et cette femme perfide elle-même, n'est ignorée de personne. Son but étoit de se faire déclarer la femme légitime de Henri IV, ses enfans, les héritiers du trône, et de faire chasser Marie de Médicis, et déclarer le dauphin bâtard. Le but de Philippe, roi d'Espagne, avec lequel tous les conspirateurs avoient signé un traité, étoit de causer en France une révolte générale, d'y rallumer le feu de la guerre civile, et de profiter de ce mouvement pour faire une invasion (1). On

---

(1) La cause de cette perfidie de la part de la marquise et de sa famille venoit d'un refus qu'avoit fait le duc de Sully. Le comte de Soissons avoit demandé au roi une concussion de 15 sous par ballot de toile qui entreroit ou sortiroit du royaume ; il avoit associé la marquise à ce traité pour la valeur d'un cinquième, et l'on avoit présenté ce don comme un revenu de dix mille écus de rente; Sully démontra qu'il étoit au moins de trois cent mille écus, et qu'en outre c'étoit une entrave onéreuse au commerce : la concussion fut retirée. Elle rappelle l'affaire des *alluvions* accordées aux Polignac en 1787, et révoquées sur les représentations des parlemens de Toulouse et de Bordeaux. Nous en parlerons dans la suite.

sait que le parlement de Paris condamna tous ces coupables à différentes peines, et qu'en cela il agit selon les loix du royaume. On sait que le roi ne fit grace, suivant le droit absurde qu'il en avoit, et dont il usoit suivant son *bon plaisir*, qu'à la famille de madame de Verneuil ; et lorsqu'on divinise encore ce prince, en général aussi peu estimable qu'un autre, aussi haïssable à beaucoup d'égards, l'on ne se rappelle peut-être pas assez qu'un horrible complot contre la nation, une trahison qui pouvoit faire périr des millions d'hommes, dans laquelle on avoit rallumé les idées fanatiques de religion, ne put le détacher de cette femme odieuse; qu'il respecta assez peu les intérêts de son peuple, qu'il fut assez insensible à l'outrage fait à sa femme et à son fils, pour vivre encore avec la Verneuil, et qu'il ne l'abandonna que lorsqu'une autre passion eut effacé de son cœur le souvenir de cette passion effrénée qui avoit duré dix ans.

La reine l'avoit toujours haïe avec tant de fureur, qu'elle prit le parti de la patience avec toutes les autres femmes qu'il eut ensuite. Galigaï et Concini lui avoient d'ailleurs inspiré des idées plus étendues. Henri IV, qui, sous le prétexte d'un projet vaste et profond, n'étoit occupé que de conquérir la princesse de Condé, alloit partir pour une guerre dont le succès étoit incertain, dont la durée pouvoit être longue. Il falloit que la reine fût régente; son sacre paroissoit être un préliminaire indispensable; il s'agissoit d'obtenir cette dépense au moment où les préparatifs de la campagne alloient diminuer les fonds amassés par l'économie de Sully; il falloit donc user envers le roi de ces complaisances adroites qui préparent l'homme le plus ferme à n'oser se servir d'un refus formel, même pour une chose qui lui déplaît. Marie, d'Italienne furieuse et jalouse, devint donc tout à coup une Italienne souple, caressante et soumise. Les femmes de ce pays jouent sans effort toutes sortes de rôles. Marie obtint ce qu'elle désiroit, non sans opposition de la part de Sully, non sans répugnance de celle de Henri. Ce prince sembloit avoir des pressentimens de son malheur, et l'on sait par des autorités non douteuses que son assassinat fut annoncé en Espagne avant d'avoir été commis en France, ou du moins avant qu'on eût pu physiquement en avoir reçu la nouvelle. L'entrée devoit se faire le dimanche 16 mai 1610, lorsque l'attentat de Ravaillac, arrivé le 10, termina la vie de Henri IV.

Ainsi finit ce prince tant loué pendant sa vie et après sa mort ; ce prince malheureux sans doute d'avoir vécu dans un rang dont la folie humaine est le principe, et qui avoit corrompu en lui quelques vertus, qu'au sein de l'égalité le désir et le besoin d'être estimé auroient mûries et développées. Henri, selon toute apparence, auroit été un très-bon citoyen ; il fut mauvais roi : l'ambition lui fit verser à grands flots le sang des Français ; il détruisit la nation sur laquelle il vouloit régner, et se crut quitte envers elle pour quelques actes d'humanité passagère qui ne la dédommageoient pas de tous les fléaux que traine après soi l'horrible fléau de la guerre. Devenu roi, il dut à son ministre le peu de bien qu'il fit au peuple ; sans lui, sa prodigalité, son amour pour le jeu et pour les femmes auroient épuisé les trésors de la nation : on lui doit seulement la justice de dire qu'il sut être contrarié par Sully, et apprécier les services que lui rendoit cet homme intègre. Mais étoit-ce pour le bien du peuple ou pour le sien qu'il regardoit Sully comme un homme précieux ? Je réponds en rappelant le code des chasses, code effrayant, sanguinaire, odieux, digne de Louis XI et de Charles IX, et je place ce code barbare, dont le poids tomboit sur l'agriculteur, à côté du propos dérisoire et tant répété de *la poule au pot*. Oui, tu voulois disois-tu, que chaque paysan la mangeât, cette poule, et pour le meurtre d'une bête fauve, tu voulois le faire battre de verges jusqu'à effusion de sang. J'en ai dit assez ; ce monument de ton histoire fait ton oraison funèbre.

Quant à Sully même ; ministre estimable dans la foule des ministres qui devoient, qui doivent encore périr sous le glaive de la loi, pensa-t-il seulement à établir une loi *constitutionnelle* ? Lorsqu'il considéroit de sang froid les plaies de la malheureuse France, lorsqu'il vit les maux qu'avoit produits une femme sans foi comme sans pudeur, traînant à sa suite des prêtres sans frein, des ministres absolus, des juges corrompus, des supplices et des bourreaux, songea-t-il à prévenir le retour de ces désordres ? Pensa-t-il qu'il falloit profiter de ces momens de calme pour assembler les états-généraux, pour donner à la nation un gouvernement stable, fondé sur des loix dictées par la nature ? Un de ses moyens en finances fut de rendre héréditaire les charges de judicature ; ce n'étoit pas assez du premier genre d'hérédité qui venoit de couvrir la France de cadavres ! il réprima l'avidité

des

des partisans, mais avec beaucoup de ménagement, parce qu'il crut toujours avoir besoin des compagnies financières, qui pouvoient d'un instant à l'autre fournir de l'argent. Il ménagea beaucoup aussi les prétentions des parlemens, et ne mit aucun frein à leurs concussions, parce qu'ils enregistroient les édits; enfin ses mémoires ne nous montrent pas la plus légère idée des droits de l'homme, ni de ceux des nations; pas une notion des loix qui pouvoient manquer à un royaume aussi vaste; aucun doute sur l'étendue de l'autorité royale, aucun désir d'asseoir sur des bases solides le bien qu'il pouvoit et devoit faire (1).

---

(1) Ce sont cependant ces deux hommes qui long-temps ont été en France l'objet d'un véritable culte. Les Français, rassasiés des maux qu'ils avoient soufferts sans interruption pendant deux siècles, élevèrent des autels à un roi et à un ministre qui leur laissèrent enfin la jouissance de l'air qu'ils respiroient; qui ne leur demandèrent peut-être que la moitié de leur subsistance, de leurs vêtemens, et les traitoient ce qu'on appelle en *bons maîtres*. On sait bien que dans les colonies les malheureux noirs adorent presque ce très-petit nombre de planteurs qui ne les font pas expirer sous les coups et l'excès du travail; et cependant nos domestiques ici ne souffriroient pas le despotisme

Les causes de l'assassinat de Henri IV furent considérées sous différens points de vue ; on n'a pu savoir positivement qui arma le bras de l assassin Ravaillac. Ce qu'il y a de sûr, c'est que le fanatisme fut son motif particulier ; on soupçonna Marie de Médicis, et il n'y a que trop d'apparence contre elle. L'ambition dont elle avoit été saisie tout à coup au

---

même de ces *bons maîtres*. On n'est pas étonné de l'espèce d'idolâtrie d'une nation assez idolâtre pour endurer les Isabeau de Bavière, les Médicis, et leurs lâches et barbares époux et pupilles ; mais on doit l'être de ce que des historiens, des poëtes, des philosophes, se sont abandonnés à ces accès de déraison. Voltaire, par sa Henriade, a retardé le progrès des lumières de plus d'un siècle, par rapport à la forme du gouvernement. Mably même, n'a pu se défendre d'une sorte de respect pour la mémoire de Henri IV. Les Anglais, qui nous ont tracé de sublimes vérités en tout genre, ont encensé ce prince ; et cependant, depuis le siècle de Louis XIV, la philosophie avoit fait assez de progrès pour que d'excellens esprits appréciassent parfaitement la conduite et le peu de vertus réelles de cette *idole de circonstance*. S'ils redoutoient de faire luire tout à coup la vérité aux yeux des hommes encore trop foibles pour la soutenir, il falloit au moins ne pas contribuer à entretenir leur erreur, il falloit présenter les faits, supprimer leurs propres réflexions, et conduire ainsi le peuple à les faire lui-même.

moment du départ projeté du roi ; son désir immodéré de se faire couronner ; le mécontentement qu'elle témoigna lorsqu'en lui réservant la régence, Henri lui nomma un conseil ; celui de ses chers confidens Concini et la Galigaï, lorsqu'ils apprirent que le connétable de Montmorency et le chancelier Sillery étoient nommés en cette qualité ; les intrigues de ces deux personnages et celles de don Juan de Médicis, frère de la reine, dont les perfides conseils n'avoient pas peu contribué à diviser la cour ; plus encore peut-être l'indifférence de cette princesse à la nouvelle d'un si grand événement ; celle que l'on mit à se saisir de l'assassin, et ensuite à l'interroger ; la négligence avec laquelle il fut gardé ; les précautions que prit le duc d'Epernon dès le premier instant, ce qui prouve qu'elles avoient été prévues ; enfin la correspondance que Marie n'avoit cessé d'avoir avec l'Espagne et la cour de Rome par le moyen de son frère et de Concini, déposent contre elle et l'accusent du plus grand crime dont une femme puisse se rendre coupable. Ajoutons que sa conduite, après l'événement, ne justifia que trop les impressions qu'elle avoit déjà données au moment de l'assassinat.

Henri IV avoit été frappé à quatre heures

de l'après-midi ; à six heures, Marie avoit pris toutes les mesures nécessaires pour se faire déclarer régente. Le conseil étoit assemblé ; le duc d'Epernon, avec un ton d'insolence qu'une autorité supérieure pouvoit seule justifier, y avoit paru, la main sur la garde de son épée : « Elle est encore dans le
» fourreau, avoit-il dit, mais elle en sortira
» si la reine n'est pas déclarée régente ; quel-
» ques-uns d'entre vous demandent du temps
» pour délibérer, leur prudence n'est pas de
» saison : ce qui peut se faire aujourd'hui
» sans péril, se fera demain au milieu du car-
» nage ». Les membres du conseil les plus sensés comprirent que la reine ne parloit point avec tant d'audace par la bouche d'un de ses esclaves, sans être assurée d'un parti puissant. Tout servoit à prouver que ce parti étoit formé d'avance, et l'on ne pouvoit mesurer, dans un seul instant, toute l'étendue de ses forces et de ses différentes branches. Ils crurent plus prudent de céder que de s'exposer à cimenter de leur sang le pouvoir dont Marie paroissoit si avide. Dès le lendemain, le parlement lui confirma le don de la régence, avec celui de la tutelle, au nom du jeune roi Louis XIII, âgé de dix ans. Si ce grand corps avoit bien voulu remplir ses de-

voirs, c'étoit là le cas d'assembler les états généraux; mais le parlement, qui seul avoit élevé Henri IV sur le trône, s'étoit convaincu de ce moment qu'il représentoit la nation; il avoit même déclaré que les états généraux n'étoient pas constitutionnels, parce que les états de Paris, assemblés par le duc de Mayenne, l'avoient été par une autorité illégitime. Dans la vue de rester seul en possession de l'honorable titre de représentans de la nation, il étoit nécessaire en effet de consacrer l'absurde maxime, que la nation ne pouvoit pas s'assembler de son propre mouvement et sans l'ordre du roi; ce qui ne fut jamais établi par aucune loi, par aucun acte quelconque; ce qui pouvoit être simplement d'usage quand les rois étoient *tout*, et les peuples rien. Le parlement, ayant une fois prétendu que lui, petit corps d'individus, sans mission du peuple, agréé par le roi, ayant acquis de la main du roi des charges vénales, soumises à un droit annuel payé au roi, représentoit les assemblées libres et générales des *champs de Mars et de May*, ou *les états généraux du royaume*; que cependant les *états généraux* n'étoient pas constitutionnels, n'avoit plus qu'à déclarer que la nation elle-même n'étoit pas *constitutionnelle*.

Enfin, Marie de Médicis est déjà déclarée régente, avant même que les environs de Paris soient instruits de la mort du roi. Sully n'est pas même consulté ; sa douleur le rend importun, son économie le rend à charge. Il y avoit quarante millions d'argent en réserve, outre le revenu courant, il fallut les remettre entre les mains des courtisans et des favoris ; ce trésor disparut en moins de quatre ans : Sully s'écarta de lui-même, et débarrassa les pillards de sa présence et de ses reproches. Lorsqu'enfin le luxe et les dissipations eurent réduit aux dernières extrémités et la régente et son foible ministre Luyau, et Concini, et la Galigaï, et tous les Italiens et les Espagnols qui régnoient avec une femme sans génie, on fut tout à coup étonné d'entendre, en 1614, demander les états généraux. Mais, quoiqu'en lisant l'histoire de ce règne, on soit surpris d'entendre rappeler leur nom, on l'est peut-être davantage de voir qu'ils produisirent un enthousiasme général, et rien de plus. Les disputes de rang, d'ordres, de vérifications de pouvoirs, occupèrent les premières séances. Les trois ordres de l'état, et en général toutes les classes de la société, se considéroient comme des armées en présence, qui ne font encore que s'observer, en attendant le signal du combat. Le clergé, fier de ses richesses, de ses immunités, de ses dons gratuits, ne sentoit pas qu'il les perdroit si l'état tomboit en décadence; il ne demandoit que la ruine du protestantisme à quelque prix que ce fût. La noblesse espéroit s'enrichir des dépouilles du peuple; tel a toujours été son rôle. Elle demandoit la suppression de la vénalité et de l'hérédité des charges de judicature; les parlemens auroient agi avec justice, prudence et raison, s'ils avoient, à leur tour, demandé qu'on détruisît le fléau de la noblesse héréditaire. Le tiers-état auroit voulu qu'on remédiât à la mauvaise administration des officiers de justice et des finances : mais ses députés étoient pris dans ces deux corps qui vouloient sa ruine: aussi fut-il oublié dans les débats; c'étoit l'usage. Rien n'étoit concerté, il n'y avoit aucun plan d'assis, peut-être point de but; la régente seule en avoit un, celui de régner et de voler arbitrairement. Les états ne purent, ou ne voulurent pas commencer leurs opérations, et on les sépara lorsqu'à peine les pouvoirs étoient vérifiés: on nomma des *commissaires du roi*, pour conférer avec ceux des députés aux états; ceux-là traînèrent en longueur, dégoûtèrent les députés, et ces états de 1614 offrirent, au dix-septième siècle, un spectacle bien plus étrange que ceux de Philippe-le-Bel au quatorzième; ils finirent sans même qu'on s'en apperçût. De nouvelles taxes vinrent au secours du trésor royal; et Marie, voulant, à sa manière petite et bornée, diviser aussi pour régner, s'avisa d'un autre plan qui ne put lui réussir qu'à brouiller, sans porter aucun coup décisif.

La noblesse et le clergé venoient de demander la publication du concile de Trente, et le rétablissement de la religion catholique dans le Béarn; presque toutes leurs doléances tendoient à faire réformer partiellement les clauses de l'édit de Nantes les plus favorables aux réformés. Marie de Médicis essaya de les faire avertir secrètement de se défier des dispositions hostiles des catholiques; mais quoique les calvinistes ne fussent que trop disposés à s'inquiéter, il ne se trouva pas un homme capable de commander avec succès des forces armées, quand même il y en auroit eu: d'ailleurs, le grand mal du règne de Henri IV étoit d'avoir accoutumé au repos, à l'insouciance et à la mortelle quiétude de l'esclavage la seule portion d'hommes que la liberté des opinions pût conduire à la liberté politique et civile. Les réformés s'étoient endormis dans une douce confiance pour un roi qui les avoit toujours favorisés. Le reveil paroit si dur ! on a si peu de force, lorsqu'on les a usées au sein de la mollesse ! Le gouvernement étoit sans force, les religionnaires sans courage, la nation anéantie. Le parlement n'avoit que des prétentions, et point de patriotisme; il s'avisa, pour se rendre respectable aux yeux du peuple, de rendre le 8 mars 1615, un arrêt qui ordonnoit que les princes, les pairs, et les grands officiers de la couronne, qui ont séance et voix délibérative au parlement, et qui se trouvoient à Paris, seroient invités à venir délibérer avec le chancelier sur les propositions qui seroient faites pour le service du roi, le soulagement de ses sujets, et le bien de son état. La régente, étonnée de ce coup d'autorité imprévu, consulta promptement les bons et fidèles *sujets du roi* : ceux-ci craignirent que le parlement, réuni aux grands, ne prétendît tout à coup rendre l'administration plus régulière, et moins dépendante de l'incapacité et des passions du prince ; ils se rappeloient ce que les états généraux avoient voulu sous le règne du roi Jean ; et ce qui n'avoit pas eu son effet dans un temps d'ignorance, pouvoit s'opérer facilement en 1615. Marie se hâta d'ordonner aux magistrats de ne plus se mêler des affaires du gouvernement. De quoi s'inquiétoit l'inhabile régente ? les grands divisés entre eux se bornoient à intriguer sans savoir ni ce qu'ils vouloient, ni ce qu'ils pouvoient. Les magistrats n'avoient point préparé le coup qu'ils vouloient porter ; ils furent obligés à se taire, et peut-être trouva-t-on même le véritable secret d'appaiser leurs efforts : d'ailleurs, nous n'en aurions pas été plus heureux. Si les grands avoient accru leur prépondérance, soutenus seulement par l'autorité parlementaire, le fruit de cette coalition contre l'autorité royale auroit été le rétablissement des fiefs. Combien la nation auroit été de temps encore à secouer le joug, si le régime féodal avoit pu renaître dans toute son étendue, puisque les restes de cet infernal système nous donnent encore tant de peine à détruire ! Non, en 1614 il ne pouvoit s'opérer une heureuse révolution ; il falloit près de deux siècles pour en concevoir l'idée ; il en faut peut-être encore un pour l'exécuter.

Marie de Médicis ne connoissoit aucun remède aux maux que lui causoit tous les jours sa mauvaise administration ; elle savoit faire toutes les sottises du monde, et sa foible tête se perdoit lorsqu'il s'agissoit de les réparer. Dès l'année de la mort de Henri IV, Concini et sa femme avoient acheté le marquisat d'Ancre pour une somme de cent trente mille livres. Ses égards pour le mari devinrent suspects ; on l'accusa d'avoir eu pour lui des bontés très-particulières ; et les faveurs qu'elle accumula sur sa tête ne prouvèrent que trop qu'on ne se trompoit pas : elle en fit un maréchal de France, lui qui n'avoit jamais tiré l'épée. L'insolent favori s'érigea bientôt en despote ; rien ne fut respecté : les libertés de l'église gallicane furent violées ; les jésuites devinrent tout-puissans ; ils poussèrent la démence jusqu'à demander qu'il leur fût permis d'écrire, et qu'il fût défendu de leur répondre. Le mariage du roi avec Anne d'Autriche, infante d'Espagne, et celui de Philippe, infant, avec Élisabeth de France, furent conclus, contre tous les intérêts de la France. Ces alliances funestes ne pouvoient qu'effrayer les protestans, dont tous les intérêts se trouvoient blessés par l'intimité avec leurs plus redoutables ennemis. Henri IV avoit formellement interdit à la régente de former jamais aucune alliance avec l'Espagne, ou du moins de consentir que ce fût avec l'héritier de la couronne, ou avec le roi, si elle venoit à le perdre avant la majorité de son fils ; il lui avoit conseillé aussi de ne point accorder de faveur marquée aux jésuites, toujours prêts à embrasser le parti de la cour de Rome contre les intérêts de la France : il lui avoit appris que c'étoit le moyen de ne pas indisposer les religionnaires, et de ne pas commencer une guerre qu'il ne seroit plus en son pouvoir de terminer ; mais comme elle étoit incapable de réflexion, elle l'étoit aussi d'adopter un conseil sage, et la mort du roi lui fit bientôt perdre le souvenir des instructions qu'elle en avoit reçues. Louis XIII n'étoit pas encore majeur, que les princes, irrités de l'insolence des favoris, s'étoient déclarés et se formoient un parti ; les protestans armoient secrètement, et la reine avoit aussi ses créatures prêtes à se montrer pour elle et pour les Concini. Le roi, long-temps gouverné par eux, ne tarda pas à sentir le poids de cette autorité excessive et mal dirigée. En perdant le titre de régente, Marie avoit conservé celui de mère, et c'étoit pour en abuser qu'elle en réclamoit les droits. Louis, aussi foible et aussi bas que Henri III, se délivra du maréchal d'Ancre, comme son *auguste ancêtre* s'étoit délivré des Guise par un assassinat. Concini fut tué par Vitry, capitaine des gardes, le 24 avril 1617. On trouva sur lui des valeurs en papier pou 1,985,000 livres, et il avoit en outre pour 420,000 livres sur les banques d'Italie. Peu de jours avant sa mort, il avoit dit à quelques amis qui le blâmoient de son audace, *qu'il vouloit voir jusqu'où la fortune d'un particulier pouvoit aller.*

Quelle idée ne doit-on pas prendre de ce règne désastreux, lorsqu'on voit une intrigante étrangère, un homme sans considération, et un ministre sans talens, gouverner l'état ! Ce ministre étoit le cardinal de Luynes, dont tout le mérite personnel se réduisoit à dresser des oiseaux au vol, et qui avoit obtenu à ce titre une place dans la vénerie du roi. Il ne savoit qu'amuser puérilement son maître, et c'en étoit assez pour disposer des destins de la France. Sous le gouvernement monarchique, quelles que soient les précautions que puisse prendre le peuple, ou par lui-même, ou par des représentans, le sort de l'empire dépendra toujours des agens immédiats d'un homme inviolable, et assez riche pour n'avoir à son service que des traitres à la nation. Une vaine responsabilité ne les rendra point incorruptibles ; ils savent trop bien que les loix n'atteignent point l'esclave de l'homme supérieur aux loix. On verra donc toujours les rois choisir des hommes sans mérite et sans vertu ; et malgré toute la vigilance du peuple ou de ses mandataires, la machine politique se trouvera entravée, tantôt par une exécution lente, tantôt par des délais perfides, tantôt par l'ineptie et le défaut d'ensemble, tantôt par des changemens arbitraires dans la nature des loix et dans leur application. Quand on leur feroit rendre compte à chaque jour, à chaque heure, le progrès du mal ne seroit que suspendu, le mal ne seroit point extirpé ; il ne peut l'être qu'en remontant à sa source.

L'assassinat de Concini prépara la ruine de Marie de Médicis ; elle sentit que son crédit étoit perdu : toute occupée de sa situation, elle parut inhumaine envers sa veuve, qu'elle avoit tant aimée, et laissa briser sans pitié cet instrument fragile qui ne pouvoit plus lui servir. « Si on ne peut lui dire que son » mari est mort, dit-elle, qu'on le lui » chante ». Expression qui fait horreur, et qui caractérise parfaitement l'ingratitude des rois. Elle refusa de s'intéresser pour elle, et de demander sa grace, qu'elle pouvoit encore obtenir. Léonor fut mise en prison ; et telle est la foiblesse et la lâcheté des gouvernemens despotiques, qu'on ne lui fit point son procès, pour avoir abusé de la faveur et de la confiance de la reine : on l'accusa de judaïsme, de magie et de sortilége : elle fut condamnée au feu sur ces imbécilles chefs d'accusation, par des magistrats dont on ne sait si l'on doit accuser le plus ou la démence ou la bassesse. Cette malheureuse, moins coupable que la reine, montra de la constance en marchant à un supplice si peu prévu, et mourut avec une fermeté qui ne fit qu'accroître la fureur de ses ennemis.

Louis XIII, dont l'ame foible et féroce auroit été capable des mêmes crimes que Charles IX, s'étoit écrié, en apprenant la mort de Concini : *Enfin, me voilà roi !* Il avoit raison, il venoit de consommer un crime ; c'étoit son premier acte royal. De ce moment, il ôta la garde à sa mère, qui, troublée de cet ordre tyrannique, lui demanda la permission de se rendre à Moulins ; il lui en laissa la liberté ; mais à peine étoit-elle arrivée à

Blois, qu'il la fit arrêter et renfermer dans le château : elle se sauva de cette forteresse, et se rendit à Angoulême, et de là au pont de Cé, où elle fut prête à prendre les armes contre son fils.

Le cardinal de Luynes et ses frères profitèrent seuls de la mort de Concini ; ils n'avoient pas renversé le maréchal d'Ancre et banni la reine mère pour le bien de l'état, mais pour le leur propre : ils se partagèrent toutes les charges de Concini, et la fortune publique ne fit que changer de main, comme à toutes les mutations de ministère. Marie n'avoit été éloignée que pour n'avoir point à partager avec elle les trésors que l'on prétendoit amassés ; mais il s'élevoit dans le conseil un homme d'un génie plus étendu, dont les vastes projets demandoient une autre marche. Il entreprit de réconcilier Marie avec son fils : ce n'étoit pas qu'il fût susceptible des sentimens de la nature, ni qu'il voulût toucher le cœur de son *maître*, mais il craignoit que les intrigues de cette femme ne soulevassent en sa faveur une partie du royaume ; et pour exécuter ses desseins, il lui falloit la paix et la tranquillité qui disposent à l'esclavage. La mort du cardinal de Luynes,

Luynes, arrivée après le siége de Montauban, le 15 décembre 1621, fut un moment de triomphe pour la reine; Richelieu se servit habilement d'elle pour obtenir sur l'esprit du roi un crédit dont ensuite elle fut la victime. En 1623, il l'avoit rendue aussi puissante que dans le temps de sa régence; il obtint de sa reconnoissance le chapeau de cardinal, qu'il ambitionnoit depuis long-temps, et qui lui étoit nécessaire pour ajouter à sa considération personnelle : elle seule pouvoit le lui procurer aussi promptement, par ses relations avec la cour de Rome. Dès ce moment, il ne se crut plus obligé à aucun égard envers elle; et comme il avoit besoin d'un empire absolu sur l'esprit de Louis XIII, qui ne l'aimoit pas, mais auquel il s'étoit rendu nécessaire, il n'oublia rien pour l'aigrir de nouveau contre Marie. Comme elle ne savoit rien calculer, elle lui laissa le temps de s'emparer absolument de ce prince; et se vit abandonnée de lui et de la cour, au moment où elle s'y attendoit le moins. Elle ajouta une autre imprudence à la première; elle refusa tout accommodement entre elle et Richelieu, et mit Louis dans l'alternative de chasser ou elle, ou son ministre. Il ne balança point; et Marie, plongée dans un délire plus grand encore, par les suites de son caractère opiniâtre et irréfléchi, s'enfuit de Compiegne le 30 juillet 1631, et se rendit à Bruxelles, où elle fut reçue avec de grands honneurs. Mais lorsqu'elle fut sortie de France, les apologies de sa conduite, ses manifestes et ses lettres, furent inutiles. Richelieu triomphoit et savoit ménager la durée de cet avantage; il faisoit valoir contre elle ses liaisons avec l'Espagne, la combinaison de ses projets avec ceux de *Monsieur*, son second fils, le dessein bien constaté qu'elle avoit eu de marier ce prince avec Anne d'Autriche, en faisant déclarer Louis XIII impuissant, ou bien en terminant ses jours : enfin il insinuoit qu'elle avoit trempé dans la conspiration de Chalais, en 1626. On ignore si ce dernier crime auroit été capable d'effrayer Marie. Si elle avoit pu le commettre, et qu'elle l'eût cru nécessaire à son ambition, il y a peu d'apparence qu'elle s'y fût refusée; mais soit que de pareils soupçons fussent bien ou mal fondés, ils devoient faire une vive impression sur un prince fanatique et d'un caractère soucieux et méfiant. Son humeur chagrine et son esprit borné demandoient à être gouvernés ; mais il préféroit l'empire du cardinal, qui le débarrassoit du fardeau des affaires, à celui de Marie de Médicis, d'Anne d'Autriche et de son frère, dont il étoit jaloux. Si le cardinal se trouvoit chargé du gouvernement, ce ne pouvoit être qu'en son nom; au lieu que les deux reines et le duc d'Orléans auroient eu tout l'honneur de l'administration, et l'auroient réduit à une nullité absolue. Marie fut donc sacrifiée à la haine du ministre; son douaire et ses biens furent saisis; ses finances épuisées, elle se vit en proie à l'horrible nécessité d'avoir recours à la stérile pitié de ses égaux. Les *souverains*, si prodigues pour eux et leurs favoris, de la subsistance de leurs *sujets*, ne sont jamais généreux. L'Angleterre donna à Marie quelques secours modiques, que les intrigues de Richelieu réduisirent au point qu'elle fut obligée de repasser en Hollande, après un voyage à la cour de Londres. Les Hollandais craignirent de se brouiller avec le cardinal, et enfin la reine fugitive ne trouva d'asile qu'à Cologne, où les jésuites daignèrent lui payer une si chétive pension, qu'en 1642 elle manqua de bois au milieu de l'hiver, et périt presque de misère, vers la fin de juin de l'année suivante. Tant que les rois ne seront pas de simples citoyens, investis seulement, comme tous les fonctionnaires publics, d'un pouvoir temporaire, délégué par les peuples ; tant qu'ils ne seront pas comptables au peuple et soumis à la loi ; enfin tant que l'impunité leur assurera le droit d'être criminels, un châtiment semblable à celui qu'éprouva Marie de Médicis, sera une sorte de justice accidentelle, dont le vulgaire rendra grace aux circonstances ; mais le philosophe n'y verra qu'un effet du hasard, dont l'influence passagère ne satisfait point les loix, ne venge point les hommes des maux qu'ils ont soufferts, et n'a jamais servi d'exemple aux têtes couronnées.

Après avoir persécuté sa mère par l'exil, par un procès en règle, dont il avoit chargé des commissaires, Louis XIII la voyant humiliée, pauvre et mourante, ne la traita pas moins avec une dureté excessive : mais que pouvoit attendre d'un fils sur le trône, une mère telle que Marie de Médicis? L'éducation qu'il en avoit reçue, la persuasion où il étoit qu'elle avoit voulu le faire assassiner, les doutes qui s'étoient élevés contre elle à la mort de Henri IV, la dureté du cœur, l'inhumanité innée dans l'ame des rois, leur indifférence sur l'opinion publique, tout devoit préparer Marie à l'abandon total de son fils. Agrippine avoit commis toutes sortes de crimes pour élever Néron à l'empire; Agrippine périt par l'ordre de ce monstre.

Richelieu et Louis XIII régnoient enfin sans obstacle; le sort qui n'avoit fait qu'un ministre de Richelieu, ne lui avoit pas assigné sa place; il devoit lui donner une couronne. Audacieux, entreprenant, dissimulé, vindicatif, barbare, que lui manquoit-il pour être digne du trône? Le sang dont il en arrosa les degrés, n'effraya jamais le caractère farouche de Louis XIII; ces deux êtres étoient nés l'un pour l'autre. « Ce que Machiavel conseille au tyran qu'il instruit, dit Mably, Richelieu l'exécuta » (1). Mably auroit dû écrire que Richelieu et Louis XIII l'exécutèrent. Loin de nous ces ménagemens qui rejettent en entier sur des ministres les crimes qui souillent l'histoire des monarchies!

---

(1) J'aurois dit plutôt que Richelieu fut tout ce que Machiavel nous montre dans *le prince* qu'il n'a pas prétendu instruire, mais faire connoître aux hommes. Comment de très-grands génies n'ont ils pas vu que l'auteur du discours sur Tite-Live, et de l'histoire de Florence, avoit voulu donner des leçons au peuple, et non des préceptes aux rois? Comment ne l'ont ils pas entendu crier aux nations: Tant que vous aurez des *princes* voilà ce qu'ils peuvent être, et toujours ce qu'ils sont, plus ou moins?

Sans doute, les ministres des rois ne peuvent être que des tyrans subalternes; lorsque par hasard ils ont, comme Richelieu, un génie supérieur, ou simplement quelques talens de plus qu'un *monarque* ignorant, ils sont les auteurs des plans de tyrannie; mais en cela même, ils ne sont jamais que les organes ou les interprètes de la *volonté royale*. Supposez qu'on place tout-à-coup sur le trône un honnête citoyen, et qu'on lui donne pour ministre un Richelieu, son premier soin sera de le faire livrer au supplice. Louis XIII, au contraire, loin de contrarier le despotisme de son ministre, l'applaudissoit et l'encourageoit dans toutes ses opérations. Tous deux, parfaitement d'accord pour tout asservir à l'autorité royale, intervertirent l'ordre des tribunaux, et tous les magistrats cédèrent à l'impulsion d'un nouveau Louis XI, après cette fameuse audience où ils furent contraints d'écouter, *à genoux*, les réprimandes de ces deux insolens despotes, lors de la fuite du duc d'Orléans. S'il y eut dans les parlemens quelques hommes de bien, on les vit aussi suspendus de leurs fonctions, destitués de leurs offices, exilés ou traînés dans les prisons d'état. Les calvinistes furent anéantis par la prise de la Rochelle; les grands, humiliés par la crainte des coups d'autorité arbitraire, divisés, affoiblis par les châtimens, redoutant sans cesse les délateurs que Louis XIII accueilloit avec joie, tous suspects les uns aux autres, tombèrent dans l'abattement; les assemblées leur furent interdites; le despote ne leur permit que les armes à leur usage personnel, mais leur défendit expressément d'en conserver dans leurs châteaux; il leur défendit aussi toute communication avec les étrangers, même avec les ambassadeurs des puissances, et finit par leur interdire sévèrement la sortie du royaume; il rendit cette fameuse ordonnance, par laquelle il étoit enjoint d'obéir, sans délai, à tous les ordres du roi; il étoit permis seulement d'exposer les raisons qu'on pouvoit avoir de s'y soustraire; et s'ils étoient réitérés, il falloit les exécuter sans réplique, sous peine de perdre charges ou emplois, sans préjudice d'autres punitions dues à la désobéissance; de sorte que si le *monarque* avoit eu la fantaisie d'ordonner à un homme de tuer son père ou son enfant, il auroit fallu obéir ou périr. Toutes les autorités, toutes les loix, tous les usages, toutes les coutumes qui avoient passé en loix, tous les corps existans, toutes les classes de l'état souffrirent un bouleversement général. La division des protestans détruisit le seul germe de liberté qui existât depuis Charles VIII ; les lumières sembloient ne s'être répandues en France que pour le profit des tyrans. Ces deux hommes perfides les firent servir à façonner la nation au joug monarchique ; ils avilirent les esprits propres à éclairer leurs concitoyens ; les pensions, les bienfaits asservirent la plume de ces lâches adulateurs. Les autres classes furent amollies par l'usage de ce que les arts, les sciences et les lettres ont d'inutile et d'attrayant ; le luxe le plus effréné retint à la cour ces grands, accoutumés à mendier bassement les faveurs des rois, pour étaler à leur suite un faste insolent. Louis XIII et Richelieu dispensoient d'une main l'or avec la servitude, et de l'autre les châtimens à tout être qui osoit penser.

Que d'horreurs présente le tableau de ce règne déplorable ! que de proscriptions ! que de sang répandu ! que de veuves éplorées ! que d'orphelins gémissans ! que de crimes particuliers et publics ! et les Français les ont soufferts, et les nations voisines en ont été témoins ! Que dis-je ? elles ont éprouvé le même sort, et l'Europe a encore des rois !

Si Henri IV eût vécu, jamais une Espagnole n'auroit été la femme de son fils. Anne d'Autriche, digne du sang dont elle étoit née, apporta en France tous les vices de l'Espagne et ceux de la maison d'Autriche. Marie de Médicis, attachée à la cour de Rome, nourrie dans le fanatisme et la superstition, avoit cru ne pouvoir mieux servir la religion catholique, qu'en s'alliant avec de fidèles sujets des pontifes et de l'église. Les Concini, gagnés par l'or de l'Espagne, avoient hâté cette fatale alliance, et le 24 novembre 1615, Anne d'Autriche épousa Louis XIII : elle étoit âgée de quinze ans, et Louis étoit plus jeune qu'elle de cinq jours. Nés tous deux avec un cœur dur et altier, ils n'étoient pas plus capables l'un que l'autre de ressentir et d'inspirer de l'attachement ; aussi n'éprouvèrent-ils jamais qu'une indifférence réciproque, qui dégénéra dans la suite en une haine fortement prononcée. Anne étoit fière et absolue : elle ne vit pas sans chagrin qu'elle étoit soumise, avec toute la cour, à l'autorité de sa belle-mère, et même obligée de lui céder le pas ou de disputer avec elle sur les honneurs de la préséance. Elle montra, dans les commencemens de son règne, peu d'empressement à se mêler des affaires. A peine connoissoit-on quel étoit son caractère, lorsque la mort de Concini lui donna l'occasion de le développer par un trait de froideur et d'insensibilité révoltante. Les deux favoris de Marie laissoient un fils âgé de dix ans, d'une figure intéressante et d'un caractère aimable. Ce malheureux enfant, errant dans le palais du Louvre, ne savoit où trouver un asile. « C'est moi, disoit-il, qui porterai long-temps » la peine de l'orgueil de mes parens ». On lui avoit ôté son chapeau et son manteau, comme des marques distinctives d'un état dont il étoit déchu. Depuis deux jours, sa douleur l'avoit empêché de boire et de manger. Le comte de Fresque en eut pitié ; il voulut intéresser la reine en sa faveur ; il obtint d'elle qu'on le lui amèneroit, après l'avoir engagé à prendre des rafraîchissemens. Elle l'accueillit avec beaucoup de douceur, et lui promit d'avoir soin de son enfance. Cette humanité n'auroit pu que lui faire honneur ; mais comme on lui avoit dit que l'enfant dansoit avec grace, elle le fit danser en sa présence, au son des instrumens, tandis que le sang de son père couloit encore, et qu'on allumoit le bûcher où alloit être jetée sa mère. Dans quelle classe d'hommes, hors le rang *suprême*, trouveroit-on des exemples d'une pareille dureté de cœur ?

Le retour de la reine mère auroit renouvelé les débats entre les deux princesses, si le duc d'Orléans n'étoit devenu le point de réunion. Dès son arrivée en France, Anne d'Autriche avoit pris avec lui des manières très-libres. Le prince observoit peu de cérémonial avec elle ; et cela paroissoit d'autant plus étrange, qu'en Espagne, où l'étiquette est extrêmement sévère, la princesse ne devoit point avoir appris à user d'une liberté semblable. On prétendoit que Louis XIII n'étoit pas d'une complexion capable de promettre des successeurs au trône, et l'on croyoit que le duc d'Orléans auroit eu besoin du même conseil que la duchesse d'Angoulême avoit autrefois donné à François premier, à l'égard de Marie d'Angleterre. Louis XIII, qui n'aimoit des femmes *que l'espèce*, disoit la reine Christine, devint cependant fort jaloux de la sienne, et se rendit le jouet de ses courtisans, et sur-tout de ses ministres, intéressés à demeurer seuls en possession de tout le crédit. Une préférence marquée pour son beau-frère ne fut pas la seule galanterie qu'on attribue à la reine ; il courut des bruits injurieux sur elle, à l'égard du duc de Buckingham, favori de Charles II, roi d'Angleterre, et ambassadeur de ce prince en 1625. Le duc se déclara publiquement l'amant de l'autrichienne. Richelieu en conçut du dépit ; ils se brouillèrent. Louis XIII, irrité, éloigna la dame d'atour de la reine, et chassa quelques-uns de ses domestiques. L'ambassadeur partit ; et quoi qu'en aient dit des auteurs mercenaires, il y a toute apparence qu'en effet Anne, qui souvent faisoit des neuvaines pour avoir des enfans, cherchoit aussi à s'en procurer par des moyens dont l'efficacité lui paroissoit mieux constatée.

Quant à la conspiration de Chalais, petit-fils du maréchal de Montluc, il n'a pas été prouvé qu'Anne d'Autriche, ni même la reine-mère, y fussent entrées. On dit qu'il étoit question d'ôter au roi ou la vie, ou la liberté, de faire prononcer la nullité du mariage de la reine, pour cause d'impuissance de la part de Louis, et de la marier avec le duc d'Orléans. On ajoute que les interrogatoires secrets du conspirateur fournissoient des preuves contre les deux reines et contre Gaston d'Orléans ; mais on ne les fit point connoître. Si quelque chose peut donner lieu à croire qu'Anne d'Autriche fût coupable, c'est qu'il est constant qu'elle se préparoit à épouser le duc d'Orléans, lorsqu'en 1630,

Louis XIII tomba si dangereusement malade qu'on désespéra de sa vie : la proposition en fut faite à Gaston, et tous deux s'en occupoient, lorsque le roi se rétablit. Déjà cruellement agité depuis la conspiration de Chalais, ce prince dut regarder comme une nouvelle preuve du crime, de semblables négociations entamées pendant sa maladie ; et lorsque Marie de Médicis eut quitté la cour, Anne d'Autriche demeura exposée à tout le ressentiment d'un mari dont la méfiance s'accroissoit chaque jour, et d'un ministre qui n'ignoroit pas les intrigues des Espagnols avec elle et avec sa belle-mère, dont les intérêts étoient réunis avec les siens depuis qu'elle faisoit cause commune avec Gaston d'Orléans. Louis XIII fit défendre à l'ambassadeur d'Espagne de la voir aussi fréquemment. Pour la seconde fois, on lui ôta ses confidentes et ses domestiques, et l'on fit peu d'attention à des menaces qui devoient être sans effet.

En 1637 cependant, sa correspondance continue avec Marie fit naître encore des inquiétudes : elle employa contre le cardinal une maîtresse du roi, mademoiselle de la Fayette, qui lui étoit toute dévouée, malgré leur rivalité : elles y employèrent toutes deux le jésuite Caussin. Anne s'entendoit avec le conseil d'Espagne, pour empêcher l'abaissement de la maison d'Autriche, de ce colosse effrayant, dont la puissance et l'orgueil ébranlent l'Europe et fatiguent encore la France; mais rien ne réussit à cette femme intrigante, que le projet de donner un héritier à Louis XIII. Quel fut le père de cet enfant? c'est encore une énigme. On prit toutes les précautions possibles pour en accorder les honneurs au roi. Mademoiselle de la Fayette, retirée au couvent de la Visitation, où elle se disposoit à prendre le voile, eut, au commencement de décembre 1637, un entretien de quatre heures avec Louis XIII, qui étoit venu de Grosbois à Paris, exprès pour la voir. A son retour, le mauvais temps l'ayant forcé à chercher un abri, il le trouva au Louvre, chez la reine, qui lui offrit sa table et son lit. Cette partie sembloit être arrangée; car le roi quitta Paris dès le lendemain, et ne parut pas vivre depuis en meilleure intelligence avec la reine, qui cependant, neuf mois après, mit au monde ce trop fameux Louis XIV, à qui la France dut ensuite soixante années de malheurs.

Louis XIII savoit-il que la reine étoit enceinte, et se prêta-t-il à ce manége qui pouvoit ôter la couronne à un frère qu'il haïssoit ? La demoiselle la Fayette avoit-elle opéré ce raccommodement momentané, ou pour couvrir la foiblesse de la reine, ou pour essayer en effet de faire naître un successeur au trône ? Cette dernière conjecture paroit peu vraisemblable, lorsqu'on se rappelle que Louis XIII avoit toujours été soupçonné d'impuissance, et que l'on n'ignoroit pas que ses maîtresses n'étoient pour lui qu'une simple société de confiance et d'amitié. Quoi qu'il en soit, et de la complaisance de Louis XIII, qui peut-être crut que le ciel avoit fait un miracle en sa faveur, et de la chasteté plus que douteuse de la reine Anne, elle déclara sa grossesse, et Richelieu parut en être fort mécontent. Étoit-ce un jeu ? vouloit-il cacher à son *maître* la part qu'il pouvoit avoir à cette intrigue ? C'est encore ce qu'on ignore parfaitement. La naissance du dauphin fut suivie de près par celle du duc d'Anjou, depuis duc d'Orléans. Après avoir souffert la naissance d'un premier enfant, il n'y avoit pas de prétexte à en défendre un second. Quoique la maternité dût rendre la reine plus chère à son mari, s'il avoit cru être le père de deux fils, on ne voit pas qu'elle ait eu plus de crédit, ni qu'elle ait obtenu plus de confiance de sa part. Au lit même de la mort, Louis XIII ne l'ayant point encore appelée, elle envoya auprès de lui M. de Chavigny, avec ordre de lui demander pardon de ce qui pouvoit lui avoir déplu dans sa conduite, le suppliant de croire qu'elle n'avoit jamais trempé dans la conspiration de Chalais, ni conçu le dessein d'épouser Gaston, son frère. Louis reçut cette ambassade avec beaucoup de froideur. « Dans l'état où je suis, répondit-il, je dois lui pardonner ; mais je ne peux pas la croire ». Il étoit temps pour elle de se soumettre : on pense bien qu'elle aspiroit à la régence, et qu'elle la vouloit sans aucune restriction. Il falloit que la nécessité dictât à Louis XIII une loi bien impérieuse pour le faire consentir à laisser l'autorité à une femme et à un frère, qu'il paroissoit haïr également. Si le cardinal eût encore vécu, peut-être auroit-il agi autrement. Enfin il céda aux représentations, et nomma sa femme régente, en lui confiant l'éducation des deux princes, ses fils, avec l'administration des affaires publiques ; il nomma Gaston, son frère, à la lieutenance générale du royaume ; mais il ordonna en même temps que ni la reine, ni le duc d'Orléans, ne pourroient rien faire sans l'avis du conseil

conseil de la régence, composé de ses cousins le prince de Condé et le cardinal Mazarin, du chancelier Séguier, du surintendant des finances et du secrétaire des commandemens, qualifiés tous de ministres d'état. Il ordonna que tout seroit délibéré dans ce conseil, décidé à la pluralité des voix, et qu'il y seroit pourvu à la même pluralité, tant aux plus importans emplois et principaux offices de la couronne, qu'aux charges de surintendant des finances, de premier président, de procureur-général au parlement de Paris, et de secrétaire des commandemens. C'étoit donner des bornes bien étroites à l'autorité de la reine; et déjà son ambition ne connoissoit plus de bornes : aussi Louis XIII avoit à peine fermé les yeux, le 14 mai 1643, qu'elle songea aux moyens de faire anéantir ces restrictions, qu'elle trouvoit offensantes. C'étoit le seul acte de justice qu'avoit fait dans sa vie ce détestable roi, surnommé *Louis le juste*, et il fut annullé dans vingt-quatre heures, tandis que les maux qu'il avoit faits à la nation ont préparé tous ceux qu'elle a endurés pendant un siècle et demi, et dont elle n'est qu'à demi délivrée.

Cette déclaration du roi avoit été signée le 19 avril; il mourut le 14 mai; le 15, la régente se transporta en grande pompe au parlement; et tandis qu'elle y signoit cette même déclaration, elle avoit reçu le serment des ministres de se départir de tous les droits qu'elle leur accordoit. Le comble de la dérision des rois envers les nations, c'est le cérémonial qu'on pratique à leur égard : on fait tenir un *lit de justice* à un embryon de quatre ans et demi; on lui fait dire qu'il accorde la régence à sa mère; un chancelier vient à genoux prendre *les ordres du roi;* une cour souveraine enregistre des *très-exprès commandemens du roi.* On ne voit point de pareils actes de folie dans les états où aucunes des charges ne sont héréditaires, où, suivant l'ordre de la nature, les enfans ne sont que des enfans, et où l'on n'insulte point à la dignité des hommes faits. Ces honteuses génuflexions, ces farces dégoûtantes, rappellent l'admission du cheval de Caligula au sénat romain.

Mazarin s'empara bientôt de la confiance de l'ignorante princesse, qui n'avoit pas même autant d'esprit que Marie de Médicis. Elle le fit premier ministre; un pareil choix déplut aux grands, et même au peuple, fatigué du joug insupportable de Richelieu : mais tout étoit corrompu, avili, incapable d'aucune énergie; le ministre de Louis XIII avoit anéanti la force qui restoit aux grands ; il ne leur avoit laissé que leur orgueil, leurs prétentions, et quelques biens ; les magistrats n'existoient plus, et le peuple, sans dignité comme sans appui, ne pouvoit rien exiger de ceux qui n'avoient pas encore senti qu'ils ne sont rien sans lui. Des femmes cabalèrent contre Mazarin ; non contentes d'être célébrées par des aventures galantes, elles se jetèrent au travers des affaires politiques, et l'on vit régner dans la ridicule guerre de la fronde tout le désordre et l'inconséquence qui caractérisent les grands projets conduits par des têtes désordonnées. La victoire du prince de Condé, cette victoire si célèbre dans les annales de la France esclave, et qu'a déjà désavouée, au nom d'un peuple libre, l'assemblée constituante dans ses jours de gloire, avoit donné au commencement de la régence un éclat que fit disparoître cette guerre, que le prince de Condé disoit *qu'on ne pouvoit écrire qu'en style burlesque.* Anne d'Autriche n'eut guère d'autre part au gouvernement que ses intrigues en faveur du cardinal Mazarin, et l'opiniâtreté qu'elle montroit à le soutenir ; elle embrassoit aveuglément tous les partis qu'il lui montroit, sans les calculer, et sans en prévoir les conséquences ; elle ne fut enfin qu'un docile instrument des volontés de cet homme dont le génie étoit presque aussi redoutable que Richelieu, et qui auroit été aussi haïssable s'il n'avoit pas eu le caractère souple et délié de son pays. La guerre de la fronde s'appaisa ; le duc d'Orléans, le prince de Condé, le fameux coadjuteur de Retz et son parti cédèrent ; les femmes cessèrent de clabauder ; et le cardinal, peu reconnoissant de la protection que lui avoit constamment accordée la reine, ne fut pas plutôt délivré par elle d'une partie de ses ennemis, qu'il travailla à l'écarter de la confiance de son fils, et à s'emparer seul de l'esprit du jeune prince : il y réussit complétement. Louis XIV ne manquoit à aucun des devoirs extérieurs envers sa mère ; mais il ne cherchoit point à s'instruire auprès d'elle ; et après la mort du cardinal, elle ne fut point appelée au premier conseil que tint le roi déjà majeur : elle en fut mécontente ; mais elle se souvint heureusement du sort de Marie de Médicis ; et peu curieuse d'aller terminer ses jours à Cologne, elle se retira prudemment de toutes les affaires, et mourut tranquillement à la cour le 20 janvier 1666, dans sa soixante-cinquième année, sans avoir fait aucun bien, mais sans avoir fait autant de mal que beaucoup d'autres. On ne lui connoît aucune vertu, beaucoup de vices et de défauts ; elle passa sa vie à intriguer, à brouiller, et il est à présumer qu'elle eût été plus détestable, si elle n'avoit pas été soumise à l'ascendant de deux hommes de génie, qui ne vouloient pas lui laisser partager le fruit de leurs crimes.

Mazarin avoit encore fait à la France le présent d'une Espagnole Autrichienne. Louis XIV avoit épousé, le 9 juin 1660, Marie-Thérèse d'Autriche, fille de Philippe IV et d'Elisabeth de France, sœur de Louis XIII; elle avoit vingt-deux ans lorsque son père préféra pour elle l'alliance de la France à celle de l'empereur. Mazarin la lui avoit fait proposer en 1658, et pour l'y déterminer, il négocia en même temps le mariage du roi avec Marguerite de Savoie. Le duc et sa femme vinrent à Lyon, et y amenèrent la princesse; le jeune roi en paroissoit content, lorsque le comte de Pimentel arriva *incognitò*, et vint offrir, de la part de son maître, la paix et l'infante Marie Therèse. L'offre fut acceptée : le duc de Savoie, devenu le jouet de Mazarin, partit de Lyon précipitamment; et si ce prince avoit été plus puissant, sans doute il s'en seroit suivi une guerre entre lui et la France, et deux peuples se seroient égorgées pour la querelle de deux familles. Le traité des Pyrénées fut la suite de cette alliance. Ce n'est pas ici le lieu d'examiner les conséquences de tous ces traités faits entre les rois et non entre les nations ; mais il est constant que les *augustes monarques* n'en ont pas fait un seul que la France libre doive avouer, sans les avoir examinés avec le plus grand scrupule, et les avoir modifiés, non d'après les idées étroites des despotes imbécilles, mais selon la dignité d'un peuple qui traite des plus grands intérêts de l'humanité.

Enfin, Marie-Thérèse vint régner en France; les dépenses excessives que la cour fit en cette occasion présageoient la magnificence du règne de Louis XIV ; et dans un roi qui dispose en maître de la fortune de l'état, la magnificence est criminelle. Le seul carrosse du roi étoit du prix de soixante-quinze mille livres, ce qui vaut aujourd'hui cinquante mille écus; la broderie des habits coûta deux millions. Les fêtes effacèrent tout ce qu'on avoit vu jusqu'alors, parce que le bon goût servoit plus à les embellir que la richesse même; tout ce que les arts ont de plus flatteur, ce que l'esprit peut avoir de plus séduisant, se disputèrent le prix sous un prince avide de louanges, et prompt à les récompenser. Les poëtes, les orateurs, les historiens, les artistes s'empressèrent à le flatter bassement. On lui répéta tant et de si bonne heure qu'il étoit le plus grand roi du monde, qu'il se le persuada; et quel est l'homme assez ferme, assez sage, pour que les honneurs de l'apothéose ne parviennent pas à lui faire croire, comme au fou de Séville, qu'il est ou Jupiter, ou Neptune?

Malgré cette grandeur empruntée, Louis XIV ne montra jamais ni ce courage, ni cette supériorité d'ame que lui attribuoient ses flatteurs; il ressembloit à ces idoles des Indiens renfermées dans de superbes pagodes, environnées d'or, de colonnes, de tapis, qui les dérobent à la vue, et qui n'offrent enfin, quand on les approche, qu'une espèce de caricature dont l'homme instruit détourne les yeux, quoique les ignorans se prosternent devant elles.

Qui pourroit reconnoître du courage dans un roi qui ne s'expose jamais aux mêmes périls que ses soldats, et qui ne marchoit à leur tête que par esprit de parade et d'ostentation? Quel homme est assez près de la corruption royale pour honorer du nom de grand, un roi dont les ordres sanguinaires ont fait ruisseler le sang dans presque toute l'Europe? En vain les plus beaux génies de la France se sont prostitués jusqu'à vanter en lui le meurtre, le carnage, la dévastation ; en vain Boileau s'est-il traîné dans la poussière ; en vain l'auteur du siècle de Louis XIV, Voltaire, a-t-il flétri sa renommée par des louanges serviles à un des plus détestables tyrans de la France ; en vain tous les esclaves de son temps, et même après lui, l'ont déifié, l'humanité se lève et s'écrie : Impitoyables flatteurs, race empoisonnée, nourrie du sang qui échappe à la soif insatiable de vos maîtres, songez à l'invasion de la Flandre, à celle de la Franche-Comté, à la guerre de la Hollande, au ravage de la Lorraine et de l'Alsace, aux deux embrasemens du Palatinat, à la guerre d'Angleterre, aux dragonnades, à la révocation de l'édit de Nantes ; songez que ce long amas d'horreurs, cet enchaînement presque incroyable de crimes, est l'ouvrage d'un seul homme ! Sainte humanité ! quand naîtra le jour où toutes les nations, attentives à ta voix, reconnoîtront leurs erreurs passées, chercheront enfin, dans la simplicité des loix de la nature, les bases de l'équilibre politique du gouvernement, n'en souilleront plus la majesté, et ne permettront plus qu'un être ait jamais le funeste pouvoir de faire le malheur, ni même le bonheur des hommes ! Nous, écrivains français, qui ne verrons jamais luire ce jour heureux, qui même n'osons plus le prévoir en faveur de nos enfans, mais à qui la nature a donné un caractère libre et vrai, efforçons-nous du moins de préparer la lumière qui doit éclairer les races futures; ne cédons point au torrent, n'adoucissons point l'austérité de notre langage; montrons la vérité à ceux qui l'aiment, et à ceux même qui la redoutent; nommons tous les crimes par leur nom; nommons aussi les criminels. Un jour les peuples éclairés et heureux diront, en foulant la terre qui nous couvrira : *Ici reposent des hommes qui furent nos amis*; ils chercheront à connoître nos descendans : ils leur tendront les mains, et verseront avec eux d'honorables larmes sur la cendre de leurs pères.

Je viens de peindre les plus grands traits du règne de Louis XIV; Il fut aussi méprisable dans le cabinet, qu'il étoit barbare au dehors; son histoire est remplie d'infidélités de sa parole, de fausseté dans sa conduite, de traités faits et rompus par lui seul, de villes prises au mépris de ses promesses, de fausses garanties données et violées sans scrupule, de déclarations signées au moment où il les démentoit ou par d'autres actes publics, ou par ses actions, de fanatisme d'un côté, d'impiété d'un autre, de meurtres, d'assassinats commis alternativement pour Jésus-Christ, Calvin, Mahomet : sa vie privée n'est pas plus digne de grace. Tandis que ses ordres sanguinaires semoient la mort dans tous les climats de l'Europe, le lâche monarque passoit sa vie dans les bras des plus belles femmes de la cour; il ne rougissoit pas de déshonorer son frère, et d'exposer sa belle-sœur, *madame* Henriette, à la fureur d'un mari outragé. C'est un préjugé sans doute que l'opinion qui assujettit un homme à partager le déshonneur d'une femme infidèle ; mais enfin ce préjugé existoit : étoit-il séant à un roi de manquer aussi indignement de respect et d'égards pour son frère ? étoit-il pardonnable de séduire les filles attachées à la princesse, pour dérober aux yeux de *Monsieur* ce criminel attachement ? et n'étoit-ce pas agir en brigand, plutôt qu'en *roi*, en *législateur*, en *père*, titre que nos rois se sont arrogé de tout temps, et qu'on voudroit même ressusciter encore ?

La dame de Beauvais, femme de chambre de la reine Anne d'Autriche, avoit été la première inclination de Louis XIV; elle l'avoit initié, et en récompense elle reçut de lui le don d'une superbe terre, dont il n'avoit pas le droit de disposer plus que de tout autre bien : l'or dont il l'acheta appartenoit au peuple, et non à un jeune étourdi, ou à une vieille intrigante. A cette première folie, succéda mademoiselle de Lamotte-Argencourt, plus jeune, plus aimable, mais aussi plus légère, et à qui les présens du roi servoient, dit-on, à s'attacher d'autres amans. Après elle, parut sur les rangs Olympe Mancini, nièce du cardinal Mazarin, fort belle fille et fort coquette, qui n'aspiroit pas à moins qu'à la main du jeune roi. Le cardinal n'avoit pas cette ambition, elle auroit été contraire à toutes ses vues d'intérêt l'or de l'Espagne n'auroit pas coulé dans ses mains; et dès qu'il s'apperçut que la passion du jeune homme l'emportoit au-delà des bornes d'une galanterie, il se hâta de la marier : en 1657, elle épousa le comte de Soissons, et il semble qu'étant devenue femme elle sut se respecter; car dans le temps de la maladie de Louis XIV, en 1658, elle s'informa simplement de sa santé, sans envoyer en son nom; et loin de l'estimer davantage d'une réserve qui faisoit honneur à ses mœurs, le superbe monarque lui en sut mauvais gré, et l'en punit dans la suite. Sa sœur, Marie Mancini, devint à son tour l'objet d'une passion aussi emportée que la première. Les nièces de Mazarin en vouloient absolument à la couronne, et Louis XIV, comme l'amoureux du Festin de Pierre, la promettoit à toutes. La reine mère, croyant que Mazarin résistoit foiblement au violent désir de son fils, s'emporta si vivement contre lui, le traita même avec tant de hauteur, lui fit des menaces si violentes, que le vieillard effrayé éloigna sa nièce, et bientôt après dissipa les soupçons de la reine mère par la conclusion du mariage avec la princesse d'Espagne. Marie épousa le connétable Colonne en 1661, à peu près un mois après la mort de Mazarin. Ces filles avoient assez de bien pour prétendre à de grands établissemens; le ministre laissoit une succession si considérable, qu'on l'a portée à une valeur de cent cinquante millions; ce qui peut bien n'être pas exagéré, si l'on y comprend les terres, les maisons, les bijoux, le mobilier, et l'argent. Son neveu *Mancini-Mazarini* avoit acquis le duché de Nevers, un des plus riches domaines de la France; et c'est de cette tige peu ancienne que sont descendus les Nevers, qui s'étoient placés depuis au rang de la *haute noblesse*.

La reine parut fixer un moment le cœur

volage de Louis XIV; mais les plaisirs permis ne sont rien pour un roi, et Marie-Thérèse qui s'étoit crue aimée, eut bientôt à essuyer des chagrins, d'autant plus amers qu'elle eut la prudence de les dévorer : par une singulière prédilection de la nature, elle fut du petit nombre de nos reines qui n'ont fait aucun mal à la nation; aussi fut-elle malheureuse et dédaignée. Il faut, à des êtres aussi corrompus que les rois, des femmes qui leur ressemblent, autrement leurs tristes compagnes sont foulées aux pieds, comme le reste de ceux qu'ils appellent leurs *sujets*. Louise-Françoise de la Baume le Blanc, connue depuis sous le nom de duchesse de la Vallière, fille d'honneur de Madame, attira les regards du prince : on prétend qu'elle l'aima véritablement, mais il paroit bien difficile, bien hors de la nature, que l'on puisse aimer son *maître*; elle fut d'abord extrêmement surveillée par la reine mère, qui auroit voulu prévenir les désagrémens qu'elle prévoyoit pour sa belle-fille. Mademoiselle le Blanc essaya de se dérober à la passion du roi, ou feignit de le vouloir, et se retira dans un couvent. Louis XIV courut l'en arracher, et cela étoit facile à prévoir. Il la ramena auprès de lui; elle y jouit dès-lors de la liberté qu'on lui avoit contestée jusqu'alors, et neuf mois après; le 2 octobre 1666, elle accoucha d'une fille, qui fut depuis légitimée sous le nom de *mademoiselle de Blois*. Le titre de père donna de nouvelles forces à l'attachement du roi; et cette fille qui, disent les flatteurs, ne témoigna jamais à Louis XIV ni ambition, ni avidité, se laissa gratifier de la terre de Vaujour, et de la baronnie de Saint-Christophe, qui furent érigées en duché-pairie, sous le nom de la Vallière, en faveur de la mère et de l'enfant. Le préambule des lettres-patentes ressemble à un chapitre de l'Astrée, et c'est une dérision insultante à la nation qu'un acte public, enregistré au parlement, et dans lequel il est question des *rares perfections* de Louise le Blanc, de *l'affection singulière* du roi pour elle, de *sa modestie*, de sa *beauté*, de la justice que le monarque trouve à récompenser les rares services qu'il a reçus de sa maîtresse; enfin, il y est dit qu'à titre de récompense, Louis XIV lui achète, de *ses deniers*, ces terres, *également* considérables par *leurs revenus* et par *le grand nombre de leurs mouvances*. De ses deniers! Et quels étoient les deniers de nos rois, de ceux-là qui n'avoient aucune propriété, aucun revenu fixe? C'étoient nos biens, nos travaux, nos sueurs qui leur servoient à doter leurs maîtresses, et à légitimer et enrichir leurs bâtards. L'année suivante, mademoiselle de la Vallière donna un frère à mademoiselle de Blois, et cet enfant fut encore légitimé sous le nom de *comte de Vermandois*. Cette seconde couche fut extrêmement pénible, et la Vallière ne recouvra point ses charmes, effacés sans retour par les souffrances. Louis XIV devint inconstant. Elle se retira aux Carmelites; et cette fois, l'amant fatigué de la jouissance, la laissa faire profession, et consumer le reste de sa vie dans les rigueurs d'une règle dont l'austérité portoit jusqu'à son comble la folie des vœux monastiques.

C'étoit à mademoiselle de Fontange que Louis XIV avoit sacrifié la Vallière; celle-ci étoit encore fille d'honneur de madame Henriette: elle se fit moins aimer que sa rivale. La Vallière étoit douce et modeste, l'autre devint fière et dédaigneuse; elle ne fit de bien à personne; les courtisans lui reprochèrent les prodigalités du roi, parce qu'elle ne les partageoit point avec eux. Elle eut, comme la Vallière, le titre de duchesse; le roi lui donnoit cent mille écus par mois, et presque autant en bijoux, en étoffes, et autres superfluités d'un luxe effréné. Sa faveur étoit au plus haut degré; elle triomphoit de tous ses ennemis; mais elle eut un fils, et sa figure s'étant altérée comme celle de la Vallière, elle s'apperçut, comme elle, que le prince, qui n'avoit aucune sensibilité, n'étoit susceptible que des impressions des sens; elle demanda la permission de se retirer à Port-Royal; on la laissa partir; et comme elle étoit plus altière que sa rivale, elle supporta sa disgrace avec moins de résignation.

Mais tandis que Louis XIV avoit eu ces deux maîtresses, tandis qu'il leur faisoit des infidélités en faveur de sa belle-sœur, chez laquelle il passoit sa vie, il avoit aussi madame de Montespan, qui étoit toujours la favorite en titre, et dont la cour avoit certainement plus d'éclat que celle de la reine. Il l'avoit arrachée à un mari amoureux et délicat, qui réclamoit avec force contre cet outrage aux loix divines et humaines. Malgré son caractère inconstant, elle conserva son empire depuis 1668 jusqu'en 1683, et l'on vit à la fois à la cour une reine dédaignée et presque oubliée; une maîtresse qui en jouoit presque le rôle, et qui présentoit à son amant cette autre reine de théâtre, madame de Maintenon, dont la conduite artificieuse devoit l'éclipser; une princesse, victime à la fleur de son âge des

désirs

désirs insensés de ce prince, et en même temps toutes les filles de la cour dégradées et aviliés jusqu'au rang de ses maîtresses. Pendant ce temps, tous les états voisins étoient jonchés de morts et de mourans, et la France épuisée n'avoit point assez d'or pour rassasier ce roi féroce et débauché, ses ministres, ses maîtresses avec leur nombreuse lignée, ses généraux et ses prêtres ; car il trouva le secret d'être toujours entouré de prostituées, de moines et d'assassins, et c'est pour cela qu'on ne pouvoit s'empêcher de faire entrer ici la nomenclature de ses femmes, n'ayant rien à dire de celle qui avoit au moins des droits à son attachement, qui par cette raison n'y eut jamais de part, et qui mourut en 1682, dévorée de chagrin et d'ennui : elle avoit eu six enfans, mais aucun ne vécut, et elle voyoit naître et légitimer tous ceux de ses rivales ; elle portoit même la douceur jusqu'à les accueillir et les caresser. Répétons-le ; il falloit qu'elle fût singulièrement née, pour être Espagnole, Autrichienne, reine, n'avoir aucun vice, et même pratiquer des vertus.

Madame de Montespan eut neuf enfans, dont plusieurs furent légitimés, enrichis; et entre ceux-ci, le duc du Maine joue un rôle important dans le règne suivant : elle mourut le 28 mai 1707 ; elle avoit depuis long-temps cédé la faveur à la fameuse Maintenon, plus coupable qu'elle ; et dans sa jalousie contre cette femme ambitieuse et dissimulée, il étoit toujours entré un secret pressentiment, et ensuite un vif chagrin, des infamies dont elle partagea la honte avec son amant. Si quelque chose peut racheter dans une femme le scandale d'une vie dépravée, c'est l'humanité ; madame de Montespan se déclara ouvertement en faveur des malheureux protestans, et ne cessa de solliciter pour eux, tandis que la veuve Scarron les faisoit égorger.

On connoît son histoire. Née en 1635 dans les prisons de la conciergerie de Niort en Poitou, traînée en Amérique par un père et une mère fugitifs, ramenée en France par sa mère, et laissée par elle en otage dans les mains d'un de ses créanciers, élevée par madame de Villette, sa tante, dans la religion protestante, retirée de chez cette parente par des dévotes qui voulurent l'instruire des principes du catholicisme, et n'en firent qu'une fanatique, elle se crut trop heureuse d'épouser, en 1650, le cul-de-jatte Scarron, quoiqu'elle eût beaucoup d'amans, et, dit-on, beaucoup de vertu. Elle se trouva riche au-delà de ses espérances d'une pension de quinze cents liv. que la reine mère avoit accordée à son mari, qu'elle avoit perdue à sa mort, et que madame de Montespan lui fit rendre. Elle se trouvoit encore trop heureuse d'obtenir le titre très-subalterne de gouvernante des enfans de cette même Montespan, malgré l'opposition du roi, qui alors ne pouvoit souffrir sa dévotion affectée, son ton dogmatique et l'austérité de sa morale sentencieuse, toujours subordonnée à ses intérets. Long-temps consacrée à ce poste humiliant, elle eut à souffrir des caprices et des hauteurs de sa maîtresse; mais quoiqu'elle se plaignît perpétuellement d'être *obligée à élever de ses mains les fruits du vice*, et qu'elle *offrît perpétuellement à Dieu les désagrémens de son état*, elle enduroit patiemment les mortifications, dans l'espoir de parvenir à ce même degré de vice qu'elle ne blâmoit que dans madame de Montespan. Elle trouva le secret de ne rendre enfin compte de l'éducation des enfans qu'au roi seul, et dès lors ses artifices eurent un plein succès; elle prit sur lui l'empire dont toute la France n'a que trop ressenti les cruels effets. En faisant le tableau des crimes de Louis XIV, on fait celui des crimes de cette espèce de reine, qui mérita bien la couronne, si elle ne put jamais la porter. La guerre générale de la France avec l'Europe étoit accompagnée, par le ministère de cette femme impie, des horribles guerres de religion ; les querelles du quiétisme, la persécution des gens les plus estimables de la cour, entre autres, celle de Fénelon, dont le plus grand crime étoit de n'avoir pas plié sous le joug de cette vieille idole ; enfin, la guerre imprudente de la succession, le choix des plus mauvais conseillers, des plus mauvais ministres, des prêtres les plus fanatiques, l'épuisement des finances, la dette énorme de l'état, la misère excessive du peuple, la ruine des campagnes, l'appauvrissement du commerce, la révocation de l'édit de Nantes qui fit massacrer des milliers d'hommes, et fit perdre à la France tant de familles industrieuses et utiles ; tous ces fléaux sont l'ouvrage de cette femme hardie, ainsi que celui de Louis XIV ; et tous deux placés au même rang par l'inexorable burin de l'histoire, méritent également chez un peuple libre, ou qui aspire à l'être, d'être inscrits à côté de ces tyrans dont le nom est une mortelle injure.

Comme autrefois tous les crimes se rachetoient par des fondations d'église et d'hôpitaux, la Maintenon crut sans doute obtenir le pardon des siens par l'établissement d'éducation de Saint-Cyr. Ce dévot personnage, qui répétoit sans cesse que tous les *hommes étoient égaux devant Dieu*, ne le fonda cependant que pour les filles de la noblesse; et son humilité prépara les institutions les plus orgueilleuses et les plus frivoles à des enfans nés dans la pauvreté, destinés à y rentrer au sortir de cette somptueuse maison : elle y mourut le 15 avril 1719, au milieu de ses religieuses et de ses pensionnaires, c'est-à-dire, au milieu des flatteurs, et ne se rappelant surement point qu'elle étoit née misérable, qu'elle avoit été persécutée, et qu'élevée par la fortune au plus haut degré des grandeurs humaines, elle n'avoit employé ce rare bonheur qu'à se rendre l'effroi de l'humanité.

La France désolée auroit eu besoin de quelque grand événement pour réparer ses maux ; mais le concours des circonstances sembloit accélérer la chute de ce grand état. Un règne désastreux venoit de finir ; et par les vices dont le nouveau gouvernement parut infecté, il sembloit que ce superbe empire, ébranlé jusque dans ses fondemens, dût bientôt disparoître des annales du monde.

Le règne de Louis XV est moins effrayant,

D d 3

peut-être ; il présente une suite moins nombreuse de crimes éclatans ; le sang a moins de fois rougi la terre ; le soleil n'a pas si souvent éclairé les champs couverts de cadavres au lieu de moissons ; mais c'est dans l'ombre des cachots, c'est dans les tours sourcilleuses des châteaux forts, que le despotisme a enseveli ses crimes ; c'est du fond de ces antres obscurs que s'élève un cri formidable contre la puissance des rois, contre l'audace impunie de leurs agens, contre les fauteurs impies et de cette puissance et de cette audace. On ne se retrace point l'idée de ces fameuses prisons d'état, de ces triples murs d'airain, garans de cet *ordre* et de cette *paix* que demandent les tyrans, sans s'imaginer entendre sortir de l'immense profondeur de leurs voûtes des milliers de voix gémissantes, qui implorent la liberté pour leurs descendans, et maudissent ceux qui la leur refusent, ceux qui s'y opposent, et ceux qui, après l'avoir assurée, osèrent la trahir et la renverser ! Ah ! sans doute, puisque le ciel est juste, ces cris funèbres se font entendre au cœur de ces grands criminels ; sans doute ils sont poursuivis par ces ombres plaintives ; et leurs ames bourrelées, en proie aux tourmens aigus du remords, tremblent en contemplant leur propre ouvrage; ils n'ignorent pas que souvent l'instrument de la tyrannie en a été la première victime, et qu'il a imploré, mais en vain, la force des peuples que sa main barbare avoit plongés dans les ténèbres de l'esclavage.

Si l'on dit que Louis XV fit couler moins de sang que le roi précédent, ce n'est pas cependant que la fureur de la guerre n'ait régné avec lui; ce n'est pas que ce prince sans courage n'ait encore sacrifié des hommes à une gloire imaginaire; ce n'est pas que l'entretien des armées de terre et de mer n'ait ruiné les campagnes et accru la dette nationale à un point effrayant. Les despotes feront toujours la guerre; elle est nécessaire à leur puissance; il faut qu'ils occupent les peuples au-dehors, qu'ils les tiennent dans cet état d'anxiété qui suspend tous les mouvemens intérieurs; il faut que des succès prolongent l'idolatrie, et qu'éblouie par l'éclat trompeur des victoires, une malheureuse nation ne voie que des drapeaux enlevés à l'ennemi, un roi triomphant, des fêtes, des réjouissances, des illuminations qui lui fascinent les yeux, et l'empêchent de fixer les maux qu'entraîne la guerre, même la plus heureuse. Les républiques anciennes, toutes grandes qu'elles étoient, ne se détruisirent que parce qu'elles furent conquérantes. Eh! qui parvint chez elles à opprimer la liberté? Ce furent leurs généraux et les soldats qui avoient vaincu sous eux! Aucun décret n'avoit semblé promettre à la France une liberté plus stable, que ce décret sublime qui déclaroit, au nom d'un peuple courageux, une paix générale à toutes les nations.

Louis XV n'avoit que quatre ans et demi lorsqu'il monta sur le trône, en 1715. Son éducation fut celle qu'on donne aux rois; elle fut nulle. A dix ans, ses études n'avoient abouti qu'à le faire danser sur le théâtre des Tuileries. Le cardinal de Fleury, son instituteur, ne lui apprit rien; on est toujours sûr de gouverner un ignorant. A dix ans, on voulut lui procurer, disoit-on, des *amusemens dignes d'un roi*. C'étoient le spectacle d'un camp et le simulacre des siéges et des batailles. Il se mit lui-même à la tête d'un parti, et l'on juge bien que le royal marmot fut vainqueur. C'étoient là des *plaisirs dignes d'un roi*. On leur apprend à aimer le sang, à donner la mort, à voir tomber des hommes sous leurs coups; il semble qu'on dresse des animaux à la chasse; et l'on croit que les rois pourroient être des hommes! Passons sur le reste de sa minorité, sur la banqueroute du régent, suite du système de Law, sur l'infamie de la conduite de ce prince, qui offrit de nouvelles scènes de débauches, sur lesquelles peut-être il faut jeter un voile, par respect pour les mœurs; il suffit de nommer la duchesse de Berry et l'abbesse de Chelles, ses deux filles, et l'on aura tout dit. Louis XV cessa d'être enfant, sans être devenu homme, sans être capable de gouverner, et sans même y songer. Le régent conserva l'autorité; il l'avoit partagée avec le cardinal Dubois, un des plus grands scélérats, et des hommes les plus méprisables que le despotisme ait jamais placés au ministère. Dubois étoit mort avant lui; et lorsque lui-même expira, Louis XV confia les rênes de l'état au duc de Bourbon, dont il fit son premier ministre. Si la religion étoit périssable, ceux qui se sont arrogé le droit absurde de la défendre, l'auroient anéantie; elle n'a jamais eu de prétendus vengeurs que parmi ceux qui l'outrageoient, et l'immoralité de leurs actions publiques et privées faisoit connoître combien ils ajoutoient peu de foi aux dogmes qu'ils feignoient de révérer. Le duc de Bourbon, non moins débauché que ses prédécesseurs, renouvela les persécutions contre les protestans, par un édit sévère du 14 mars 1723. Cependant les restes de ces malheureuses victimes de Louis XIV ne montroient aucun désir d'exciter du trouble ; dispersés, et conservant dans le silence leur foi et leurs mœurs, ils vivoient obscurément ; et loin de chercher à propager leurs opinions, ils prenoient le plus grand soin de les cacher. C'étoit donc un acte barbare, commis pour le seul plaisir de faire le mal. Quand les rois ou leurs ministres n'ont pas d'occasion d'exercer leur tyrannie, ils la cherchent ; elle est pour eux un besoin.

Cependant il falloit fournir à Louis XV, à cet être nul, le moyen de multiplier sa race ; on songeoit à le marier. La fille du roi de Pologne, Stanislas Leksinski, devint reine de France, le 4 septembre 1723 ; et le renvoi de l'infante d'Espagne, qu'on avoit destinée à Louis XV dès son enfance, irrita le roi son père, et prépara des événemens fâcheux. Qui pourroit croire que ce fut une intrigante, maîtresse du premier ministre, qui fut cause d'un pareil affront et du mariage de Marie-Therèse ? Cependant il est vrai que la vieille marquise de Prie opéra cet événement : elle gouvernoit le duc de Bourbon ; elle prévit que la disgrace de son amant suivroit de près le mariage du roi avec une Espagnole, qui voudroit régner et disposer des emplois à son gré ; elle trembloit de perdre sa part des prévarications d'un premier ministre. La duchesse de Bourbon, mère du duc, approuva le changement des vues de la cour, parce qu'elle prétendoit donner une de ses filles au jeune roi ; et la marquise de Prie, qui n'aimoit pas la duchesse, et qui craignoit d'en être dominée, engagea le duc de Bourbon à jeter les yeux sur la fille d'un roi détrôné ; alliance fort étrange, sans doute, dans les préjugés reçus. Louis XV parut lui être sincérement attaché ; et durant quelques années, il demeura fidèle à cette femme absolument nulle du côté de l'esprit et des connoissances, mais sans vices et sans défauts essentiels. Dévote jusqu'aux préjugés les plus absurdes, mais douce et patiente, nullement avide, et plus embarrassée souvent d'une dette de cent louis, que ne l'étoit une riche financière d'une dépense de cent mille écus, elle devint, dans la suite, mélancolique et boudeuse ; mais il en faut accuser les dégoûts que lui fit essuyer le roi, et la dévotion outrée dans laquelle elle se jeta, lorsqu'elle s'en vit abandonnée et méprisée.

Le premier acte d'autorité personnelle que

fit Louis, fut la disgrace du duc de Bourbon ; et ce trait seul suffira pour donner une juste idée de son caractère. La lettre de cachet qui exiloit le premier ministre à Chantilly étoit signée dès le matin ; le roi partoit pour aller à la chasse à Rambouillet : le duc se présente ; il l'accable de caresses, lui demande s'il ne le verra pas durant son voyage, et le quitte avec les marques de la plus sincère amitié. A peine est-il parti, qu'on remet au duc l'ordre de quitter la cour. Toutes les actions de la vie de Louis XV portent avec elles la même empreinte de bassesse et de fourberie. Au reste, ce n'étoit pas pour gouverner par lui-même qu'il chassoit le duc de Bourbon ; c'étoit pour donner sa place au cardinal de Fleury ; car jamais ce roi imbécille et paresseux ne sut agir par lui-même ; il répugnoit même à entendre parler de la plus simple occupation ; il n'avoit aucun amour de la gloire ni d'aucune espèce de réputation ; il croyoit avoir reçu de Dieu une autorité sans bornes ; il en étoit jaloux ; et cependant lorsqu'on la lui faisoit déployer par des actes arbitraires, son naturel indolent et craintif lui causoit une telle révolution, qu'on étoit obligé, pour cacher sa pâleur, de le farder comme une femme.

A peine le cardinal fut-il parvenu au ministère, qu'il devint maître absolu. Bientôt les querelles du jansénisme et du molinisme s'emparèrent de l'esprit public, et les persécutions se rallumèrent pour la bulle *Unigenitus*, tandis que la cour, plongée dans la débauche, offroit le spectale le moins édifiant à ceux qui combattoient pour le mystère inintelligible de la *grace suffisante* et de la *grace efficace*. La régularité des mœurs de la reine n'en imposoit point aux autres femmes de la cour ; excepté celles qui l'approchoient de plus près, toutes étoient l'image du débordement le plus scandaleux : mademoiselle de Charolais ne rougissoit pas d'accoucher presque tous les ans, sans prendre aucune précaution pour cacher un semblable désordre ; mademoiselle de Sens et mademoiselle de Clermont, ses sœurs, ne mettoient pas plus de mystère dans leur conduite ; et la comtesse de Toulouse étoit à la tête de toutes leurs orgies. Le cardinal de Fleury ne cherchoit point à détourner *son maître* de la société de ces prostituées ; il se félicitoit, au contraire, de l'y voir attaché ; il espéroit qu'un jour il feroit un choix ou parmi elles ou auprès d'elles, et qu'une fois enchaîné par le goût du libertinage, il lui abandonneroit sans retour le timon des affaires. Il faut avouer que Louis XV résista long-temps à cet attrait et à la force de l'exemple ; long-temps attaché à la reine, il paroissoit sensible au plaisir d'être père, plaisir que les rois affectent quelquefois, selon les circonstances, mais qu'en effet ils ne peuvent jamais ressentir pleinement, puisque c'est une sensation délicieuse de la belle nature. Enfin il céda aux artifices du cardinal, et en 1736, la première qui triompha de sa résistance, fut mademoiselle de Mailly. Dès-lors, livré aux femmes, aux flatteurs, et à tous les excès d'une vie licencieuse, il ne s'arrêta plus ; le fameux Richelieu, dont la longue vie a été une longue suite de bassesses et d'ordures, fut le complaisant ministre des sales plaisirs de son maître ; aussi n'y eut-il point *d'honneurs* auxquels cet homme sans honneur ne pût prétendre, et qu'il n'ait obtenus.

Le cardinal feignit de hasarder des représentations à un homme déjà corrompu par ses soins ; Louis XV n'étoit plus en état d'entendre, et le ministre ne l'ignoroit pas. « *Je vous ai abandonné la conduite de mon royaume*, lui répondit-il, *j'espère que vous me laisserez maître de la mienne* ». Paroles indignes d'un prince qui croit en effet qu'un *royaume* peut *lui appartenir*, et que le sort du peuple qui l'habite est légitimement remis entre ses mains par la divinité. C'étoit peu de madame de Mailly, Louis XV eut en même temps sa sœur, madame de Vintimille; et celle-ci étant morte en accouchant d'un fils, la première demeura seule en possession, non du cœur de *l'auguste amant*, mais de sa personne. Son cœur étoit d'une insensibilité révoltante; maîtresses, ministres, favoris, tout lui étoit cher par habitude, par foiblesse, par défaut de caractère; il ne pouvoit s'en passer, et dès qu'ils étoient ou morts ou absens, il les oublioit d'un moment à l'autre, avec une facilité dont on se fait à peine une idée. Après madame de Mailly, madame de Châteauroux devint favorite, et depuis cette dernière, on ne peut tirer de la foule que la célèbre Pompadour et la Dubarry. Mais si l'on observe combien ces deux dernières ont coûté à la France; si la Pompadour, jouant le rôle d'un ministre, a disposé du sort des hommes, a fait, à son gré, la guerre et la paix, dissipé l'argent, mis en place des scélérats, des fripons, nommé des généraux ineptes; si elle a étendu l'usage exécrable des lettres de cachet, jusqu'à en faire distribuer des milliers;

si le moindre mot hasardé sur sa personne, son pouvoir, et même sur son métier, étoit puni par une prison éternelle; si elle a enfin contribué, autant que Louis XV même, à rendre sa personne et son règne méprisables et odieux; si l'institution du *parc aux cerfs*, de cette espèce de sérail, dans lequel elle enfermoit ce voluptueux Sardanapale au milieu des filles dont elle avoit soin de le remplir, met le dernier sceau à l'infamie de cette vile prostituée; si la Dubarry, ramassée dans la fange, a dignement achevé le tableau des basses inclinations de cet être blasé sur la débauche, comme ces gens qui, blasés sur le goût du vin, réveillent leur goût par l'usage des liqueurs fortes, nous devons moins nous irriter contre des femmes perdues, que contre les rois qui s'abandonnent à elles, et sur-tout contre les reines qui les ont imitées, quelquefois surpassées dans leurs excès et dans leurs crimes. La Pompadour, la Dubarry, qu'avoient-elles promis à la France? Que pouvoit exiger d'elles la nation, dont elles étoient le rebut? Le commis d'une maison vole son maître, il associe au produit de son crime une fille publique : quel est le plus coupable?

Laissons dans l'oubli l'histoire de ces femmes méprisables, que la France auroit ignorées

tées comme toutes celles de leur espèce, si la France n'avoit pas eu de rois, si les rois n'avoient toujours besoin de s'associer les êtres qui, à force de bassesse et de corruption, ont acquis quelque degré de ressemblance avec eux. Laissons aussi à d'autres l'histoire de Louis XV, de son règne malheureux, de sa fin dégoûtante, et digne cependant de couronner sa vie. Chacun sait dans quel état déplorable il laissa la France; chacun sait que toutes les classes du gouvernement, ministres, courtisans, financiers, prêtres, magistrats, divisés pour s'arracher réciproquement les grâces et les faveurs, se réunissoient pour accabler le peuple du poids des impôts et des inventions du génie fiscal; que le commerce, les arts et l'industrie avoient perdu toute leur activité; que de honteuses défaites avoient appris à quels généraux les maîtresses et les ministres confioient le sort des braves soldats français; que des traités honteux ont rendu le gouvernement français la fable même des autres nations esclaves de l'Europe; que l'imbécille monarque avoit souffert l'élévation insensée de la maison d'Autriche, parce que le but de son conseil étoit de nous soumettre à un despotisme étranger, afin de nous accabler du sien; enfin, qu'un désordre général, un renversement complet de toutes loix, de tout ordre, de toute raison, sembloit présager la plus affreuse chute. Ainsi s'étoit annoncée la ruine de l'empire romain, dont les lambeaux dispersés devinrent la proie des brigands, ses voisins, jusqu'alors ses rivaux.

Dans les états monarchiques, un changement de *maître* est toujours une époque favorable au despotisme : quel que soit le mécontentement d'une nation, il se trouve suspendu par l'attente et l'incertitude ; l'indolence et le défaut de calcul, tristes attributs de la servitude, reculent l'instant de prendre des soins dont le succès paroît indécis. Un nouveau règne commence par des promesses ; le pouvoir arbitraire s'abaisse, pour ainsi dire, un moment, se relève ensuite avec audace ; et ce ne fut jamais l'époque d'aucun changement opéré par les nations, qui seules peuvent lui donner des bases solides. On crut que Louis XVI avoit quelques-unes de ces dispositions que les peuples façonnés au joug regardent comme d'un heureux présage ; on n'apprécioit pas encore le caractère de sa femme : mariée en 1770, à l'âge de quatorze ans, elle n'avoit encore montré publiquement que de la légéreté, de l'étourderie, un amour de la liberté, qui, dans une femme, pouvoit annoncer l'amour de la licence. Heureusement le peuple n'étoit plus superstitieux; il n'avoit pas regardé comme un augure effrayant le fatal événement de la rue Royale, qui, autrefois auroit fait dire que les furies avoient éclairé les fêtes nuptiales. Il avoit déjà couru des bruits peu avantageux sur la conduite de la dauphine; mais elle ne plaisoit point alors à ses beau-frères, encore moins à leurs femmes, dont la laide figure contrastoit peu agréablement avec l'élégance de la taille et l'air de beauté qu'Antoinette avoit alors: son aversion pour l'étiquette de la cour, et pour toute espèce de gêne même extérieure, déplaisoit aux tantes. La Dubarry s'étoit avisée de remarquer dans ce caractère d'aisance et de légèreté des indices auxquels elle pouvoit se connoître; on croyoit assez généralement que tant de gens intéressés à nuire avoient voulu écarter la jeune princesse du cœur de Louis XV, dont elle avoit été chérie, et qu'ils l'avoient calomniée pour y réussir: aussi l'aventure avec la petite Langeac avoit passé pour un mensonge atroce; on regardoit du même œil certaines anecdotes sur le temps qui avoit précédé l'arrivée en France, et l'on croyoit qu'Antoinette étoit venue innocente, et qu'elle l'étoit encore.

Est-il vrai que déjà le public étoit dans l'erreur ? Est-il vrai qu'Antoinette ait eu promptement soin de le détromper ? Mérite-t-elle la haine et le mépris dont elle a reçu tant de marques ? On n'a aucune preuve acquise de tout ce qu'on lui impute ; on ne peut que marcher d'après les conjectures : un jour viendra où, plus instruite, l'histoire lui marquera sa place. Aujourdhui, soumise au seul tribunal de l'opinion publique, Antoinette, jugée par elle, peut seule savoir, dans sa conscience, si elle est ou plus innocente ou encore plus criminelle que la nation entière ne le croit.

On dit que dès le voyage de Rheims, en juillet 1775, malgré les représentations que Louis XVI lui avoit faites sur la légéreté de sa conduite, malgré les promesses qu'il lui avoit arrachées, elle donna dans cette ville même le spectacle inconnu d'une promenade nocturne, qui ne ressembloit pas peu aux orgies des bacchantes. Avant de quitter Versailles, elle avoit déjà changé la face de la cour ; non seulement les vieilles femmes en avoient été chassées, mais encore les femmes seulement dans l'âge mûr ; elle n'étoit plus environnée que d'une jeunesse bruyante, sans mœurs et sans frein : cette conduite ne pouvoit qu'accréditer les bruits qui se répandoient, et l'on jugeoit de ce qui pouvoit être par ce qui étoit. Peu de temps après la mort de Louis XV, un petit écrit, intitulé *le Lever de l'aurore*, avoit circulé ; ce livre sembloit expliquer le plaisir qu'Antoinette prenoit depuis quelque temps à parcourir le parc de Versailles, presque seule, à la pointe du jour : l'auteur fut mis à la bastille ; probablement il y est mort : l'écrit fut supprimé avec soin ; mais il avoit été lu, et un emprisonement n'est pas une réfutation.

Le voyage de Rheims produisit donc de mauvais effets, sans toutefois fixer une opinion qui, grace à la stupeur où étoient les Français au seul nom de roi, prenoit difficilement une consistance contre eux. On disoit que Louis XVI avoit trouvé la scène un peu trop forte, et s'en étoit expliqué vivement avec sa moitié. Louis XVI n'a point naturellement le goût des mauvaises mœurs; il ne s'est accoutumé que par degré à les voir régner autour de lui, et lors de son avénement au trône, il s'étoit mis dans la tête de réformer les désordres qu'il avoit remarqués à la cour de son aïeul : ce dessein bien connu, et si mal rempli, répandoit dans le public des doutes sur les désordres qu'on attribuoit à Antoinette.

On n'ignoroit cependant pas qu'elle avoit pour le luxe un amour effréné ; que Louis XVI avoit aussi prétendu diminuer la dépense, et qu'elle l'avoit engagé à la plus extravagante prodigalité pour le sacre ; que les équipages, les vases précieux, les parures les plus rares, et du goût le plus recherché, avoient été, par son ordre, étalés sans pudeur aux yeux d'un peuple mourant de faim et de misère : on murmuroit de cet excès sans être persuadé de l'autre. A son retour, on eut lieu de juger qu'elle accorderoit souvent sa protection, sans faire un choix fort délicat des objets de sa faveur. La Montansier, directrice des spectacles de Versailles, avoit des dettes immenses ; une banqueroute ou réelle ou frauduleuse alloit en être la suite : Antoinette fit payer ses dettes, et l'on prétendit qu'elle s'étoit conservé en elle une complaisante dont elle étoit sûre ; mais ce n'étoit rien encore que des écarts ordinaires.

Nous venons de parcourir un tableau qui nous apprend combien nos reines ont été dépravées, combien elles ont été viles dans leurs choix. Mais est-il vrai qu'Antoinette, surpassant toutes ses pareilles, ait infecté la cour de France d'un genre de libertinage qui n'y avoit pas encore généralement régné ? Est-il vrai qu'une de ses femmes de chambre ait été la première initiée à ces mystères odieux ; que des *duchesses*, des *marquises*, des *princesses* (1), enfin des femmes *de la cour*, des femmes *titrées*, des femmes de la *plus haute noblesse* du royaume, des femmes si fières du sang de leurs *illustres ancêtres*, qu'elles se croyoient en droit d'insulter à tout ce qui étoit moins *grand* et moins méprisable, se soient dégradées, avilies, prostituées ?....... La plume s'arrête. Antoinette ! si l'or de l'état a servi dans tes mains criminelles à corrompre, à séduire ces misérables insensées, à gangrener leurs cœurs, à fouler aux pieds cette pudeur, la première vertu de leur sexe, à les transformer en de vils animaux, parle, quel seroit désormais dans le monde entier l'être assez impur pour entendre ton nom sans horreur ?

---

(1) On sent bien que je ne me sers ici de ces qualifications proscrites par la loi, que pour faire contraster l'insolence des jadis *grands* avec l'incalculable bassesse de leurs actions. Il n'y a pas sur nos ports un brave matelot dont la pudique rusticité n'eût repoussé avec mépris les faveurs de ces *grandes dames*, s'il avoit connu l'infâme métier auquel elles se livroient.

En même temps que le public entendoit raconter ces scandaleuses histoires, et commençoit à y donner crédit, il remarquoit entre Antoinette et le beau frère d'Artois une familiarité qui paroissoit lui devenir suspecte. Les courses de chevaux étoient à la mode : les insoucians et frivoles Français ne savoient alors prendre chez les Anglais que des usages que nos mœurs efféminées rendoient pour nous un ridicule de plus ; ces courses fameuses de Vincennes et du bois de Boulogne, où l'intrépidité des jockeis décidoit des fortunes, avoient souvent Antoinette pour témoin : vêtue en amazone, c'est-à-dire, de la manière la plus légère et la plus commode, elle partageoit publiquement avec son beau-frère ce genre de plaisir ; de là on se rendoit à Trianon, lieu où n'entrèrent jamais que des favoris généralement haïs et méprisés. Est-il étonnant que des apparences si peu ménagées aient paru au peuple français une certitude de ces criminelles actions que des indiscrets avoient pu révéler ?

D'Artois n'étoit pas le seul objet du soupçon public ; on en voyoit encore d'autres jouir successivement des bontés particulières d'Antoinette ; et si la voix générale doit en être crue, on peut lui associer le fade Dillon, surnommé le beau Dillon, qui pour avoir été en Amérique, pour en être revenu, comme d'autres, décoré de l'ordre de Cincinnatus, n'a pas moins prouvé comme eux, que les réputations lointaines perdent beaucoup à être considérées de près. On peut encore joindre à la liste des rivaux de d'Artois Coigny, Fersen, et beaucoup d'autres, disoit-on, ou égaux en dignités, ou excessivement inférieurs aux premiers : les parties de plaisir, les promenades nocturnes, les séjours fréquens à Trianon, à St. Cloud, les voyages à Paris, les bals, les spectacles, les liaisons intimes avec des hommes et des femmes perdus de réputation; la protection accordée à des gens indignes de s'attirer les regards d'un honnête homme; tant d'inconséquence, encore une fois, dont tout le public étoit témoin, n'étoit que trop capables de réaliser à ses yeux tout ce qu'on lui disoit, ce qu'il ne voyoit pas.

En voilà sans doute assez sur l'article des mœurs d'Antoinette, pour justifier le mépris dans lequel elle est tombée depuis si long-temps, si elle est obligée de se dire à elle-même, Je l'ai mérité. On ne ment point à sa conscience, et peut-être quelquefois depuis deux ans elle est descendue au fond de son cœur.

J'ai déjà observé que ce ne seroit rien que des écarts ordinaires; j'ai dit que s'il étoit vrai qu'Antoinette eût infecté les mœurs publiques d'un nouveau genre de poison, elle devroit être l'horreur de la société; je l'ai dit, je le répète; cependant j'observerai qu'elle auroit pu devenir, comme femme, l'objet de cette horreur, sans faire à l'état les maux qu'on lui reproche. Messaline a laissé son nom en partage à toutes les femmes qui sont parvenues, comme elle, aux derniers degrés de la dépravation; Messaline, toute méprisable qu'elle étoit aux yeux du dernier des Romains, n'avoit point soif de leur sang, ne trafiquoit point des places et des charges; elle n'avoit point de frère à qui elle vendît la république, et dans les mains duquel elle fit passer les trésors de l'état, la subsistance du pauvre, le fruit précieux des sueurs du laboureur accablé de misère: son opprobre lui étoit personnel; et lorsque l'imbécille Claude la sacrifia, on le trouva barbare, parce qu'il ne vengeoit que sa propre honte, et qu'il n'avoit point à rendre justice aux Romains offensés et trahis.

Qu'importe en effet à la nation entière qu'Antoinette se fût ou respectée ou traînée dans la fange? Qu'importeroit que la naissance de ses enfans fût ou légitime ou non? Si la France n'est point libre, le *prince royal* de l'assemblée constituante, mal élevé, corrompu dès l'enfance, sera un despote, un tyran, quel que soit le hasard qui l'a fait naître; si nous apprenions à connoître la liberté, à l'apprécier, à en jouir enfin dans toute son étendue, le *prince royal* deviendra un citoyen s'il mérite de l'être, peut-être un fonctionnaire public s'il en est digne; mais à coup sûr si nous étions libres, avant dix ans aucun office dans l'état ne seroit héréditaire; et dans ce cas, qu'importe encore à l'état la légitimité d'un enfant s'il a des talens et de la vertu?

Mais on reproche à Antoinette des crimes plus graves, plus effrayans, plus impardonnables; on l'accuse d'un pacte secret avec son frère, l'abominable Joseph II, pour lui sacrifier la France, faire passer dans ses mains tout l'or de la nation, nous réduire à un tel état d'épuisement, qu'il pût enfin s'emparer des provinces qui étoient à sa bienséance, démembrer le royaume, et satisfaire à la fois, et l'insatiable ambition de la maison d'Autriche, et sa haine héréditaire pour le nom français. On l'accuse d'être arrivée avec ce fatal projet, et de s'être, pour le conduire à sa fin, immiscée dans le maniment des affaires publiques, auxquelles son caractère frivole et ses goûts divers sembloient la rendre tout-à-fait étrangère, de s'être défaite par toutes sortes de moyens de certains ministres qui pouvoient être assez avides pour piller l'état, mais non assez criminels pour le vendre.

On l'accuse d'avoir conduit toutes les intrigues qui ont fait et défait des ministres jusqu'à l'entrée de cet infâme Calonne, si couvert d'opprobre depuis les affaires de Bretagne et celle de M. de la Chalotais, que Louis XV même n'auroit osé l'employer ; de ce Calonne dont l'ame, inaccessible à la honte, étoit seule capable de seconder des projets dont on n'avoit pas eu d'exemple depuis Isabeau de Bavière, d'exécrable mémoire. De ce moment, les spéculations les plus fausses, les projets les plus hardis, les entreprises les plus hasardeuses, l'abnégation totale de toute pudeur dans les moyens d'attirer l'argent, tout démontroit dans le système du gouvernement le projet concerté de miner et d'anéantir l'état et l'on voyoit en même temps Antoinette chérir et caresser le ministre chef de ce complot, travailler avec lui, le seconder, le soutenir de tout son crédit; on lui voyoit prodiguer l'argent à toutes ses créatures; les Vaudreuil, les Polignac, les Dillon; et tant d'êtres couverts comme eux d'ignominie engloutissoient des sommes effrayantes, en pensions, en dons fréquens, en *acquits comptans*, en échanges frauduleux de biens imaginaires ou de mince valeur contre des domaines réels et magnifiques. Le ministre entretenoit publiquement une courtisanne, l'image de celles d'Athènes, et lui faisoit des présens de cent mille francs à la fois (1). D'Artois se faisoit une part scandaleuse dans les vols effrénés dont on accusoit sa belle-sœur; les principaux valets d'Antoinette, Bazin, chef des plaisirs de Trianon, Campau, à qui l'on attribuoit l'intendance des lieux secrets du palais de Versailles, et cette foule d'esclaves en sous-ordre, valets des grands, valets des petits, avoient une portion considérable de la dila-

───────────────

(1) Au mois de janvier 1788, pendant que l'assemblée des notables ne voyoit de ressource aux plaies de l'état que celle de la banqueroute, Calonne envoya pour étrennes, à sa maîtresse, une bonbonnière, dans laquelle il y avoit cent pastilles, enveloppées chacune dans un billet de caisse de cent pistoles.

pidation générale. La somme des pensions étoit effrayante, celle des présens et des cadeaux ne l'étoit pas moins : parmi les passe-temps publics, le jeu le plus extravagant faisoit disparître des tas d'or de la main de ceux qui ne l'avoient acquis que par le crime; et l'on disoit que plusieurs des plus fameux tripots de Paris étoient soufferts malgré la rigueur des ordonnances, qu'ils étoient même autorisés, parce que leurs infâmes propriétaires rendoient à Antoinette une partie de leurs gains odieux. Un chef de voleurs qui, dans le fond de son repaire, partage à sa bande le butin de sa journée, met plus d'ordre dans la répartition et dans l'emploi de ses rapines, que les brigands dont je parle dans leurs dépenses. A mesure que l'or fondoit, pour ainsi dire, dans leurs mains, il falloit en fournir encore au brigand d'Allemagne, et cinq cent mille francs par semaine comptés à l'ambassadeur Mercy, pour de prétendues indemnités relatives au honteux traité de 1756, n'étoient encore rien si l'on a bien calculé tout ce qu'il a, dit-on, reçu des mains de sa sœur (1).

---

(1) Le luxe le plus scandaleux régnoit autour d'Antoinette; c'est un fait dont tout le monde a pu juger. Mais en quoi ce luxe a-t-il consisté? en frivolités, en ob-

On ajoute que les projets de ce tyran n'étoient que trop bien secondés par la haine d'Antoinette pour les Français. Ils

jets de caprice aussi passagers que ses goûts variables. Les superbes manufactures d'étoffes de soie, d'or et d'argent dont le commerce de France s'enorgueillissoit, qui fournissoient toute l'Europe, et faisoient subsister des milliers d'hommes, ont été ruinées par la mode des toiles, des mousselines, des gazes et du linon. Les riches étoffes étoient trop chères pour être renouvelées tous les jours, et leur durée ne pouvoit s'accorder au caprice d'une femme qui vouloit paroître à chaque heure, pour ainsi dire, sous une forme nouvelle. D'ailleurs, on disoit alors qu'un habit de toile étoit plus commode ; qu'on pouvoit l'ôter en sortant d'un boudoir ou d'une promenade, et tromper ainsi ceux qui auroient pu observer malignement certaines altérations dans une parure plus complète et plus riche. Ainsi les manufactures ont resté oisives ; les ouvriers de Lyon et des autres villes ont été réduits à la mendicité ; les entrepreneurs ruinés, et l'autre branche de commerce n'a rien gagné à ce changement, parce que les toiles des Indes, les mousselines ont mis un obstacle à l'accroissement des manufactures de ce genre. La fureur des gazes a fait tomber celles de France ; on n'a plus voulu que des gazes anglaises, et aujourd'hui les gaziers de Paris n'ont plus d'ouvrage ; les ouvriers sont sans état, et l'argent du commerce passe dans les pays étrangers, sans que les objets de luxe fabriqués ici puissent nous procurer l'équivalent. Que de maux, dont on ne peut calculer l'étendue ! La toilette des femmes est devenue extrême-

n'approuvoient point sa conduite; je rapporte ici leur opinion, elle étoit fixée, et les lettres de cachet n'empêchoient pas les *libelles*, les chansons, les propos, les marques enfin les plus cruelles du mépris général et de l'aversion qui le suit de près. Si elle est capable de tant d'égaremens et de tant de crimes, il ne seroit pas étonnant que la haine publique excitât dans son cœur plus de rage que de remords. Un scélérat a toujours

---

ment chère ; quoique l'achat de chaque décoration soit moins dispendieux dans le détail, la grande quantité les rend hors de proportion avec la plus grande partie des fortunes; des habits légers ont beaucoup moins de durée; leur entretien coûte davantage ; et c'est ainsi que cette espèce de luxe, augmentant les désirs et les dépenses, ruine les mœurs privées. La parure actuelle est fort élégante, on n'en disconvient pas ; mais sans être d'une extrême rigueur, sans vouloir bannir les graces et le bon goût, on pourroit y désirer plus de décence. On a remarqué qu'elle se ressentoit, depuis quelques années, du *style* des artistes qui travaillent en ce genre avec Antoinette. La Bertin et la Guimard, président à l'auguste toilette, s'il faut ajouter foi aux bruits publics, ont épargné aux *filles* la peine de se cacher parmi les honnêtes femmes ; car tout-à-coup elles ont paru ambitionner d'être les *filles* les mieux mises de tout Paris et de toute la cour. Que de maux, encore une fois ! et personne ne nie qu'Antoinette ne soit la source de tous ceux que son luxe a enfantés !

médité

médité la ruine de ceux qui osent le juger. Mais celle de l'état n'alloit point assez vîte au gré de Joseph II ; Calonne même n'étoit pas assez infâme ; un plus grand criminel (le cardinal de Rohan) lui paroissoit digne de porter les derniers coups : il vouloit en faire un premier ministre de France. Mais Antoinette pouvoit tout sacrifier à son frère, hors sa vengeance personnelle ; le cardinal, dit-on, avoit toujours porté ses vues jusqu'à elle ; les bruits sont partagés sur le sort qu'avoient éprouvé ses soupirs ; heureux ou non, on assure qu'il avoit été jaloux ; que, sous le prétexte du respect et de l'attachement, il avoit donné des avis à l'impératrice ; que sa lettre étoit parvenue à Antoinette, et qu'elle avoit conservé dans son ame le ressentiment le plus vif d'une telle offense. Le cardinal étoit ambitieux, avide, prodigue, débauché ; c'est l'assemblage de tous les vices. Qui pourroit prononcer sur l'étrange affaire *du collier* ? Elle a été jugée sans être expliquée ; peut-être ne le sera-t-elle jamais : c'est un chaos dans lequel on ne distingue que des scélérats, des fripons, des femmes perdues, des suppôts du despotisme, la lie de la nation, le rebut de l'humanité, et dans laquelle des juges de la même trempe ont rendu un arrêt inique.

Si les projets qu'on attribue constamment à Antoinette avoient été combinés par une femme de génie, elle auroit pu mieux réussir; mais chacun sait qu'elle a peu d'esprit, et qu'elle prend pour du caractère son excessif entêtement : aussi trouvoit-elle un obstacle dans les lumières de la nation ; et en la poussant à bout par des moyens violens et rapides, son défaut de prudence et de calcul ne lui faisoit pas appercevoir qu'elle finiroit par la soulever toute entière. La fermentation devenoit grande ; les imbécilles édits de Calonne, la première assemblée des notables, la témérité de Brienne et de Lamoignon, le siége du palais, l'exil du parlement, la conduite imprudente de d'Artois, l'hypocrisie de Xavier, l'emprisonnement des douze Bretons ; tout cet amas de crimes et d'extravagances conduisoit à grands pas le royaume ou dans le fond de l'abîme, ou vers une révolution. Tout-à-coup la nation se lève, brise ses chaînes, le souverain paroît, et les usurpateurs consternés se cachent dans la poussière. O Français ! peuple vraiment grand, peuple en effet digne d'être le modèle de tous les peuples, si tu étois moins crédule et moins facile à tromper ! tu étois convaincu qu'Antoinette avoit dit plus d'une fois qu'elle ne *seroit contente que quand elle auroit lavé ses mains dans ton sang*; et tu as respecté le sien.

Tous les misérables qu'on regardoit comme ses complices avoient fui, elle demeuroit seule; et l'on assure qu'elle n'avoit pas perdu l'espoir. Il est certain qu'à la veille du sac de Paris, tandis que les troupes destinées à le mettre en cendres l'environnoient de toutes parts, tandis que l'artillerie étoit prête à en renverser les murs, que les boulets, les grils, les bombes s'apprêtoient, que l'appareil formidable de la guerre se déployoit, tandis qu'on s'attendoit à voir détruire le frère par le frère, les épouses et les mères par leurs maris et leurs fils, les enfans périr au milieu des flammes; on assure, dis-je, qu'Antoinette et les courtisannes dont elle étoit environnée dansoient à Versailles au son de la musique des troupes allemandes, dont ces femmes impies animoient la fureur par le mouvement de la danse, le bruit des instrumens, et par des liqueurs fortes. Eh bien ! au 5 octobre, lorsque la nation toute-puissante avoit pardonné tant d'horreurs dont elle la croyoit bien fermement coupable, n'a-t-on pas vu se renouveler la même scène? n'a-t-on pas vu de nouvelles orgies? n'a-t-elle pas une seconde fois paru au milieu d'une troupe d'hommes plongés dans l'ivresse et le délire, et méditant de nouveaux forfaits? On dit qu'elle conduisoit le fil de cette nouvelle trame; que l'erreur et l'imprudence ne la menèrent point à cette odieuse fête, et qu'on remplissoit son cœur d'espérance et de joie en foulant aux pieds le signe de la liberté d'une nation qu'elle vouloit anéantir.

Antoinette a-t-elle encore à se reprocher d'avoir corrompu le général de la garde nationale parisienne, et d'avoir fait un courtisan, un esclave, de cet homme qui prétendoit être l'émule de Washington, et qui avoit été choisi comme tel pour commander au nom de la liberté aux vainqueurs de la Bastille? ou bien n'a-t-elle fait qu'employer la corruptibilité innée d'un enfant de la cour, d'un fils de Noailles, d'un homme sans caractère et sans énergie? Est-ce elle qui a su lui dicter l'usage de ces souris flatteurs, de ces discours caressans, au moyen desquels il s'étoit attaché si fortement les gardes nationales non soldées, qu'à sa voix enfin ils n'ont pas balancé à se souiller d'une tache tellement ineffaçable, que les peuples qui, en nous imitant, feront un jour la conquête de leur liberté, se garderont d'enrégimenter une portion de leurs citoyens, et de confier leur sort aux mains d'une seule tête, dont l'ascendant funeste peut user d'un pouvoir aussi effrayant que celui du despote le plus sanguinaire (1)? Est-ce Antoinette qui avoit dirigé la scène ridicule, mais atroce, des poignards, et qui, d'accord avec le général, avoit préparé la diversion bizarre du château de Vincennes, et fait conduire toute la garde parisienne et toute

---

(1) La Fayette étoit mécontent de la cour ; on lui avoit refusé des graces : Louis XVI et Antoinette ne pouvoient le souffrir. Il parut être du parti de la nation, lors des troubles et de la seconde assemblée des notables : la révolution se fit sans lui ; la Bastille, les Invalides, le champ de Mars furent pris sans lui ; il parut lorsque le peuple fut vainqueur, et se fit élire on ne sait comment : il courut demander au roi la permission de prendre cette place que le peuple lui donnoit. Sans doute il crut, comme tant d'autres, que cette effervescence n'auroit que peu de durée, et il saisissoit ce moment de se rendre agréable à ses *maîtres*, et de rentrer en grace. Qui sait quelles furent alors leurs convention

l'artillerie de la ville hors des murs, pour faire pompeusement fuir ou saisir quarante hommes, et quelques enfans séduits, comme l'avoient été en 1788 les misérables qui brûlèrent la maison du paisible et honnête Réveillon ?

Est-ce elle qui avoit prémédité le voyage de St. Cloud du 14 mars, et qui avoit juré avec le général la perte des braves grenadiers qui s'y opposèrent ? Est-ce elle qui avoit combiné le départ du 20 juin, et qui, dans l'ombre de la nuit, se dérobant à la puissance des loix et à celle du peuple de qui elles émanent, couroit dans les bras de son autre frère chercher la vengeance qui bouillonne au fond de son cœur ? Est il vrai qu'à son retour, lorsqu'elle venoit de comprendre, par le silence du peuple, à quel point elle en avoit offensé la majesté suprême, concevant quel arrêt il devoit dicter, s'il étoit juste et prévoyant, elle dit à de certains représentans « que s'ils ne se hâtoient de
» la réintegrer, elle déclareroit hautement
» tout l'or qu'elle leur avoit donné pour la
» laisser partir » ? Est-il vrai que cette menace et de nouveaux dons ont gangrené les ames déjà souillées de Barnave, de Chapelier, de Lameth, de Dandré, de Lavie et autres

confrères subalternes des chefs de la bande? que Bailly et la Fayette aient eu le double motif de faire taire cette femme, et de sauver leur tête, coupables aussi du départ de son mari ? Est-il vrai que ce soit à elle que les victimes du champ de Mars aient été immolées, comme celles de Nancy, par la plus abominable des trahisons ? Est-ce pour elle que le champ de la fédération a été profané ; que l'autel de la patrie est encore teint du sang des citoyens, des femmes et des enfans ? Autrefois couverte par le camp des soldats du despotisme, cette plaine célèbre la vit disparoître, cette horde d'esclaves, au premier cri de la *liberté*. O honte! ô douleur! on a vu les enfans de la patrie, méconnoissant les cris de leur mère, lancer un plomb meurtrier sur leurs frères paisibles, réunis sans armes pour le salut de tous, à l'ombre de la loi ; on les a vus les poursuivre, leur fermer les passages, les immoler sans défense à leurs pieds! A qui obéissoient-ils ? A un magistrat sans pudeur, qui avoit donné à un général sans vertu des ordres mendiés à des législateurs impies, vils esclaves des tyrans que nous avions su dompter! Si l'on n'a pas entendu Antoinette dicter ses loix aux indignes représentans d'une nation trop patiente, si on ne l'a pas vue applaudir au mensonge et à la calomnie qui ont régné dans les récits de Bailly et de la Fayette, si on ne l'a pas vue leur en payer le prix convenu entre elle et eux, ce qu'il y a de certain, c'est que l'effet en a été aussi heureux pour elle que si elle eût tracé le plan du complot; c'est que, malgré le vœu manifesté de la nation, elle est encore la femme du roi; c'est qu'en deux mois tout ce qu'il y avoit de mieux dans la constitution a été détruit; c'est qu'on a rendu à Louis XVI la majeure partie de ce que la raison et la justice lui avoient ôté; c'est qu'on lui a donné tous les moyens possibles de recouvrer le reste; c'est qu'enfin, si la majorité de l'assemblée constituante, qui vouloit anéantir la nation et mettre à sa place le pouvoir arbitraire abbattu en 1789, n'a pas opéré seule la contre-révolution méditée depuis si long-temps, si la journée infamante du 17 juillet, ordonnée par elle, n'a pas été, en 1791, le tombeau de la liberté française, comme le 14 juillet 1789 en fut la première explosion, si la mort ou l'émigration des patriotes n'a pas remplacé celle des traîtres à la patrie, si les jugemens d'un tribunal vendu n'ont pas assouvi la rage des despotes sur les têtes les plus chères aux citoyens si nous conservons encore une ombre de liberté, nous le devons uniquement à six personnes, dont l'attitude fière et imposante a quelquefois repoussé l'audace de la coalition des pervers. Rendons hommage à nos Brutus, à nos Catons, dont la vie peut-être n'a pas été en sûreté au milieu de la horde de brigands qui sapoient les fondemens de l'état, et qui ont bravé la mort pour le salut de leurs concitoyens consternés, qui ne les auroient ni défendus ni vengés (1).

Est-il vrai que, méditant de nouveaux forfaits, Antoinette se sert de la puissance et de la liberté qu'elle s'est fait rendre pour suivre la trame qu'elle avoit déjà ourdie? Est-il vrai que c'est à sa voix que se ras-

---

(1) Oui, la tête de Péthion et celle de Robespierre ont été menacées. Si les efforts des ennemis de la patrie avoient réussi, c'en étoit fait d'eux; ils mouroient victimes de la liberté : la liberté seroit morte avec eux. Ils ont rallié les Jacobins épouvantés ; ils ont couvert les Feuillans d'opprobre ; ils ont ranimé l'espoir des patriotes, et empêché dans l'assemblée la consommation du crime. Qu'ils en reçoivent le prix ! Les vrais citoyens donnent peu d'éloges ; mais ils racontent les actes de vertu ; ils les transmettent à la postérité ; ils citent pour exemples à leurs neveux les hommes qui en ont été capables.

semblent vers nos frontières les hordes de Germanie ; que les conjurés français, dont le nombre s'accroît chaque jour, vont l'attendre à Worms et à Coblentz ; qu'elle soudoie cette armée de traîtres ; qu'elle seconde leurs projets en semant la discorde dans tous les départemens ; qu'elle paye ces vagabonds qui, errant dans les campagnes menacent de les dévaster ; qu'elle encourage les prêtres réfractaires ; qu'elle promet l'impunité aux ministres dont la perfide intelligence avec elle nous laisse presque sans défense exposés aux insultes et au glaive de l'ennemi ; qu'elle a déjà formé dans l'assemblée législative un parti de royalistes ; qu'elle y a fait nommer des gens à elle ; qu'elle y a découvert et salarié de ces êtres lâches et avides qui demandent à genoux *de l'or et l'esclavage* ; qu'elle a étouffé les cris de ceux qui veulent *du fer et la liberté*, et fait révoquer le sublime décret qui devoit anéantir pour jamais cette pompe servile, ce cérémonial ridicule, à l'aide duquel on fascine les yeux éblouis d'une classe d'hommes simples et crédules ? Est-il vrai que la mollesse de l'assemblée, dans laquelle il y a cependant des hommes libres, est déjà l'ouvrage de l'or et des promesses d'une femme dont l'ambition et la vengeance ne se lasseront jamais ? Antoinette ! si tu as combiné ce tissu de forfaits dont toute la France t'accuse avec les nations étrangères, si tu en projettes encore, prends garde, Antoinette, prends garde à toi ! le courroux d'une nation peut être suspendu par la pitié ; il peut être rallenti par une stupeur passagère ; on peut l'éblouir peut-être par de scandaleuses illuminations, par un don ridicule et mesquin à des pauvres qui n'ont pas reçu de ta main de quoi subsister un seul jour ; on peut l'endormir par des sermens imposteurs, par des lettres qu'on a peut-être démenties d'avance, par les adroites manœuvres des esclaves du despotisme : mais songe que le sommeil du peuple est celui du lion ; que le germe de la liberté est répandu dans toute l'Europe ; que tu es moins sûre que tu ne penses de tes soldats étrangers ; que tes Français émigrans sont tous des lâches incapables de se mesurer avec des citoyens ; que tout annonce la chute des tyrans ; que leur premier pas vers nos frontières nous fera tous relever à la fois, et que tu te verras seule contre vingt-quatre millions d'hommes, et l'être éternel qui les a créés égaux et libres !

Antoinette ! tu peux seule te juger ; tu

peux seule te dire à quel point la nation a droit de te haïr. Ce sont là les crimes dont elle t'accuse ; tous les maux qu'elle a soufferts, elle les croit-ton ouvrage ; tous ceux qu'on lui prépare, elle croit te les voir méditer dans l'enceinte du palais qu'elle te donne, et que tu trouves vieux, étroit et incommode. Si tu es insatiable de fortaits, elle ne peut couvrir ton nom de trop d'opprobre ; cependant c'est à de pareils excès qu'elle doit déjà cette portion de liberté que tu n'as pu lui arracher : c'est à ceux que tu médites qu'elle devra le reste. N'espère pas que les écrivains gardent un lâche silence sur les entreprises de tes agens et les tiennes ; en vain la corruption des premiers législateurs a voulu porter atteinte à la liberté de la presse, ni toi, ni eux, ni leurs successeurs, n'échapperez à la surveillance et à la censure publique. Le feu de la liberté, le saint amour de tous, brûle encore dans le cœur des écrivains ; leurs concitoyens les appellent, le sort de leur postérité les enflamme, et l'être qui dans son cœur a juré de vivre libre ou mourir, se joue de la colère des tyrans.

F I N.

Ouvrages qui se trouvent au bureau des Révolutions de Paris.

Histoire de la révolution de France, sous le titre de Révolutions de Paris, publiées par Prudhomme, à dater de la fameuse époque du 12 juillet 1789, jusqu'au premier octobre 1791, clôture de la session de l'assemblée nationale constituante.

Il y a en tête de cet ouvrage une introduction qui, dans un aperçu clair & succinct des déprédations du ministère français, depuis le cardinal de Richelieu jusqu'à nos jours, rend compte des différentes causes qui ont préparé & mûri la révolution, jusqu'au 12 juillet 1789.

Cette introduction, avec un frontispice allégorique, se vend séparément 1 liv.

L'ouvrage est composé de neuf gros volumes in-8°., de près de 800 pages chacun, & contient 67 gravures qui rappellent tous les événemens de la révolution, en outre les 83 cartes des départemens de France.

Les neuf volumes, avec une table des matières à chacun, contiennent 116 numéros, non compris l'introduction, & coûtent, brochés en numéros, ... 48 livres.
Reliés en basanne. 58
Reliés en veau. 60

Et 3 liv. de plus par exemplaire relié ou broché, franc de port par la diligence.

Chaque volume, pris séparément, coûte, relié en veau, 7 livres.

Et en basanne, 6 liv. 10 sous.

Ceux qui auront des collections à compléter trouveront des numéros séparés.

Cet ouvrage se continue sous son même titre de *Révolutions de Paris*. Il en paroît un numéro le lundi de chaque semaine, avec une carte ou gravure.

Le prix de l'abonnement est de 36 liv. par an, pour la province; 18 liv. pour six mois; 9 liv. pour trois mois, franc de port par tout le royaume; & pour Paris, de 30 liv. par an; 15 liv. pour six mois; 7 liv. 10 sous pour trois mois.

On souscrit à Paris, rue des Marais, faubourg Saint-Germain, n°. 20; à Lyon, chez Prudhomme aîné, imprimeur-libraire, rue Mercière; chez Limet, libraire, à Clermont-Ferrand; chez Bergeret, libraire, à Bordeaux, & chez tous les directeurs des postes & les principaux libraires de l'Europe.

Résumé général & exact des cahiers, des pouvoirs, instructions, demandes & doléances de tous les bailliages, sénéchaussées & pays d'états du royaume, à leurs députés aux états-généraux, avec une table raisonnée des matières, qui indique le nombre des bailliages pour chaque demande ; 3 gros volumes in-8°., publiés par Prudhomme au mois de juin 1789, avec cette épigraphe :

Ne turbata volent rapidis ludibria ventis.
ENEIDE VI.

Cet ouvrage doit être regardé comme le recueil le plus précieux ; toutes les questions qui sont agitées dans l'assemblée nationale s'y trouvent présentées dans l'ordre le plus méthodique.

Ce recueil est pris mot à mot dans le cahier dont le nom & la page sont cités à la suite du texte : ainsi, c'est la nation seule qui parle par l'organe de ses bailliages, sénéchaussées ou pays d'états.

C'est elle qui indique les abus à proscrire & les maux à réparer, qui pose les fondemens de sa régénération, & trace de sa main le plan d'administration qui convient à sa position actuelle, à ses forces, à son étendue, à ses droits imprescriptibles, & aux lumières dont l'expérience & le temps l'ont enrichie.

C'est un tableau rapide des révolutions que la monarchie a subies durant l'espace de treize siècles.

Le premier volume contient l'extrait des cahiers de l'ordre du clergé.

Le second volume contient l'extrait de ceux de la noblesse.

Le troisième, l'extrait de ceux des communes.

Chaque volume a en tête la liste exacte & particulière de MM. les députés. Prix, 12 liv. broché, & 13 liv. 10 sous, franc de port, pour les départemens.

Ce recueil est indispensable à MM. les électeurs, administrateurs de départemens et districts, aux municipalités & aux législateurs.

Les crimes des Rois de France, depuis Clovis jusqu'à Louis XVI, un volume in-8°. de près de 500 pages, beau papier, caractères Didot, avec une gravure enluminée, par Louis la Vicomterie, nouvelle édition, augmentée des derniers crimes de Louis XVI, prix, 3 liv. 12 fous.

Il paroît une contre-façon des crimes des Rois de France; mais cette édition est tronquée, on y a supprimé des faits, on en a dénaturé plusieurs: la preuve, c'est qu'au lieu de 500 pages qu'a la bonne édition, celle contrefaite n'en a que 312. Le public est prévenu que la bonne édition porte au frontispice le chiffre de L. Prudhomme.

Les Droits du Peuple sur l'assemblée nationale, par le même, un vol. in-8°.; prix 1 liv. 16 fous.

Du Peuple & des Rois, 1 vol. in-8°., par le même; prix, 1 liv. 10 fous.

Adresse de Maximilien Robespierre aux Français, sur le danger où se trouve la patrie; brochure de 50 pages; prix, 8 fous.

Avantages de la fuite de Louis XVI; un vol. in-8°.; prix, 1 liv. 4 fous.

Apologie de la Constitution française, ou états républicains, comparés dans les histoires de Rome & de France. Un gros volume in-8°. publiée au mois d'avril 1789; prix, 3 liv. broché.

La Constitution Française, petit volume in-18 de 180 pages encadrées, imprimée sur beau papier, caractère petit-romain Didot, de l'imprimerie de Prudhomme, avec une jolie gravure. Cette édition, très-soignée, & parfaitement exacte, contient en outre la lettre & le discours d'acceptation du roi, & la réponse du président, avec une table des matières; prix, broché en papier bleu encadré. 1 liv. 4 fous : on a tiré un petit nombre d'exemplaires sur papier vélin, couverture rose encadrée; prix, 2 liv. 10 fous.

Calas, drame; par M. Lemierre; prix, 1 liv. 16 fous, franc de port par la poste.

Souvenirs d'un Roi; prix, 18 fous.

Esquisse de Georges III, depuis 1780 jusqu'à 1791, ou Coup-d'œil rapide sur l'état des cours de l'Europe, traduit de l'anglais: un volume in-8°.; prix 1 liv 16 fous.

Dame Nature à la barre de l'assemblée nationale, avec cette épigraphe: *Naturam expellis furcâ*; prix, 6 fous.

Le prisonnier d'état, ou Tableau historique de la captivité du prévôt de Beaumont, secrétaire du ci-devant clergé de France, prisonnier pendant vingt-deux ans & deux mois, tant à la Bastille qu'au donjon de Vincennes &

à Charenton, pour avoir dénoncé un pacte de [...] contre la France, & mis en liberté en 1789 [...] de l'ouvrage, son portrait, tel qu'il étoit enchaî[né dans] les cachots : un volume in-8°.; prix, 1 liv. 16 sous.

Histoire du docteur Castelford, père du lord vic[omte] de Cherington, contenant [la] description du gouverne[]ment & des mœurs du Portugal, ornée de quatre gravures représentant le docteur Castelford enlevé dans les rues de Lisbonne par quatre hommes masqués; Castelford dans un cachot au fort Pedrousos; Castelford auprès de sa femme mourant en couche; Castelford remis dans un cachot au Perron, & y trouvant son frère prisonnier depuis trente ans : ouvrage traduit de l'anglais, 2 vol. in-12; prix, 3 liv.

Observations historiques, politiques, théoriques, sur les monnoies; par M. Beyerlé, ci-devant conseiller au parlement de Nanci : un volume in-4°. de 200 pages; prix, 4 liv. 10 sous.

Tableau pittoresque de la Suisse, par M. Delange, auteur du Voyage en Espagne : un vol. in-8°.; prix, 1 liv. 4 sous.

Essai sur l'histoire de Neustrie ou de Normandie, depuis Jules-César jusqu'à Philippe-Auguste, suivi d'une esquisse historique de la province, de 1204 à 1788. Cet ouvrage renferme beaucoup de particularités intéressantes sur l'Europe, depuis la Baltique jusqu'à la Méditerranée, principalement sur la Scandinavie, la Grande-Bretagne, la France & l'Italie; sur les croisades, le clergé, la noblesse, la féodalité, la législation, l'administration, les états-généraux & provinciaux, avec une liste de l'ancienne chevalerie normande & des sénéchaux de la province, 2 vol. in-12. Prix, 5 liv. broché.

Histoire impartiale de France, 12 volumes in-8°., superbe édition, sous presse.

www.ingramcontent.com/pod-product-compliance
Lightning Source LLC
Chambersburg PA
CBHW051617230426
43669CB00013B/2080